留学生中华礼仪文化教程

Chinese Etiquette and Culture Tutorial for International Students

李冰　张仕海　编著

中山大学出版社
·广州·

版权所有　翻印必究

图书在版编目（CIP）数据

留学生中华礼仪文化教程 / 李冰，张仕海编著.

广州：中山大学出版社，2025. 2. -- ISBN 978-7-306-08330-2

Ⅰ．H195.4

中国国家版本馆CIP数据核字第20258839MH号

LIUXUESHENG ZHONGHUA LIYI WENHUA JIAOCHENG

出 版 人：王天琪
策划编辑：陈晓阳
责任编辑：舒　思
封面设计：林绵华
责任校对：陈　颖
责任技编：靳晓虹
出版发行：中山大学出版社
电　　话：编辑部 020-84111946，84111996，84111997，84113349
发行部 020-84111998，84111981，84111160
地　　址：广州市新港西路135号
邮　　编：510275　　　　传　真：020-84036565
网　　址：http://www.zsup.com.cn　E-mail：zdcbs@mail.sysu.edu.cn
印 刷 者：广州方迪数字印刷有限公司
规　　格：787mm×1092mm　1/16　20.75印张　375千字
版次印次：2025年2月第1版　2025年2月第1次印刷
定　　价：60.00元

如发现本书因印装质量影响阅读，请与出版社发行部联系调换

编 写 说 明

习近平总书记在党的二十大报告中提出,"加强国际传播能力建设,全面提升国际传播效能","深化文明交流互鉴,推动中华文化更好走向世界"。这需要广泛发掘调动多元传播主体,充分发挥多元主体的传播作用。来华留学生在深化文明交流互鉴和提升中华文化国际传播力中发挥着重要的作用。在全球化背景下,来华留学已经成为越来越多国际学生的选择。根据教育部发布的《2023年度中国教育现状统计公报》,2023年,共有来自214个国家和地区的51.6万名国际学生在中国高校就读。[①] 这些国际学生不仅为中国高等教育增添了多元化和国际化色彩,也为中国与世界各国的友好交流和合作提供了重要的人才资源和文化纽带。让来华留学生了解中华文化,增强其对中华文化的认同感和友好感,是培养他们成为我国友好使者和合作伙伴的重要且必要前提。本教材以习近平思想为指导,在指导来华留学生学好汉语的同时,更注重让其了解中国的礼仪文化,进而增强他们对中华文化的认同感和跨文化交际的沟通能力。

一、教学目的与教学对象

中国自古被称为"礼仪之邦"。礼仪是社会文化的结晶,不同的国家有不同的礼仪文化。随着"中文热""中国热"的持续升温,汉语学习者数量不断攀升。中国的礼仪文化博大精深,从问候寒暄、餐桌礼仪到文化禁忌等,涉及方方面面。来华留学生需要了解中国礼仪文化,从而顺利地融入中国社会,减少跨文化交际带来的障碍和冲突。

本教材的教学目的是通过学习和训练,让汉语学习者了解不同场景下的中国礼仪文化,进而增强他们的跨文化沟通能力。跟一般的文化教材不同,本教材立足于微观视

---

① 参见百家号网(https://baijiahao.baidu.com/s?id=17792543223460702920)。

以场景为纲，介绍不同场景下应遵循的礼仪及相关的习俗文化等；对文化的解读不求面面俱到，而是把侧重点放在对礼仪的理解和掌握上。本教材旨在向世界宣传中国礼仪文化，让汉语学习者更加深入地了解中国的礼仪文化，进而增强国际学生的跨文化沟通能力，提升汉语作为第二语言学习者的中国礼仪文化素养，推进文化"走出去"发展进程，以更快、更好地促进中国的礼仪文化在国际社会传播，有效提升中国的文软实力。

本教材的教学对象是把汉语作为第二语言学习的中高级外国学生，准确地说，是在全日制学校学过一年（大约800个学时）以上汉语的学生或具备同等水平的汉语学习者。

二、教材特点

（1）以场景为纲，引出汉语二语者使用频率较高的场景中蕴含的中国礼仪文化，并加以详细解说。主要场景包括通信礼仪文化、会面礼仪文化、迎送礼仪文化、日常交往礼仪文化、餐饮礼仪文化、节日礼仪文化、校园生活礼仪、职场商务礼仪、民俗礼仪等。在每一场景下，再细分小类，并对每类进行深入说明。如会面礼仪文化场景下包括称呼礼仪、问候礼仪、握手礼仪、介绍礼仪、名片礼仪等；餐饮礼仪文化场景下包括席位礼仪、点餐礼仪、餐具礼仪、用餐礼仪等。目的是让学习者更全面地掌握中国礼仪文化的各个要点，提高其对中国礼仪文化的认知水平和掌握程度。

（2）以交际性、实用性为选材标准。注重当代性，本书所介绍的礼仪文化是当代中国普遍使用的，具有很强的现实性。注重可读性，通过介绍有意思的习俗和礼仪及其背后的文化传说、文化典故等，使学习者在学习中保持兴趣。注重实用性，所选内容都是汉语二语者在中国学习、生活中可能遇到的高频礼仪文化，如春节的习俗和礼仪、求职面试礼仪、校园生活礼仪等。目的是让汉语二语者接触并熟悉中国礼仪文化，提高其礼仪认知水平和文化修养，以便更好地融入中国社会。

（3）教材编写中使用的词语参照《国际中文教育中文水平等级标准》（北京语言大学出版社，2021）中的词汇，对超纲词汇进行了标注、释义，形成生词，并参考了《国际中文教育用中国文化和国情教学参考框架》（简称《参考框架》）（华语教学出版社，2022）中的教学内容、教学目标及文化点，最终确定中国礼仪文化教程的总体框架。《参考框架》是第一部中国文化和国情教学的参考框架，具有引领作用，以此为基础进行教学内容的设计、编写及实施，可以保证本教材在礼仪文化点选取上的科学性。

三、教学内容和正课结构

本教材共分10章，分别介绍礼仪文化概述、通信礼仪文化、会面礼仪文化、迎送礼仪文化、日常交往礼仪文化、餐饮礼仪文化、节日礼仪文化、校园生活礼仪、职场商务礼仪、民俗礼仪等内容。每个章节根据学习内容不同，下附小节数量不等，教师可根据学习者接受能力等具体情况，用2～3课时完成教学。

每章细分若干小节，通过各小节细化礼仪文化点。每小节大致由7部分组成，分别是学习目标、学习重点、关键词、热身、学习内容、生词和练习。学习目标、学习重点和关键词，可让学习者大致了解本节学习内容。热身部分相当于"趣味导入"，通过对和本小节礼仪文化相关的几个小问题的讨论，了解学生对这部分礼仪文化的掌握情况，并激发学生的学习兴趣，同时承前启后，引出正文内容。学习内容这部分是核心，是学生需要重点学习的内容，从不同方面，有层次、有重点地介绍相关礼仪文化内容。教材语言均经过改写，以适应中高级汉语二语者的阅读水平。生词部分，对超出《国际中文教育中文水平等级标准》（北京语言大学出版社，2021）大纲中的词汇，进行中英文标注。每小节最后附有针对本小节内容的练习题，以检验学习者的学习情况，答案附在教材最后。

全书由李冰、张仕海策划、编写、统稿，硕士生庞欢甜同学参与编写第四章和第七章内容，黄浩维同学参与编写第六章和第八章内容。

目 录

第一章 礼仪文化概述
第一节　礼仪的内涵及起源 …………………………………………… 2
第二节　礼仪的原则与中华礼仪文化 ………………………………… 11
第三节　礼仪与修养的关系 …………………………………………… 19

第二章 通信礼仪文化
第一节　电话礼仪 ……………………………………………………… 26
第二节　手机通信软件礼仪 …………………………………………… 36
第三节　电子邮件礼仪 ………………………………………………… 43
第四节　信函礼仪 ……………………………………………………… 52

第三章 会面礼仪文化
第一节　称呼礼仪 ……………………………………………………… 60
第二节　问候礼仪 ……………………………………………………… 72
第三节　握手礼仪 ……………………………………………………… 81
第四节　介绍礼仪 ……………………………………………………… 87
第五节　名片礼仪 ……………………………………………………… 96

第四章 迎送礼仪文化
第一节　迎接礼仪 ……………………………………………………… 108
第二节　待客礼仪 ……………………………………………………… 117

第三节　排序礼仪 ··· 126
　　第四节　送别礼仪 ··· 138

第五章　日常交往礼仪文化
　　第一节　见面礼仪 ··· 146
　　第二节　送礼礼仪 ··· 153
　　第三节　礼让礼仪 ··· 159

第六章　餐饮礼仪文化
　　第一节　席位礼仪 ··· 166
　　第二节　点餐礼仪 ··· 174
　　第三节　餐具礼仪 ··· 182
　　第四节　用餐礼仪 ··· 191

第七章　节日礼仪文化
　　第一节　春节主要习俗礼仪 ··· 198
　　第二节　元宵节主要习俗礼仪 ······································· 208
　　第三节　清明节主要习俗礼仪 ······································· 216
　　第四节　端午节主要习俗礼仪 ······································· 225
　　第五节　中秋节主要习俗礼仪 ······································· 232

第八章　校园生活礼仪
　　第一节　着装礼仪 ··· 240
　　第二节　课堂礼仪 ··· 250

第九章　职场商务礼仪
　　第一节　求职面试礼仪 ··· 258
　　第二节　会谈座次安排礼仪 ··· 266

第十章 民俗礼仪

第一节 诞生礼 ………………………………… 276

第二节 婚礼 …………………………………… 282

第三节 寿礼 …………………………………… 291

第四节 丧葬礼 ………………………………… 299

参考答案 ……………………………………… 307

参考文献 ……………………………………… 315

第一章 礼仪文化概述

第一节　礼仪的内涵及起源

【学习目标】
1．理解礼仪的定义与内涵；
2．掌握礼仪的特征；
3．了解礼仪的起源和发展。

【学习重点】
礼仪的定义；礼仪的构成；礼仪的特征；礼仪的起源。

【关键词】
礼仪；内涵；特征；起源；历史；发展

【热身】
1．请根据你现有的认知，谈谈什么是礼仪。
2．你知道礼仪的起源是什么吗？
3．现代礼仪是如何形成的？

一、礼仪的内涵

（一）礼仪的定义

礼仪，作为人类社会文明化的重要标志，是一种人为建构的用来在社会交往中规范人们言谈举止等的准则或规定。它以建立和谐关系为目的，是人们在社会交往中，受历史传统、风俗习惯、宗教信仰、时代潮流等因素的影响而逐渐形成的，既为人们所认同，又为人们所遵守。它所涉及的范围包含言谈举止、服饰穿着、宴会礼节、庆典仪式等多个方面的规范要求，是人类区别于动物，走向文明、进步的标志和见证，是人们在交往和交际活动中展示个人修养和向他人表示尊重的重要方式。

（二）礼仪的构成与内容

从具体实践层面来看，礼仪包含礼貌、礼节、礼俗三方面的核心内容以及仪容、仪态、仪式三方面的外在形式。

1. 礼貌

礼貌是人们在交往过程中相互尊重、以示友好的行为表现，要求人们在交往中表现出谦逊、恭敬的态度，用和蔼可亲的语言和举止来对待他人，是礼节和礼俗的基础。礼貌包括礼貌语言和礼貌行为。礼貌语言是一种有声的行动，如在问候他人时说"您好""祝您万事如意"；礼貌行为是一种无声的语言，如一个微笑、一个鞠躬，在特定的场合选用得体的着装等。礼貌不仅有助于人际关系的发展，也是一个人的文化层次和文明程度等内在修养的体现。

2. 礼节

礼节是指人们在日常生活中，特别是在社交场合中，表示问候、致意、迎送、祝颂、尊敬、慰问、哀悼等所惯用的规则和形式。礼节是约定俗成的，例如，在面对亲人、长辈时使用合适的称呼，在他人说话时不随意打断。礼节也包括对他人提供必要的帮助与馈赠等，如过年过节给亲友发一条贺信，在客人到访时供茶接待等。礼节是礼貌在语言、行为、仪态等方面的具体表现形式。没有礼节，就无所谓礼貌；有了礼貌，必然会表现为具体的礼节。

3. 礼俗

礼俗是礼仪与习俗的结合体，指在节庆、婚丧、祭祀等各种场合中所需遵守的特殊形式的礼节，强调不同传统和文化的特殊性。礼俗往往与传统文化和历史背景紧密相连，反映了人们对生活的热爱和对传统的尊重。比如，在中国的传统文化中，春节拜年、结婚送礼等都是非常重要的礼俗。然而，礼俗也会因地域或文化的不同而千差万别。因此，在参加不同地方的节庆、生日、婚庆、丧葬等活动时，必须了解和尊重当地习俗，否则可能会做出不礼貌、不尊重地方文化的行为。礼俗强调礼节行为所发生的场合与文化背景，是礼节和礼貌的延伸与扩展，它使得人们在交往中能够更加深入地了解和尊重彼此的文化和传统。

礼貌、礼节和礼俗共同构成了礼仪的核心内容，使得人们在社会交往中能够相互尊重、友好相处。

4. 仪容

仪容，指人的外貌和穿着打扮，它是一个人形象的直接体现。一个人天生的外貌容颜在很大程度上来自遗传，无法轻易改变。因此，仪容作为"礼"的一种表现方式，更强调根据自身的特点，通过修饰与保养，达到尽可能完美的程度，从而让他人从仪容仪表上感知自己的尊重态度。在人际交往中，一个整洁、得体的仪容不仅可以让自己感到舒适和自信，还能给他人留下良好的印象。在不同的场合和情境中，我们应该选择合适的服装和配饰，注意个人形象的塑造。比如，在正式场合西装革履，着装得体，能展现出一个人严谨的处事态度。

5. 仪态

仪态指人在行为举止中所表现出的姿态和风度，比起仪容在视觉上的表现，仪态更加侧重于动作、行为上的表现。优雅的仪态可以让人看起来更加自信和从容，也能提升个人魅力。注重仪态，一要文明礼貌，不在他人面前有粗野的动作和行为表现，避免影响到他人的感受；二要庄重自然、大方得体，在与人交往时，要真诚实在，既不要过于高傲，也不必过于卑微；三要仪态美观，应该时刻注意自己的坐姿、站姿、走姿等，避免一些不良的习惯和动作，站直身体、保持微笑、慢慢行走等都是非常好的仪态表现；四要仪态敬人，通过良好的行为举止来体现自己的礼貌与礼节。

6. 仪式

仪式指按一定的程序与规范举行较大或较隆重活动的形式与场合，它通常与某种庆典或纪念活动相关联。比如，颁奖典礼、婚礼、葬礼等都是非常重要的仪式活动。因此，仪式往往也是礼俗所应当被遵守和使用的场合。在这些活动中，参与者需要遵循一定的场合规范和行为准则，以这种形式表达对活动本身的尊重和敬意。仪式的举行不仅可以让人们感受到庄重和神圣，而且能增强人们的归属感和认同感。

（三）礼仪的特征

礼仪的特征主要有规范性与灵活性、普遍性与差异性、传承性与发展性三个方面。

1. 规范性与灵活性

礼仪是一种规范性的行为准则，它是要求人们在特定的场合和情境下，面对特定的人或处理特定的事时，应当遵循的一定行为规范和标准。这些规范和标准有助于维护社会秩序、促进人际关系的和谐。礼仪也具有一定的灵活性。在特定的情境下，人们应当根据实际情况，灵活运用礼仪规范，以达到更好的交际效果。例如，在会议、商务等正式场合，人们需要遵循更为严谨的礼仪规范，以展现自己的专业素养和诚意；而日常生活中的礼仪则可表现得相对自然、随和，以营造轻松、和谐的氛围。同时，在跨文化交流中，人们需要尊重并理解不同文化背景下的礼仪差异，避免因为误解或冲突而导致交际失败。值得注意的是，人们可以学习与运用礼仪，也可以在继承的基础上发展和完善礼仪，但不能随心所欲地创造礼仪，因为礼仪是在长期的社会实践中形成的，需要社会的共同认可，而非仅仅以个人的尺度来衡量。

2. 普遍性与差异性

从古至今，不论是中国还是其他任何一个国家、地区，都有一系列基本的礼仪规范。这一系列礼仪规范遍布生活的各个领域，从国家到组织，从家庭到个人，从日常生活的衣食住行到社会交往的方方面面，都有具体的礼仪规范，并引导着人们的言行举止。因此，礼仪作为一种社会行为规范，具有普遍性，遍及人类社会的各个时期、各个地区，一直以来都发挥着重要的社会功能，推动着人类社会的交往和谐与文明进步。

然而，不同国家、不同民族由于文化背景、价值观念、宗教信仰等方面的差异，礼仪也存在一定的差异性。①地域的差异性。比如，同是见面礼，在中国，人们会以点头或握手为主，而在西方国家，人们除了握手、拥抱以外，还会行贴面礼。②个体的差异性。每个人因其性别、地位等因素的不同，在同一种礼仪场景下需要遵守不同的规则。比如，着装礼仪对男性和女性有着许多截然不同的要求，课堂礼仪对教师和学生也有不同的规范要求。③身份的差异性。比如，在待客礼仪方面，人们在接待陌生的、重要的宾客时，态度往往更为谨慎、恭敬，但若以同样的方式接待熟悉的朋友，则反而可能导致气氛变得尴尬。

3. 传承性与发展性

礼仪是一个国家、民族传统文化的重要组成部分，其形成并非一朝一夕之功，而是遵循着一定的历史轨迹和文化传承。比如，称呼礼仪便是自古以来在亲缘关系发展中约定俗成并传承至今的一套成熟的礼仪系统。然而，从本质上讲，礼仪是一种社会历史发展的产物，体现着时代要求和时代精神，具有鲜明的时代特点。正如中国礼仪文化从产生至今，在兼收并蓄古今中外礼仪文化精神的基础上，经过千年的传承与发展，逐渐成为精致而实用的当代礼仪。这种传承性与发展性的结合，使得礼仪既能够保持其独特的文化底蕴，又能够与时俱进，具有鲜明的时代性。

二、礼仪的起源

1. 礼仪起源于原始祭祀活动

在远古时代，人类对自然界的认识有限，各种自然现象和事件往往被归结为神秘力量的作用。因此，人们开始举行各种原始的祭祀活动，以祈求神灵的庇佑和恩赐。这些祭祀活动往往伴随着特定的仪式和礼节，如祭祀者的着装、举止、言辞等，这些都可以被视为礼仪的雏形。中国最古老的甲骨文中即有"礼"字，其本意是"敬神"，引申为尊敬、崇敬。因此，"礼"源于祭祀，为表达尊敬而设立，目的是祈福。"仪"，本意指"竖立的木柱"，引申为形式，由此构成"礼仪"二字。原始祭祀活动的仪式和习俗逐渐演变成了今天的礼仪，成为人类社会中不可或缺的一部分。

2. 礼仪发展于人类的社会化进程

在人类社会早期，个体的活动和交往范围小，个体与个体之间的交往和互动是简单的。但随着社会的发展和复杂化，社会分工日益明确，社会交往、权力和财富的分割不断扩大，人们发现要构筑和谐的社会关系、减少摩擦和争斗，就必须遵循一定的"规矩"来规范彼此的行为，以确保社会的正常运转，这些"规矩"逐渐被内化为习惯和礼仪。因此，礼仪的起源可以被视为社会化发展的成果，是在人类的社会交往和发展需求中发展起来的一套规范体系。

3. 礼仪受文化传统的塑造

文化传统是当代礼仪形成和发展的重要影响因素。在漫长的历史进程中，礼仪不断与地方的文化和传统相融合，形成了独具特色的礼仪体系。这些文化传统包括民间习俗、哲学思想、道德规范、审美观念等，它们对礼仪的形成、发展和应用产生了深远的影响。例如，中国自古以来被称为"礼仪之邦"，其原因便在于中国儒家思想强调"礼之用，和为贵"，意思是"礼的作用在于使人的关系变得更加和谐"。儒家文化重视礼仪教育，提倡以礼治国、以礼齐家、以礼修身，这些思想对中国礼仪的规范化、普及化起到了重要的推动作用。同时，不同国家和地区的文化和传统也为礼仪注入了不同的文化内涵和地方特色。例如，中国的传统教育思想强调"尊师重道"，提倡对教师和知识的尊重，这对中国的课堂礼仪产生了重要影响，使其与西方"人权平等"思想下的课堂礼仪形成了明显的区别。

综上所述，礼仪的起源是一个复杂而多元的过程，它涉及原始祭祀活动、社会分工与阶层分化、文化传统塑造等多个方面的因素，这些因素相互交织，共同推动了当代礼仪的形成和发展。

生 词

1. 宗教 zōng jiào（名）religion

人类社会中由一定的信仰、崇拜、道德、禁忌、礼仪等组成的特殊社会意识形态和行为体系。

2. 信仰 xìn yǎng（名）belief

相信并奉为准则或指南的某种主张、主义、宗教等。

3. 谦逊 qiān xùn（形）humble

对自己的能力或成就表现出不自大、不炫耀的态度。

4. 和蔼可亲 hé ǎi kě qīn（成语）amiable

态度友好、温和，使人感到亲切的性格或举止。

5. 鞠躬 jū gōng（动）bow

弯身行礼，表示对他人的尊敬、谢意或道歉。

6. 祝颂 zhù sòng（动）bless

通过言语或文字表达对某人或某事件的美好祝愿和赞扬。

7. 慰问 wèi wèn（动）express condolences

用行为或话语向遭遇困难或不幸的人表示同情和关怀。

8. 哀悼 āi dào（动）mourn

因失去亲人或朋友而表达出深切的悲痛和怀念。

9. 约定俗成 yuē dìng sú chéng（成语）accepted through common practice

事物的名称或法则，经人相约遵用，为社会所公认。

10. 馈赠 kuì zèng（动）present as a gift

赠送（礼品）。

11. 祭祀 jì sì（动）sacrifice

旧俗备供品向神佛或祖先行礼，表示崇敬并求保佑。

12. 地域 dì yù（名）region

面积相当大的一块地方。

13. 遗传 yí chuán（动）inherit

生物体的构造和生理机能等由上代传给下代。

14. 修饰 xiū shì（动）modify

修整装饰，使整齐美观。

15. 塑造 sù zào（动）shape

用语言、文字等艺术手段表现人物形象。

16. 西装革履 xī zhuāng gé lǚ（成语）dressed in a suit and leather shoes

身穿西装，脚穿皮鞋，形容人穿着整齐、体面。

17. 庄重 zhuāng zhòng（形）serious

严肃，正式，不随便。

18. 高傲 gāo ào（形）haughty

自以为了不起，看不起人，极其骄傲。

19. 卑微 bēi wēi（形）lowly

地位或身份低微，缺乏自信的状态。

20. 遵循 zūn xún（动）follow

依照某种规则、指示或原则行动。

21. 截然不同 jié rán bù tóng（成语）completely different

两种或多种事物之间没有任何相似之处，彼此差异非常明显。

22. 一朝一夕 yī zhāo yī xī（成语）in a short period of time

形容时间短暂。

23. 轨迹 guǐ jì（名）trajectory

物体在空间移动的路径，或比喻人生经历的或事物发展的道路。

24. 兼收并蓄 jiān shōu bìng xù（成语）swallow anything and everything

同时吸收和保留多种不同的观点、文化或事物。

25. 底蕴 dǐ yùn（名）cultural deposits

文明的积淀。也可指详细的内容、蕴含的才智等。

26. 祈求 qí qiú（动）pray for

恳切地请求，诚心地恳求神明保佑。

27. 庇佑 bì yòu（动）protect

保佑。

28. 恩赐 ēn cì（动）bestow

原指封建帝王对臣下的奖赏，现指因为可怜对方而施舍。

29. 言辞 yán cí（名）utterance

说话所用的词句、话语。

30. 雏形 chú xíng（名）rudiment

未定型前的形式。

31. 甲骨文 jiǎ gǔ wén（名）oracle bone inscriptions

中国古代刻在龟甲、兽骨上的文字。

32. 祈福 qí fú（动）pray for good fortune and happiness

指通过向神明、祖先或自然力量表达愿望，希望得到保佑和好运的行为。

33. 构筑 gòu zhù（动）build

指实体的建造、修筑，同时也指构建。

34. 哲学 zhé xué（名）philosophy

关于世界观的理论体系，是自然知识、社会知识、思维知识的概括和总结。

35. 儒家 rú jiā（名）Confucianism

先秦时期的一个思想流派，以孔子为代表。

36. 齐家 qí jiā（动）regulate the family

整治家政，使其家中成员亲爱和睦。

37. 修身 xiū shēn（动）cultivate one's moral character

陶冶身心，涵养德性，修持身性。

练 习

一、填空题

1. 礼仪是一种人为建构的用来在社会交往中（　　　　　　　　　　）。
2. 礼仪包含（　　　　）、（　　　　）、（　　　　）三方面的核心内容以及（　　　　）、（　　　　）、（　　　　）三方面的外在形式。
3. 礼仪起源于（　　　　　　），发展于（　　　　　　　　），同时受到（　　　　　　）的塑造。

二、判断题

1. 礼仪是人类社会天然形成的一系列准则或规范。（　　）
2. 礼仪的形成受历史传统、风俗习惯、宗教信仰、时代潮流等因素的影响。（　　）
3. 礼貌是礼节和礼俗的基础。（　　）
4. 礼貌是礼仪的核心内容。（　　）
5. 古代统治者创立的规章制度是现代礼仪的雏形。（　　）
6. 礼仪的形成与人类社会的发展密切相关。（　　）
7. 不同国家和地区的文化传统为礼仪注入了不同的文化内涵和地方特色。（　　）

三、问答题

1. 请你谈谈礼仪包含哪些方面的内容。
2. 请举例描述礼仪的特征。
3. 请简述礼仪的起源，并谈谈你的国家的礼仪文化是如何发展而来的。

第二节 礼仪的原则与中华礼仪文化

【学习目标】

1. 了解礼仪的六大基本原则；
2. 了解中华礼仪文化的形成与特殊性。

【学习重点】

礼仪的原则；中华礼仪文化的形成；中华礼仪文化的特殊性。

【关键词】

礼仪；原则；文化；特殊性

【热身】

1. 你认为礼仪有哪些原则？
2. 你知道中华礼仪文化是怎么形成的吗？
3. 你认为比起你的国家的礼仪文化，中华礼仪文化有什么不一样的地方？

一、礼仪的原则

现代礼仪的原则包括尊重、平等、真诚、适度、宽容、自律六个方面。

（一）尊重原则

尊重是礼仪的核心原则，正如孟子所言"敬人者，人恒敬之"，意思是尊敬别人的人，别人也会永远尊敬他。尊重包括尊重自己，也包括尊重他人。要尊重他人，首先要尊重自己，必须严于律己，自尊自爱，不卑不亢。在日常生活中，要时刻注意自己的形象和言行，保持谈吐优雅、行事得体、品行端庄，塑造良好的个人形象，这样才能够让人接受和信任自己。同时，在与他人交往时，也要始终保持对他人的尊重，尊重他人的身份、地位、信仰、习惯等，不轻易评判或贬低他人。

（二）平等原则

平等是人与人之间友好交往的首要前提和必要条件，现代礼仪也建立在人人平等的理念基础之上。每个人都是独一无二的，拥有自己的价值和尊严，在社交场合中，无论对方的身份如何，我们都应给予同样的尊重和关注，不因对方的性别、身份、地位、财富、种族、文化不同而有所偏颇。平等原则体现了对每个人尊严和价值的认可，也是现代礼仪在文明社会赖以形成和存续的基础。

（三）真诚原则

礼仪要求我们把对人真诚视为与人交往的重要原则，在行使礼仪行为时要知行合一、诚心诚意。若只遵守外在的礼仪形式，内心却无半点对礼仪的认同和对他人的敬重之意，那么所谓的礼仪就变成了虚伪的客套行为，没有任何意义，甚至与礼仪思想背道而驰。因此，在进行礼仪实践时，要牢固树立真诚的观念，以真诚之心指引我们的行为举止与待人接物的方式，这样才能在交往中更好地传达友好与尊重之意，体现出我们的道德修养水平。

（四）适度原则

礼仪的适度原则要求我们在运用礼仪时注意把握分寸，在对待他人时既不要过于拘谨，也不能过于放肆，将对他人的尊重和热情恰如其分地表达出来，这有助于营造轻松、愉快的交往氛围。在礼仪实践中，我们应根据场合、对象的不同，把握礼仪实践的尺度，关注他人的反应和感受，及时调整自己的行为方式，保持合适的社交距离，以达到最佳的交往效果。

（五）宽容原则

宽容，其基本含义是宽大有气量，不计较、不追究。礼仪的宽容原则要求我们在交往中包容他人的不同，尊重他人的选择和决定。在多元化的社会中，人们的思想、文化、信仰等方面存在差异，由此形成了不同的交往方式和礼仪规则。但是，我们的礼仪应该是平等的、不分对象的。在日常礼仪实践中，我们首先应当对交往对象的国家和民族的礼仪文化有所了解，保证自己尽量不做出有违对方文化习惯的行为。其次，当对方做出不合礼仪的行为时，要以宽容谅解为主，对他人的无心之过不斤斤计较。当然，宽容不是纵容，不是放弃原则的姑息迁就，对于恶意的寻衅滋事者，也应坚持有理有节的说理与斗争。

（六）自律原则

自律，意指在没有人现场监督的情况下，通过要求自己，变被动为主动，自觉地遵循规定法度，约束自己的一言一行。自律是礼仪的重要原则。由于礼仪本身并不属于法律范畴的规章制度，礼仪的运用并不会受到司法程序的干涉，也不受他人的监督，违反礼仪不会直接导致个人受到司法机关或者社会的审判，因此礼仪的自律原则比起法律的强制性，更强调自我要求、自我约束、自我控制和自我反省，需要我们自发、自觉地执行。

二、中华礼仪文化

尽管礼仪的原则对各种文化背景下的礼仪都是适用、共通的，但是礼仪文化作为国家文化、民族文化、地区文化的一种体现，也必然具有特殊性。如果说礼仪是指在社会交往过程中，人们所遵循的行为规范和礼节，那么中华礼仪文化就是在此基础上，融合了中国哲学思想、道德观念、宗教信仰等多方面因素，形成的一套独特的文化体系。

中华礼仪文化的形成可以追溯到远古时期的祭祀活动。随着社会的发展，到了周朝，礼仪制度逐渐完善。此后，经过春秋战国时期的百家争鸣，以及秦、汉、唐、宋等朝代的继承与发展，中华礼仪文化逐渐成熟并越来越丰富多样。其中，儒家思想在中华礼仪文化的发展过程中发挥着至关重要的作用，其以独特的道德观念和行为规范，为中华礼仪文化的形成和发展提供了坚实的理论基础和实践指导，影响深远且广泛。

（一）中华礼仪文化与儒家文化的联系与传承

首先，儒家思想强调"仁"和"礼"的核心地位，而"仁"和"礼"也是中华礼仪文化的基石。儒家认为,"仁"是人之本,是对他人的关爱和尊重;而"礼"则是这种关爱和尊重的外在表现,是社会生活中必须遵守的行为规范。在儒家看来,人应当通过修炼内心,培养仁爱之心,并通过礼仪行为将这种爱心表达出来,从而实现人与人之间的和谐共处。

其次,儒家思想中的"君君、臣臣、父父、子子"观念,是指做君主的要有君主的样子,做臣子的要有臣子的样子,做父亲的要有父亲的样子,做儿子的要有儿子的样子。每个人在社会和日常生活中都各有其身份和位置,都要承担起各自的责任,履行好各自的义务。这样的思想观念为中华礼仪文化中的等级制度和尊卑有序提供了理论依据:每个人在社会中都有其特定的角色和地位,应当遵循相应的礼仪规范,以维护社会的稳定与和谐。这种观念在中华礼仪文化,尤其是在尊老爱幼、敬重长辈、尊敬师长等日常交往的基础礼仪规范和抱拳、礼让等礼仪行为中得到了充分体现。

再次,儒家思想还强调"中庸之道",即追求事物的平衡与和谐。在中华礼仪文化中,这种思想体现为对适度、和谐的追求。无论是待客之道、餐饮礼仪还是节庆习俗,都注重适度、得体,避免过分或不足,以体现和谐之美。

最后,儒家思想在中华礼仪文化中的实践应用,也促进了社会文明的发展。儒家提倡的"德治""仁政"等观念,强调通过道德教化来治理社会,而非仅仅依靠法律制裁。这种思想在中华礼仪文化中得到了体现,使得人们在日常生活中更加注重道德修养和礼仪规范,从而促进了社会的文明进步。

(二)中华礼仪文化的特殊性

中华礼仪文化在世界礼仪文化中占有重要地位。它是东方礼仪文化的代表,与西方礼仪文化形成鲜明对比。中华礼仪文化强调和谐、尊重、谦逊、礼让等价值观,对东亚乃至世界的礼仪文化产生了深远影响。中华礼仪文化的特殊性主要体现在人文精神、礼教结合、多样包容三个方面。

1. 人文精神

中华礼仪文化的核心是人文精神,这种精神正源于深厚的儒家思想。儒家思想强调"仁""礼""智""信"等价值观,倡导人与人之间的和谐相处,以及对家庭、社会、国家的忠诚和责任。这种人文精神贯穿中华礼仪文化的各个方面,无论是在家庭生活中的孝道，还是在社会交往中的礼貌和尊重，都体现了对他人的关怀和对社会责任的担当。

2. 礼教结合

中华礼仪文化将礼仪与教育紧密结合，形成了独特的礼教文化。中国从古代开始，学习礼仪便是教育，尤其是儿童教育的重要组成部分，中国人从小便要学习如何与人相处，如何尊重长辈，如何礼貌待人。这种教育方式不仅培养了个人的道德品质，也加强了社会的道德规范。礼教结合的实践，使得礼仪成为社会秩序和谐的重要保障。

3. 多样包容

中国是一个多民族的国家，各个民族都有自己独特的礼仪习俗和文化传统。例如，在会客礼仪、用餐礼仪等日常礼仪方面，汉族、藏族、蒙古族、回族等各个民族都有着各具特色的会客方式和用餐规范，体现出不同的礼仪形式。同时，现代中华礼仪文化也吸收了外来文化的元素，形成了具有中国特色的礼仪体系，例如，在正式场合穿西装以表示严肃和尊重等。这些不同的礼仪文化在相互交流和融合中，共同构成了丰富多彩的中华礼仪文化，使其在世界范围内都具有非常高的认可度和代表性。

生 词

1. 严于律己 yán yú lǜ jǐ（成语）be strict with oneself

对自己要求严格。

2. 不卑不亢 bù bēi bù kàng（成语）neither humble nor overbearing

既不自卑，也不高傲，形容待人态度得体，分寸恰当。

3. 品行 pǐn xíng（名）morality

通常指一个人的道德行为和表现。

4. 端庄 duān zhuāng（形）dignified

端正、庄重。

5. 偏颇 piān pō（形）biased

偏于一方面，不公平。

6. 知行合一 zhī xíng hé yī（成语）unity of knowledge and action

认识事物的道理与在现实中运用此道理是密不可分的一回事。

7. 虚伪 xū wěi（形）hypocritical

不真实、表里不一的行为或态度。

8. 客套 kè tào（名）polite expressions

表示客气的套语，在社交场合中出于礼貌的言行。

9. 背道而驰 bèi dào ér chí（成语）go in the opposite direction

朝相反的方向走，比喻彼此的方向和目的完全相反。

10. 分寸 fēn·cun（名）proper limits for speech or action

说话或做事的适当标准。

11. 拘谨 jū jǐn（形）inhibited

（言语、行动）过分小心、谨慎和拘束。

12. 放肆 fàng sì（形）unrestrained

（言行）轻率任意，没有顾忌。

13. 恰如其分 qià rú qí fèn（成语）just right

办事或说话正合分寸。

14. 无心之过 wú xīn zhī guò（成语）unintentional mistake

非故意造成的错误或过失。

15. 纵容 zòng róng（动）indulge

对错误行为放任，不加管制。

16. 姑息 gū xī（动）tolerate

无原则地宽容。

17. 迁就 qiān jiù（动）accommodate

降低要求，不得不将就。也指屈从于他人的愿望，而忽视自身的利益。

18. 寻衅 xún xìn（动）pick a quarrel

故意找借口挑起事端，想办法闹事。

19. 滋事 zī shì（动）make trouble

指有意或无意地制造事端，破坏社会秩序或公共安宁的行为。

20. 范畴 fàn chóu（名）category

反映客观事物的普遍本质的概念；类型、范围。

21. 干涉 gān shè（动）meddle

过问或制止不应该管的事。

22．监督 jiān dū（动）oversee

监察并督促。

23．百家争鸣 bǎi jiā zhēng míng（成语）contention of a hundred schools of thought

特指春秋战国时期各种学派思想的自由竞争和发展，形成了学术上的繁荣景象和论争风气。

24．尊卑有序 zūn bēi yǒu xù（成语）hierarchy with order

社会等级分明且有序的状态。

25．中庸 zhōng yōng（名）the Doctrine of the Mean

儒家的一种主张，待人接物采取不偏向、调和折中的态度。

26．德治 dé zhì（名）rule of virtue

古代儒家的政治思想，主张为政以德，强调道德和道德教化在治国中的作用。

27．仁政 rén zhèng（名）benevolent goverment

以仁爱为原则的治理方式。

28．制裁 zhì cái（动）sanction

用惩罚或强制措施迫使某一方改变行为。

29．贯穿 guàn chuān（动）run through

穿过、连通，也指从头到尾穿过一个或一系列事物。

30．礼教 lǐ jiào（名）ritual and ethical norms

儒家文化中关于礼仪和道德教育的教义。

练 习

一、填空题

1．礼仪的原则包括（　　）、（　　）、（　　）、（　　）、（　　）、（　　）。

2．礼仪的尊重原则包括（　　）和（　　）。要做到尊重他人，应当先做到（　　）。

3. 中华礼仪文化的形成与（　　　　）思想有着密切关系，该思想为中华礼仪文化的形成和发展提供了坚实的（　　　　）和（　　　　）。

二、判断题

1. 要尊重别人，首先应当先尊重自己。（　　）
2. 尊重原则可以体现在礼貌用语的使用上。（　　）
3. 现代礼仪建立在人人平等的理念基础之上。（　　）
4. 礼仪的平等原则只在同一阶级中适用。（　　）
5. 礼仪只需要在实践的过程中表现出真诚的样子即可。（　　）
6. 如果表面遵守礼仪，背后却心怀不轨，就会影响人与人之间的关系。（　　）
7. 运用礼仪时应该注意把握分寸，不过于拘谨，也不过于放肆。（　　）
8. 任何时候，在任何场合，对任何人的礼仪都是不变的。（　　）
9. 礼仪的自律原则要求我们在没有人监督的情况下自觉地遵循礼仪。（　　）

三、问答题

1. 请你谈谈当你在和不同国家的同学交流时，应该如何践行你的礼仪，要把握礼仪的哪些原则。

2. 请你结合日常生活，谈谈如何理解礼仪的真诚原则和适度原则，这两个原则在日常礼仪实践中是否冲突。

第三节　礼仪与修养的关系

【学习目标】

1. 掌握修养的含义；
2. 了解礼仪与修养的关系；
3. 了解礼仪修养与其他修养的关系。

【学习重点】

修养和"修身、齐家、治国、平天下"的含义；礼仪与修养的关系；礼仪修养与其他修养的关系。

【关键词】

修养；含义；关系；道德

【热身】

1. 请你谈谈修养是什么。
2. 你觉得礼仪与修养之间有什么关系？

一、修养的含义

从字面上讲，"修养"一词由"修"和"养"两个字组成。用古人的话讲，"修犹切磋琢磨，养犹涵养熏陶"。意思就是说，"修"如同"切、磋、琢、磨"，这些都是加工产品的工艺，现代汉语将其引申为研究学习、增长才干的过程。而"养"则是"涵养熏陶"的意思，是指一个人受到一种思想、品行、习惯的长期濡染而发生趋同化。所以，"修养"作为名词，最基本的含义就是指"一个人经过学习、锻炼，得以提高，从而养成的正确的为人处世的态度"。

自古以来，中华传统文化便倡导修身养性，强调修养的作用。《礼记·大学》中著名的儒家政治思想"修身、齐家、治国、平天下"，其意思是"修养身心后才能管理好家庭和家族，管理好家庭和家族后才能治理好国家，治理好国家后才能天下太平"，认为提高个人修养是达到天人合一、天下大同的必由之路。党的二十大以来，习近平总书记提出，要充分吸收中华优秀传统文化中蕴含的"治国理政的思想智慧、格物究理的思想方法、修身处世的道德理念"。其中，"修身处世的道德理念"便是中华民族在长期实践中培育和形成的提高个人修养、讲究为人处世的道德思想，是中华传统美德的重要体现，也是新时代坚持和发展中国特色社会主义先进文化的深厚根基，突出了提高个人修养的当代价值与意义。可见，以"修齐治平"为代表的将个人的修养提升与国家社会的安定和谐紧密联系的思想一直影响着中国人的传统道德观和礼仪文化观。为了更好地理解礼仪的意义和重要性，我们需要深入了解"修养"这一与礼仪紧密关联的重要概念。

二、礼仪与修养的辩证关系

礼仪与修养具有许多内在联系。

1. 礼仪是修养的外在表现

一个人的修养水平往往通过其日常各方面的行为表现得以体现。在日常生活中，我们不难发现，那些具备高尚修养的人，往往能够自觉遵守礼仪规范，无论是穿着打扮、言谈举止，还是待人接物，都显得得体大方、温文尔雅，懂得尊重他人、注重细节，举手投足间都流露出良好的教养和素质。这样的礼仪表现，不仅能赢得他人的尊重和信任，也能赢得更多的机会和资源。相反，若是对礼仪视而不见，甚至肆意破坏礼仪规范，在公共场合大声喧哗、随意插队、乱扔垃圾，或者在与人交往时态度冷漠、言语粗鲁，这些不文明的行为举止，不仅损害了个人形象，也会给他人带来不便和困扰，更能反映这些人内心缺乏对他人的尊重和关爱，往往也会被认为缺乏修养。因此，通过观察一个人的礼仪表现，我们可以大致判断出他的修养如何，从而决定是否与他交往、合作。

2. 修养是礼仪的内在支撑

礼仪作为一种外在的行为规范，其本质是对他人的尊重和关爱，而修养正是这种尊重和关爱得以产生的内在源泉。若没有个人的修养作为支撑，那么礼仪则可能成为讨好他人的惺惺作态。修养是一个人内在的精神风貌和品格的体现，决定了一个人会如何对待自己、他人和社会。一个人的修养水平决定了其对待礼仪的态度和行为。具备高尚修养的人，内心善良、正直，懂得尊重他人，能够深刻理解礼仪的意义和价值，自觉遵守礼仪规范，并将其内化为自身的行为习惯。这种内在的力量会自然而然地流露出来，形成优雅的礼仪表现。因此，提升个人修养水平是培养和践行礼仪的关键所在。

3. 礼仪与修养相互促进、共同推动个体和社会发展

一方面，通过学习和遵守礼仪规范，我们可以不断提升自身的道德品质、审美情趣和人际交往能力等方面的修养。另一方面，随着个人修养水平的提升，个体对礼仪的理解和认识也会更加深入，从而更加自觉地践行礼仪规范，形成良好的社会风尚。

同时，礼仪与修养对个人和社会的发展具有重要意义。对于个人而言，具备良好的礼仪有助于塑造良好的个人形象，提升自信心和竞争力，在社交场合中，也能够赢得他人的尊重和信任，为个人的人际交往和职业发展创造有利条件。对于社会而言，礼仪修养的普及和提升有助于构建和谐社会，有助于提高社会的凝聚力和向心力，促进社会文明程度的提高，促进社会的和谐稳定发展。一个讲礼仪和高修养的社会，必然是一个充满友爱、尊重和理解的社会。

三、礼仪修养与其他修养的关系

1. 礼仪修养与道德修养紧密相连

道德是调整人与人之间以及个人与社会之间关系的行为规范，是实现人的全面自我完善的手段。从某种意义上说，道德和礼仪具有同一性，道德修养是礼仪修养的内在支撑，决定了个体对待礼仪的态度和行为。一个具备高尚道德修养的人，会自觉遵守礼仪规范，以尊重他人、维护和谐为行为准则。同时，提升礼仪修养也是提升道德修养的重要途径。通过学习和实践礼仪，个体能够不断提升自己的道德水平，成为一个有道德的人。

2. 礼仪修养与文化修养相辅相成

文化是人类精神活动的创造物，它包括哲学、艺术、政治、文学、历史等诸多方面的内容。文化修养指的是一个人通过自身的学习，对这些人类精神活动创造物熟练掌握后所达到的心理水准和由此产生的心态。文化修养为礼仪修养提供了丰富的内涵和底蕴，礼仪

修养的养成有赖于文化修养的提升。一个具备深厚文化修养的人，对礼仪的理解会更加深刻，能够更好地领悟其背后的文化意蕴和人文精神，一个不懂得礼仪知识的人是很难在礼仪方面达到很高造诣的。同时，礼仪修养也是文化修养的直观体现。在社交场合中，遵循礼仪规范、展现得体的举止和言谈，都是个体礼仪知识和文化修养的直观展示。

3. 礼仪修养与艺术修养密切相关

艺术与美是不可分离的两个概念，艺术的目的就是创造美和审美。艺术修养能够提升个体对美的感知和欣赏能力，使个体在礼仪实践中更加注重细节和美感。通常而言，良好的礼仪行为能够使交往对象产生认同感，从而实现成功交往。同时，艺术修养也能够为礼仪修养提供灵感和创意，使礼仪表达更加生动。

综上所述，当我们探讨礼仪与修养之间的关系时，不仅应当关注到两者之间互为表里、相辅相成、共同发展的辩证关系，还要意识到对礼仪的长期学习、实践会逐渐内化为个人的礼仪修养。而礼仪修养作为人的基本修养之一，与道德修养、文化修养、艺术修养等共同决定了一个人的综合素质水平，这些修养之间并非孤立存在，它们相互交织，有着紧密的联系，共同促进个体的全面发展。

生 词

1. 切磋琢磨 qiē cuō zhuó mó（成语）learn from each other by exchanging views

古代把骨头加工成器物叫做"切"，把象牙加工成器物叫做"磋"，把玉加工成器物叫做"琢"，把石头加工成器物叫做"磨"。比喻互相商量研究，学习长处，纠正缺点。

2. 涵养 hán yǎng（名）ability to control oneself

控制情绪的功夫；修养。

3. 熏陶 xūn táo（动）edify

人的思想行为因长期接触某些事物而受到好的影响。

4. 濡染 rú rǎn（动）imbue

沾染，受熏陶。

5. 趋同 qū tóng（动）converge

向相同的方向发展。

6. 修身养性 xiū shēn yǎng xìng（成语）cultivate one's moral character

通过锻炼和培养来提高自身的素质和修养。

7. 格物究理 gé wù jiū lǐ（成语）studying the nature of things to understand their principles

通过对客观事物的研究，把握事物发展变化的道理、本理、哲理。

8. 辩证 biàn zhèng（形）dialectical

合乎辩证法的，形容看问题的眼光全面。

9. 温文尔雅 wēn wén ěr yǎ（成语）gentle and cultured

形容人的举止文雅、态度温和，具有高尚的教养和良好的礼仪。

10. 举手投足 jǔ shǒu tóu zú（成语）every move and gesture

一抬手一踏步，泛指一举一动。

11. 流露 liú lù（动）reveal

（意思、感情等）不自觉地表现出来。

12. 肆意 sì yì（副）wantonly

不顾一切由着自己的性子（去做）。

13. 喧哗 xuān huá（动）clamour

声音大而杂乱，喧闹。

14. 插队 chā duì（动）jump the queue

不按顺序排队，而插到队伍中间。

15. 惺惺作态 xīng xīng zuò tài（成语）affect a pose

形容虚伪、不老实，假模假样地故作姿态。

16. 造诣 zào yì（名）attainment

学问、技艺等所达到的程度。

17. 灵感 líng gǎn（名）inspiration

突然产生的富有创造性的思路、想法。

18. 互为表里 hù wéi biǎo lǐ（成语）interdependent

指事物的两个方面或两个人互相依存。

练 习

一、填空题

1. 修养的基本含义是（　　　　　　　　　　　　　　　　　　　　　　　　　　）。
2. 礼仪修养是个人修养的一个重要层面，与（　　　）修养、（　　　）修养、（　　　）修养有着紧密关联、相辅相成的关系。

二、判断题

1. 修养是人们的道德品质和文明程度经过长期锻炼和培养所达到的水平和境界。（　）
2. 随着个人修养水平的提升，个体对礼仪的理解和认识也会更加深入。（　）
3. 个人修养的提高不包括对礼仪知识和礼仪文化的学习。（　）
4. 礼仪与修养是相互促进的，并共同推动个体和社会发展。（　）
5. 良好的礼仪和修养可能为个人的人际交往和职业发展创造有利条件。（　）
6. 一个人如果遵守礼仪行为，那么他一定具备良好的修养。（　）
7. 礼仪修养与道德修养、文化修养、艺术修养等一起共同决定了一个人的综合素质水平。（　）
8. 礼仪修养与道德修养、文化修养、艺术修养是相互孤立的。（　）

三、问答题

1. 请你结合现实中的案例，谈谈对"修身、齐家、治国、平天下"的理解。
2. 请你结合现实中的案例，谈谈为什么礼仪和修养是互为表里的关系。
3. 请你结合现实生活中的经历，谈谈礼仪修养与文化修养之间是如何相辅相成的。

第二章

通信礼仪文化

第一节　电话礼仪

【学习目标】
1. 理解中国电话礼仪的重要性和意义;
2. 掌握中国电话沟通的基本规则和习惯;
3. 学习如何在各种情境下按礼仪要求得体地使用电话沟通;
4. 了解使用电话沟通时的一些文化禁忌和注意事项。

【学习重点】
使用电话沟通时的礼仪与禁忌。

【关键词】
电话礼仪；问候；打电话；日常生活

【热身】
1. 你了解过中国的电话礼仪吗？与你国家的有什么不同？
2. 当你要打电话时，你会注意什么？
3. 你有没有因为不了解电话礼仪而沟通不顺的经历？

一、中国电话礼仪概述

中国的电话礼仪文化强调尊重、礼貌和效率。例如，使用恰当的称呼，注意对方的职务或姓名，通话时语气平和、避免无关话题，错过来电时应及时回拨，留言时要简明扼要等。在公共场合或正式场合，应注意手机铃声是否会影响他人，必要时将手机调为静音。整体而言，中国的电话礼仪体现了文化中的礼节和为他人考虑的优秀品质。

掌握中国的电话礼仪对留学生至关重要。正确的电话礼仪有助于留学生在文化适应过程中减少文化差异带来的沟通障碍，提升沟通效率和自信心，有助于建立积极的人际关系和社会网络。学习电话礼仪对留学生职业发展也有积极作用，通过电话沟通展现专业度和可靠性，有助于建立正面的人际网络。了解适当的电话用语和注意事项能够快速准确地传达信息，对应对突发情况至关重要。

二、电话礼仪的基本规则及习惯

1. 礼貌的问候

中国文化注重礼貌，这种文化传统在电话交往中同样得到体现。进行礼貌的问候时，首先应该用"您好"来开启对话。如果知道对方的姓名和职务，那么应该在问候时加以使用，如"李教授您好"或"王经理您好"。这样做可以表示对对方的尊重。问候和自我介绍之后，应立即表明来电的目的。这样做可以帮助对方了解这次通话的原因，并且迅速进入正题。

2. 自我介绍

打完招呼后的自我介绍也是非常重要的，进行自我介绍时，要确保声音清晰、语速适中，这样对方才容易理解你的信息。① 自我介绍的内容通常包括自己的姓名和所代表的组织或职位。例如："您好，我是××公司市场部的张华""您好，我是××学院的本科留学生保罗"等。如果与通话对象是通过某个共同联系人认识的，或者之前有过交流，那么提及这个信息可以帮助对方快速地在心里定位到你，如可以使用类似这样的表达方式："您好，我是张华的朋友陈大明。"在自我介绍时，还应该简单明了地告知对方此次通话的目的。良好的自我介绍有助于建立信任，为后续更好地沟通打下基础。

3. 礼貌用语

在中国的电话礼仪中，使用礼貌用语至关重要。如"请问""谢谢""不好意思，打扰一下"，这些都是基本的礼貌用语。② 当需要询问对方信息时，可以说"请问，您能告诉我……吗？"。当对方提供了帮助或信息时，可以说"谢谢您的帮助"或"感谢您提供

---

① 王建容：《电话礼仪的"四要"与"四不要"》，载《秘书》2001年第5期，第16—17页。
② 汪连天：《职场礼仪心得（之九）：职场距离礼仪与电话礼仪》，载《工友》2009年第9期，第58—59页。

的信息"。当请求对方做某事或提供信息时,使用委婉语气是必要的。比如"您看方便提供一下……"或者"您看是不是可以考虑……"。这样的表达方式不仅礼貌,也给了对方足够的空间,不会让人感到被强迫或有压力。此外,如果需要打断对方说话或者需要对方重复信息,应该礼貌地打断,可以使用"对不起,可以请您再说一遍吗?"或者"不好意思,我刚才没能完全听清楚"。在结束通话时,也要使用礼貌用语,如"感谢您的帮助""期待我们的下次沟通""祝您有愉快的一天"等,这些都是结束通话时保持礼貌的好方式。

4. 留意语速和语调

在中国的电话礼仪中,恰当的语速和语调非常重要,适当控制语速对于确保信息的清晰度至关重要。注意调整语速,确保双方都舒适,如果对方经常要求你重复,表明你需要放慢语速。语调则是表达情感和态度的工具。在交谈时,保持语调的一致性和适度的强调可以更好地传递信息。

5. 倾听和耐心

在电话沟通中,应该避免打断对方,给予对方充分发言的机会,通过积极回应和提问来表示你在倾听,从而确保沟通的高效性。如果有疑问,可以在对方说完后,礼貌地请求对方解释或重复。保持耐心不仅有助于稳妥地处理和解决在通话中遇到的延误、误解或其他沟通障碍,还能为沟通创造一个更加和谐的氛围。

6. 上位者先挂断电话

在中国的电话文化中,要求在通话结束时让上位者或年长者先挂断电话,这是对他们地位的一种尊重。这种做法在商务和私人通话中同样适用。当通话接近尾声时,应保持耐心,等待对方表示通话可以结束。这通常会通过一些结束语体现出来,比如"那我们就先这样吧"。即使你有急事或通话已经很长,也要避免表现出急于结束通话的态度,以免显得不尊重对方。在对方准备结束通话时,可以用礼貌的语言表示感谢,比如"谢谢您的建议"或"期待我们下次交流",这样可以确保通话以尊重和礼貌的方式结束。这种礼仪不仅仅是关于电话沟通的技巧,还是中国"礼仪之邦"的微观体现和对中国传统文化的尊重。

三、使用电话沟通的不同场合

1. 商务沟通

在中国,商务场合下使用电话沟通的常见情况包括与客户进行初步接触和后续跟进,处理订单和投诉,与合作公司商讨合作详情和交货事宜,管理内部事务,安排或确认会议时间,日常工作报告等。电话沟通因其即时性和方便性,在快节奏的商务环境中尤为重要,它能够确保信息的迅速传递和实时互动,有助于加强商业伙伴间的联系并推动业务流程的顺利进行。以下是具体实例:

A:您好,我是××公司的张经理。请问王总在吗?

B:您好,张经理。我是王总的秘书,他现在正在开会。我会将您的来电转达给王总。确认一下是用这个电话号码联系吗?

A:是的,麻烦了。

B:好的,我会尽快将您的信息转告给王总,并请他安排适当的时间与您通话。请您保持电话畅通。

A:当然,我会保持电话畅通。谢谢您的帮助。

B:不客气,祝您愉快!

A:谢谢,也祝您工作愉快!再见!

B:再见!

2. 政府与公共服务

在中国,政府与公共服务场合下使用电话沟通的常见情况包括为公民提供咨询服务、处理各类申请和许可等。在这些场合下,我们首先要注意使用正式和礼貌的语言,并使用恰当的职务或头衔称呼对方;其次,如有必要的话,提供自己的信息;再次,要清楚地说明需求和问题,尽量耐心地等候答复;最后,在结束通话时,要确保自己清楚后续步骤,并表示感谢和尊重,礼貌地挂断。遵守这些礼仪不仅能有效地提高获取消息的效率和服务质量,还能使生活更便捷。要注意的是,我们要留意对方身份的真实性,不要向陌生人提供个人信息,以防被骗。例子如下:

A：您好，我想咨询一些政府公共服务方面的问题，能与相关负责人通话吗？

B：您好，欢迎致电政府公共服务咨询热线。我是负责此项服务的工作人员小王，我的工号是××××××，很高兴为您提供帮助。请问您有什么具体问题需要咨询？

A：您好，我想了解一下最近政府推出的新政策，关于留学生医疗保险的情况以及如何申请。

B：非常抱歉，我需要收集一些您的个人信息，以便为您提供准确的咨询。请问您的姓名和护照号码是多少？

A：我叫张明，护照号码是××××××。

B：谢谢您提供的信息，张先生。根据最新政策，申请留学生医疗保险的具体流程是您需要携带护照、学生证以及相关医疗证明到当地社保局办理。您可以在工作日的上午8点至下午5点之间前往办理。

A：非常感谢您的帮助，王先生。

B：不客气，张先生。如果您还有其他问题或需要进一步咨询，随时都可以拨打我们的咨询热线。我们将竭诚为您服务。

A：好的，谢谢您的耐心帮助。再见！

B：再见，祝您生活愉快！

3. 社交与家庭联络

在中国，社交与家庭联络场合下使用电话沟通常涉及日常问候、节假日的祝福、家事商量，以及其他各类私人事务。在这些场合下的电话礼仪注意事项包括尊重对方的时间，避免在不合适的时间打扰。例如，公事的话不应该在工作时间（8：00—18：00左右，视对方上班时间而定）外打电话，私事也不应在休息时间（22：00—6：00）打电话。在通话中保持友好和尊重的语气；倾听对方讲话，不要打断；在提出请求或求助时要考虑对方的能力和情况，表现出必要的谦虚和感激；结束通话前确认对方是否还有其他事情要说，然后礼貌地道别。遵循这些礼仪有助于维护良好的人际关系和家庭关系。以下是一个例子：

A：您好，我是张明，我是ABC公司的市场经理。我想趁着春节来临之际向您致以最诚挚的祝福。

B：您好，张经理。很高兴接到您的电话，非常感谢您的祝福，也祝福您过个愉快的春节！

A：如果您没有其他事情我就不打扰了。再次祝您和您的团队春节快乐，事业蒸蒸日上。

B：好的，谢谢，祝您新年快乐，万事如意！再见！

A：再见！

4. 教育与就业

在中国，教育与就业场合下使用电话沟通的常见情况包括学生与教师之间进行交流，求职者与企业人力资源部门就面试安排或录用通知进行联系，以及员工与雇主就工作任务、请假、离职等事项进行沟通。在这些情境中的电话礼仪应注意使用恰当的称谓和敬语，尤其是在与长辈、教师或招聘官沟通时，要表现出尊敬和礼貌；在交流时保持语言清晰、准确，确保信息传达无误。遵守这些电话礼仪有助于展现个人的专业性和素养，有利于建立积极的互动关系，促进沟通效果。如以下的对话：

A：老师您好，我是李明，是您的学生。我想向您请教一些关于课程的问题。

B：你好，李明同学。很高兴接到你的电话，请问有什么问题需要我帮助你解答？

A：首先，我对这周的作业有一些疑问。在第三题中，我遇到了一些困难，希望您能给我一些指导。

B：明白了，这是一个有挑战性的问题。让我帮你梳理一下思路。首先，我们先来一步步分析公式的含义和应用场景……（B老师在电话中给予指导和解释）希望我的解答对你有所帮助。

A：非常感谢您的指导，老师。您的解释非常清晰，我现在对这道题有了更好的理解。

B：如果你在学习过程中遇到其他困难，可以随时与我联系。

A：非常感谢您的耐心指导，老师。

B：不客气，李明同学。祝你学习顺利，再见。

A：好的，老师再见！

5. 紧急服务

在中国，紧急服务场合下使用电话沟通的常见情况主要是报警、急救、火警等紧急求助。在这些情况下，要直接说明，如"我要报警"或"请派救护车"，随后提供详细的事发地点、涉及人数、受伤情况、可能的危险源等关键信息。在对方工作人员提问时，要尽可能提供具体答案，并遵循其指引。因为可能涉及生命安全和财产保护，通话结束前应确认救援人员已经明确了所有必需的信息，并知道如何与你联系。在紧急服务的电话沟通中，效率和准确性是最重要的标准。常用的紧急服务电话号码见表2.1.1。

表 2.1.1　常用紧急服务电话号码

紧急服务	号码
报警电话	110
火警电话	119
急救电话	120
交通事故报警电话	122

以下是例子：

A：您好。我是李明，我现在所在的建筑物发生了火灾，需要立即报警并请求帮助。

B：您好，李明先生。请您冷静下来，告诉我发生火灾的具体位置和您现在所处的位置。

A：是这样的，我现在在ABC大厦的13楼，13楼西侧的办公室发生了火灾，火势正在迅速蔓延。我担心会有人员被困。

B：我们已经记录下了您的报警信息，会立即通知消防部门派遣队员前往救援。请您保持电话畅通，以便我们与您保持联系。

A：好的。

B：请您尽量保证安全，采取消防安全措施，避免靠近火灾现场。

四、电话礼仪中的禁忌与注意事项

首先，避免谈及私人问题。在中国，电话沟通时避免谈及私人问题是出于对个人隐私的尊重和文化中对礼貌的高度重视。过分探问私事可能会让对方感到难堪，或感觉自己的个人边界受到侵犯，这在很大程度上可能会损害双方的关系。因此，在电话中避免谈论私人问题是一种风险规避策略，目的是保持交流的和谐和维护职业形象。

其次，避免在不合适的时间和场合打电话。在中国，致电时间要避免深夜、凌晨或工作日的早晨，在这些时刻打电话可能会被视为不尊重和不考虑他人的感受。[①] 同样，如果知道对方在进行重要活动，如会议、家庭聚会或其他特殊事项，此时打电话同样可能会打扰到对方。

最后，避免通话时长过长。在中国，电话沟通时避免通话时长过长是出于对对方的尊重和效率的考虑。[②] 在实际沟通中，简洁明了地表达，不占用对方过多时间，不仅能够提高沟通效率，也是对他人的基本尊重，符合中国人注重和谐与效率的交际习惯。

总而言之，中国的电话礼仪是留学生和任何希望在中国社会中有效沟通和建立良好人际关系的个体需掌握的关键。在中国这样强调礼节、尊重、和谐以及效率的文化背景下，无论是在商务、教育、政务还是日常生活中，恰当的电话交流方式能显著提升沟通质量，促进社交互动，树立职业形象，还能在紧急情况下提供必要的帮助。了解和遵循电话礼仪中的基本规则、习惯以及禁忌，不仅有助于避免文化冲突和误解，也是对中国传统文化的一种尊重和融入。

生 词

1. 沟通 gōu tōng（动）communicate
   利用文字、语言与肢体语言等方式与他人交流。

---

① 张桂华：《不可不知的电话礼仪》，载《东北之窗》2006年第6期，第59页。
② 程家文：《当代礼仪研究——以电话礼仪为例谈礼仪的原则》，载《群文天地》2011年第22期，第8、22页。

2. 禁忌 jìn jì（名）taboo

被禁止或忌讳的言行。

3. 扼要 è yào（形）to the point

抓住要点。

4. 强迫 qiǎng pò（动）force

施加压力使服从；迫使。

5. 障碍 zhàng ài（名）obstacle

阻挡前进的东西；阻碍。

6. 微观 wēi guān（形）submicroscopic

涉及部分的或较小的范围的。

7. 节奏 jié zòu（名）regular pattern

比喻有规律的进程。

8. 传递 chuán dì（动）deliver

传达；递送。

9. 倾听 qīng tīng（动）listen attentively to

认真地听取。

10. 接触 jiē chù（动）contact

挨着，碰着；接近并交往。

11. 事宜 shì yí（名）matters

关于事情的安排布置。

12. 咨询 zī xún（动）seek advice from

询问专业意见或信息。

13. 头衔 tóu xián（名）title

表明个人身份、资格、专业的称号。

14. 称谓 chēng wèi（名）appellation

称呼，人交往当中所说出对方的名称。

> 练 习

一、填空题

1. 掌握中国的电话礼仪很重要,对我们的（　　　　）、（　　　　）、（　　　　　　）都很有帮助。

2. 我们应在打电话时避免（　　　　　）、（　　　　　）、（　　　　　　），以免尴尬和不愉快。

二、判断题

1. 打电话时,我们应该让上位者先挂电话。　　　　　　　　　（　　）

2. 拨打急救电话时,我们应向接线人员提供银行卡号码。　　　（　　）

3. 处理客户投诉时可能会使用电话沟通。　　　　　　　　　　（　　）

三、问答题

1. 你有在中国进行电话沟通吗？经过学习,你觉得有什么可以改进的地方？

2. 你是否记得中国的紧急服务电话号码,它们分别对应了什么服务？

第二节　手机通信软件礼仪

【学习目标】
1. 理解学习中国手机通信软件礼仪的重要性和意义；
2. 掌握在中国使用手机通信软件沟通的基本规则和习惯；
3. 学习如何在各场合下礼貌地使用手机通信软件沟通；
4. 了解与手机通信软件相关的一些文化禁忌和注意事项。

【学习重点】
中国的手机通信软件礼仪及其注意事项。

【关键词】
手机通信软件；沟通技巧；正式用语；场合

【热身】
1. 你了解中国的手机通信软件礼仪吗？
2. 你在中国都会用哪些手机通信软件进行沟通？
3. 国外的手机通信软件和中国的手机通信软件有什么不同之处？

一、中国手机通信软件礼仪概述

在中国，手机通信软件，如微信（WeChat）和QQ，已经成为人们生活中不可或缺的一部分。手机作为主要沟通工具，其使用方式反映了个人的文化素养和适应能力。掌握社交软件的使用规范不仅是技术学习，更是文化适应的过程。遵守手机通信软件礼仪有助于融入集体，与中国同学和老师建立良好的互动关系。学习中国的手机通信软件礼仪是一种文化实践，可以增进我们对中国文化的理解，并帮助我们建立人际关系、提升个人形象。

中国和西方国家在使用手机的礼仪和文化上存在显著差异。在工作中使用通信软件方面，中国与西方国家的差异体现在首选的平台、沟通风格和功能集成程度上。中国企业普遍使用微信和企业微信这样的多功能平台进行日常的商务沟通与协作，这种平台融合了即时消息、视频会议、文档共享和移动支付等功能，使商务人士能够在同一个应用内完成多种工作任务。中国的工作沟通更看重即时性，微信群聊在团队协作中起着核心作用。相比之下，西方国家企业更倾向于将电子邮件作为正式的商务沟通途径，并辅以专门的团队协作软件如 Slack 或 Microsoft Teams 来进行项目管理和团队互动。在西方国家，电子邮件通常被视为记录和追溯的沟通工具，而即时消息则被用于更快速的讨论和决策。这种分开使用不同工具的做法，反映了在西方国家工作文化中对于正式记录和个人工作空间的重视。总体来说，中国的通信软件使用更倾向于一站式解决方案，而西方国家则在正式与非正式沟通之间设立了更明确的界限。

二、使用手机通信软件的基本规则

1. 退群先告知

在中国，退出一个通信软件上的群组时，被认为有礼貌的做法通常是先在群里简短地发一条消息告知其他成员，尤其当你是活跃成员或群组中有你的朋友或同事时。这样做的好处是维持良好的社交关系和形象，避免可能因突然退出给群组成员带来的困惑或误会。如果群组是工作群，这种做法有助于在未来的工作中保持良好的人际关系。

2. 注重回复的时效性

在中国使用通信软件沟通时，注重回复的时效性至关重要。[①] 首先，职场上，及时回复是基本的职业礼仪，它显示出对对方的尊重。其次，文化上，中国人重视面子和人际关系，及时回应信息可以维护和谐的社交关系，避免给人留下不重视对方的负面印象。我们应定期检查是否有新消息。即使在忙碌时，也应该尽可能快速地确认信息，给予简短的回复或是设定一个预期的详细回复时间，以免对方长时间等待。通过这些措施，可以在使用通信软件时保持良好的时效性，这不仅能够提高工作效率，还能在社交

---

① 郎群秀：《手机礼仪的"PCRS原则"》，载《公关世界》2021年第3期，第26-28页。

方面树立可靠和专业的形象。

3. 注重文件的大小和格式

在中国使用通信软件沟通时，注重分享文件的大小和格式非常重要，因为这直接影响到信息传递的效率和接收者的方便程度。首先，文件内容的大小会影响上传和下载速度。在网络条件有限或流量成本较高的情况下，大文件可能导致长时间的等待，甚至传输失败。其次，不同的设备和软件对文件格式的兼容性不同，选择广泛支持的格式可以确保接收者能够顺利打开和查看。例如，文档最好以 PDF 格式分享，以保证不同设备和操作系统之间的兼容性和格式一致性。

如需分享大文件，可以使用云盘服务生成分享链接，使接收者可以在网络条件允许时下载文件，而不必通过通信软件直接发送，这样既节省了时间，也避免了可能出现的传输问题。同时，在发送前应对文件进行安全检查，避免恶意软件传播，以保护双方设备的安全。通过这样的方式，我们不仅能提升沟通的效率和便捷性，还能展现出为对方考虑的态度。

4. 注重礼貌用语

实践中，我们应该根据沟通的对象和场合选择适当的礼貌用语。与长辈、上级或客户沟通时，语言应更加正式和谨慎。即便是同事或熟人之间的非正式对话，也不应忽视基本的礼貌。在谈及重要或敏感的话题时，认真考虑措辞，必要时，可事先草拟文本，以确保信息传递得体且清晰。

三、使用手机通信软件沟通的不同场合

不同场合下，我们依赖手机通信软件完成各式各样的任务。在接下来的内容中，我们将探索手机通信软件在不同场合中的应用，以及各场合要注意的问题。

1. 职场沟通

在中国职场，微信和腾讯会议是工作沟通的主要工具，用于发送消息、分享文件、安排会议和视频通话。使用这些工具时，需保持及时性和专业性，尽快回复消息，使用礼貌、正式的语言，分享最新文件并检查内容。同时，注意安全性和隐私保护，确保网络稳定并在安静的环境中进行视频会议。遵循这些准则，可确保高效的工作流程，保护个人和公司形象及信息安全。

2. 日常社交

在中国，手机通信软件广泛用于日常社交互动，其中微信最普及。人们通过微信进行日常对话，发送语音、文字、表情包和分享生活照片或视频。微信还有朋友圈功能，类似于 Facebook 的动态墙，用户可分享生活点滴或查看朋友动态。QQ 也是流行的通信工具。使用这些软件时，应注意礼貌和尊重，杜绝使用侮辱性或攻击性语言，尊重他人的隐私和感受，朋友圈的点赞和评论应保持友好和正面。由于微信等应用程序的普及，人们在接收信息时应予以核实，避免转发不实消息。在社交媒体上展现自己时，也应注意不要过度分享个人隐私和敏感信息。

3. 教育学习

在中国的教育学习场合中，手机通信软件的使用已经成为一种常态。例如，微信和 QQ 在学校和学生之间的沟通协作中发挥着重要作用。教师通常会创建微信群或 QQ 群，用于发布作业通知、分享学习资料、讨论学术问题或进行家校互动。使用这些通信软件时，应遵守相应的礼仪。例如，在交作业、参与在线讨论以及直播课堂中都应遵守秩序。同时，在群组中分享的内容应该是与学习相关的。不应随意泄露自己或他人的个人信息，包括联系方式、家庭住址等，在提交作业时也应避免包含个人敏感信息。

4. 生活服务

生活服务中，手机广泛用于沟通需求，如家政服务预约、美容院咨询和外卖配送确认等。在这些场合，人们使用美团、淘宝、滴滴等软件与服务提供者交流。沟通时，需清晰表达需求和期望，并提供准确信息以避免误解。例如，预订家政服务时，要说明清洁范围、时间和特殊要求等；与外卖配送员沟通时，要提供详细地址和可能影响送餐的信息。同时，要保护个人隐私，避免透露不必要的个人信息，如身份证号码、银行账户信息等。在交流过程中，保持礼貌和尊重，以建设性的方式提出问题或投诉。对于线上支付的服务，应通过官方渠道和安全的支付方式进行，避免遭受诈骗。

总而言之，手机通信软件在中国的职场沟通、日常社交、教育学习和生活服务等多个方面扮演着至关重要的角色。使用这些工具时，我们应当尊重他人、保护个人信息，并且负责任地分享内容。通过妥善使用这些强大的工具，我们可以在保障个人隐私与安全的同时，享受它们为我们的工作和生活带来的便捷。

四、手机通信软件礼仪中的避免事项

1. 避免滥发群消息

在中国使用通信软件时，滥发群消息会打扰他人。在工作和社交文化中，群组聊天很重要，用于分享信息、讨论和协调活动。发送无关紧要或太个人化的消息会被视为不尊重他人，他人可能因信息过量而忽略重要消息，破坏了沟通秩序，引起他人不满。避免滥发群消息可促进有效沟通，保持良好关系，建立信任和尊重的氛围，有利于维护清晰、有序且专注的沟通环境，使成员更愿意响应。

2. 避免未经允许就分享他人隐私

在中国使用通信软件时，避免未经允许分享他人信息，如电话号码、微信号、照片等，未经允许便分享他人信息会被视为对个人隐私的侵犯，这在任何文化中都可能被认为是不礼貌的。假如有必要分享对方的个人信息给别人，应先取得当事人同意。拉别人进群组前也应该获得群主和对方的同意。[①] 尊重隐私不仅体现了个人的道德水准，也符合法律法规关于个人信息保护的要求。

3. 避免过度使用表情包和动图

在中国使用通信软件时，避免过度使用表情包和动图，这是出于对沟通正式度和清晰度的考虑。虽然表情包和动图可以增添趣味性和表达非语言信息，但不恰当的使用会被认为是一种不礼貌的行为。[②] 尤其是在商务或学术等正式场合，要避免使用表情包和动图。

4. 避免在不适合的场所使用手机通信软件

在中国应避免在不适当的场所使用手机通信软件，主要是因为这样的行为可能会被认为是不礼貌的，它会干扰周围人的活动，特别是在需要安静或专注的环境，如图书馆、剧院和会议室，应将手机调至静音模式。[③] 在会议和课堂等需要专注的场合使用手机通信软件还可能影响个人的形象，给人留下缺乏自控力和不尊重他人的坏印象。

---

① 韩江峰：《秘书手机微信礼仪》，载《秘书之友》2018年第7期，第38–39页。
② 许陈丹、杨硕林：《智能手机时代新礼仪调查》，载《青春岁月》2018年第9期，第241页。
③ 佚名：《手机使用礼仪》，载《职业》2005年第10期，第49页。

生 词

1. 不可或缺 bù kě huò quē（成语）indispensable

表示非常重要，不能有一点点的缺失，通常形容必不可少的因素或是部分。

2. 实践 shí jiàn（动）practice

实际去做；履行。

3. 追溯 zhuī sù（动）trace back to

追求根源。比喻回首往事、探寻渊源。

4. 界限 jiè xiàn（名）dividing line

事物之间的分界。

5. 困惑 kùn huò（动）confused

感到疑难，不知所措。

6. 措施 cuò shī（名）measure

针对情况采取的处理办法。

7. 兼容 jiān róng（形）compatible

几个软件之间或是几个软硬件之间的能相互配合，稳定地工作。

8. 云盘 yún pán（名）cloud drive

云盘是一种专业的互联网存储工具，它通过互联网为企业和个人提供信息的储存、读取、下载等服务。

9. 敏感 mǐn gǎn（形）sensitive

容易受伤或被影响的。

10. 隐私 yǐn sī（名）privacy

不公开的个人私事，秘密。

11. 侮辱 wǔ rǔ（动）insult

欺负、羞辱。

12. 社交媒体 shè jiāo méi tǐ（名）social media

指互联网上基于用户关系的内容生产与交换平台。

13. 常态 cháng tài（形）normal condition

平常的、正常的状态。

14. 泄露 xiè lù（动）to divulge

让人知道了不该知道的事。

15. 诈骗 zhà piàn（动）defraud

欺诈骗取。

16. 协调 xié tiáo（动）coordinate

使配合得适当。

17. 侵犯 qīn fàn（动）to violate

非法干涉别人，损害其权益。

18. 私生活 sī shēng huó（名）private life

私人生活（主要包括个人生活习惯、生活方式及消遣等）。

练 习

一、填空题

1. 使用手机通信软件时有一些礼仪是我们应该要遵守的，例如（　　　　　）、（　　　　　）、（　　　　　）、（　　　　　）。

2. 手机作为常用的沟通工具之一，在现实生活中有很多场合会用到它，例如（　　　　　）、（　　　　　）、（　　　　　）、（　　　　　）等场合较为常见。

二、判断题

1. 掌握手机礼仪很重要是因为可以让我们找到好玩的手机游戏。（　）

2. 在教育学习场合下使用手机沟通，我们应注意不要泄露个人信息。（　）

3. 我们应避免在会议等不适合场合使用手机。（　）

三、问答题

1. 你都了解哪些中国的通信软件？它们有什么特点？

2. 假设你的上司在微信上找你，你几个小时后才看见，你会怎样回复？

第三节　电子邮件礼仪

【学习目标】
1. 理解学习中国电子邮件礼仪的重要性和意义；
2. 掌握中国电子邮件沟通的基本规则和习惯；
3. 学习如何在各种情境下撰写符合礼仪的电子邮件；
4. 了解与电子邮件相关的一些文化禁忌和注意事项。

【学习重点】
中国的邮件礼仪及其注意事项；如何撰写符合礼仪的电子邮件。

【关键词】
邮件礼仪；适当格式；沟通技巧；正式用语

【热身】
1. 你了解中国的电子邮件礼仪吗？
2. 你在写电子邮件时，开头及落款会怎么写？
3. 根据你的文化背景，说说你们在发电子邮件时有什么要注意的礼仪？

一、中国电子邮件礼仪概述

在商务和实际工作学习中，电子邮件是主要沟通方式。电子邮件礼仪体现了中国文化中重视和谐与尊重的价值观，是一项重要的沟通技能。掌握基本的电子邮件礼仪，有助于避免文化误解和冲突，能确保信息的准确解读和回应，促进与他人的有效沟通。恰当的称呼、问候和礼貌语言，能反映留学生对中国礼仪的认识和敏感性，是其能融入中国社会和文化环境的关键。

中西方电子邮件礼仪存在一些差异。

1. 使用场景

在某些国家和地区，人们将电子邮件作为一种主要的在线通信方式，只有跟关系比较亲密的人才会使用通信软件添加好友沟通。部分原因在于电子邮件的通用性，任何人只要有网络连接就可以创建和使用电子邮件地址，而且电子邮件不受特定平台或设备的限制。而在中国，电子邮件通常被视为一种更加正式的通信方式，通常被用于职场和学术环境。其他情况一般都会用社交软件进行沟通。

2. 电子邮件地址

中国电子邮件用户的电子邮件地址常用拼音和数字组合，而国外用户可能更多使用英文名字作为电子邮件地址。这些偏好反映了两者在文化和语言习惯上的不同。由于中国独特的网络环境，一些国际邮件服务平台在中国不可用，这也影响了中国用户对邮件服务提供商的选择。我们应接受这些文化差异。

总而言之，用户习惯及技术发展等都让中西方电子邮件文化有许多不同之处。电子邮件在国外被广泛使用，而在中国则较多被用于正式一点的场合中。

二、撰写电子邮件的基本规则

1. 标题

标题应反映邮件核心内容，力求简洁明了。[1] 职场交流中，标题要正式，应包含项目名称、事件或截止日期等关键信息。应避免使用敏感词，以免邮件被误判为垃圾邮件。对于紧急邮件，应适当表明紧急程度，例如，在标题开始的地方使用"紧急！"等字眼，但要防止滥用。如果邮件涉及文档或项目更新，应确保标题清晰，并指出版本号或更新内容。比如，"××项目2024年1月进展报告"或"紧急：关于××事件的最新指示"，这样的标题直接且具有针对性，有助于收件人快速识别邮件内容，提高邮件处理效率。

2. 称呼与问候

---

[1] 王业：《职场礼仪知多少》，载《成才与就业》2014年第Z3期，第72–73页。

撰写电子邮件时，称呼与问候是展现一个人礼貌和专业度的重要部分。通常，在邮件开头使用正式的称呼，如"尊敬的张经理"或"亲爱的李博士"，这样不仅表现出对收件人的尊重，也显示了发件人的专业态度。在中国的电子邮件交流中，如果不确定对方的具体职务或头衔，使用"先生"或"小姐"来称呼对方是比较安全的选择，但前提是已经确定了对方的性别，以避免尴尬或无意中的冒犯。在中国，直接称呼一个人的全名在商务或正式场合通常被认为是不礼貌的，因为它缺少了必要的敬意和社会距离。

例如，给一个名叫王晓明的人写邮件，但不清楚他的职位或头衔，应该写"王先生您好"，而不是直接写"王晓明您好"。除此之外，在开始和结尾通常会加上适当的问候语，比如"您好"或"祝您工作顺利"。在不太正式或已经较熟悉的商务关系中，可以适当放宽称呼和问候的正式程度，使用其他较为随和的语言。

3. 正文

在中国，撰写电子邮件的正文时，保持清晰、礼貌和正式的语气至关重要。开头通常用简短的问候语和自我介绍，尤其是在第一次联系时。接下来直接且礼貌地陈述邮件的目的，避免绕弯子，这样可以节省收件人的时间，也能更快地得到回应。

在正式和商务邮件中，语言应当客观，避免使用口语或方言。[①] 同时，注意段落清晰、主题分明，如果有多个问题或请求，可以将它们组织成清晰的段落，每个段落处理一个主题，这样有助于收件人更好地理解和回应邮件。同时，如果涉及期限或需要对方回复的具体时间，要明确指出，以便对方安排时间处理。在谈及请求或询问时，使用委婉语气以表达尊重，比如使用"您能否……"或"请问您是否可以……"等句式。

在正文的结尾，通常要感谢对方，并表达对回复或未来合作的期待。例如，"期待您的回复"或"如有任何疑问，欢迎随时联系"。

4. 结尾签名

在中国，撰写电子邮件的结尾签名部分，需要提供足够的信息让收件人知道发件人是谁以及如何联系。这通常包括发件人的全名、职务、所属部门或公司名称、联系电话和邮箱地址。如果使用的是电子邮件客户端或服务，可以设置一个标准的签名模板，这样每次发送邮件时都会自动包含这些信息，以确保一致性和效率。还可准备多个不同的

[①] 何小平：《从商务电子邮件看"人际"交流》，载《商场现代化》2006年第28期，第92–93页。

签名档，在私人场合或彼此关系较好时可以使用不同版本的签名档。

5. 回复

首先，及时回复邮件是十分重要的，它展现出你对发件人和邮件内容的尊重。[①] 如果不能立即给出详细回复，至少应发一封简短的邮件说明情况并承诺稍后回复。

其次，在内容方面，要确保回复的针对性，应直接回应邮件中提出的问题或要求。如果邮件中有多个问题，最好逐一回答，确保没有遗漏。同时，回复的语气应与原邮件相匹配，如果原邮件非常正式，回复也应保持同等的正式程度；如果原邮件相对随和，回复也可以相应放松一些，但仍需保持专业和礼貌的基调。如果需要更多时间来处理请求或搜集信息，应在回复中说明情况，并给出一个预计的回复时间。这样可以让发件人知道他们的邮件已被处理，并且可以期待一个确定的回复。

最后，在回复邮件时，注意保持对原邮件的引用，这有助于双方追踪讨论的上下文。在结尾签名部分，和发出的邮件一样，提供名字、职务和联系信息，以方便对方联系。

三、使用电子邮件的不同场合

1. 职场沟通

在中国职场沟通中使用电子邮件时，需要维持正式和礼貌的语气，尤其重视称呼的正确性和礼节性。电子邮件应当有清晰的结构，包括简洁明确的主题、恰当的称谓、逻辑清楚的正文和礼貌的结束语。内容上，要直接而有礼貌地表达，避免过于随意或含糊，同时确保信息准确无误。附件应该用合适的文件名命名，并确保接收方能够打开。在写电子邮件时，避免直接批评，而是采用更委婉的方式提出建议或反馈。如：

主题：关于项目进展的更新

尊敬的×××：
　　您好！
　　我希望能就我们负责的项目的最新进展与您进行沟通。以下是项目的一些重要信息

[①] 晏红：《浅析电子商务人员的礼仪规范》，载《电子商务》2010年第10期，第45-47页。

和需要讨论的事项：

首先，我很高兴地告诉您，我们团队在过去的一个月里取得了显著的进展。我们已经完成了项目的需求收集和分析，并成功与客户进行了沟通。他们对我们提出的解决方案非常满意，并希望我们继续加快进度。

接下来，我们计划在设计和开发方面集中精力。为了确保项目按时交付，我建议我们安排一个会议，讨论下一步的工作计划和任务分配。您是否有时间参加这次会议？如果方便，请提供您的时间表，以便我们能够协调安排。

最后，作为项目的负责人，我非常重视您对项目的意见和建议。如果您有任何想法或建议，或者对项目有任何疑问，请随时与我沟通。我期待着听取您的宝贵意见。

感谢您的支持！期待我们能够在项目中取得更多的进展。

祝好！

2024 年 2 月 25 日

李明

ABC 公司销售部门

电子邮件：li.ming@abccorp.com

电话：+86 1234567890

2. 学术场合

在中国的学术场合使用电子邮件时，应保持高度正式和尊敬的态度。邮件开头部分要对收件人使用恰当的学术头衔，如"教授""博士"等，显示出对其学术地位的尊重。邮件内容要清晰、有条理，同时确保语言准确，避免使用口语或非正式表达，特别是在讨论学术问题或请求学术指导时，应有清晰的逻辑。在邮件结束时使用正式的结束语，并提供发件人的全名和所属学术机构。同时，针对不同的学术交流，如论文投稿、会议邀请或研究合作，邮件可能有特定的格式和要求，所以务必事先了解并遵守这些规范。如：

主题：邀请参加学术研讨会的演讲

尊敬的×××教授：

您好！

我是ABC大学的李明。我们的学术研讨会将于××年××月××日在××城市举行，主题为"××领域的最新研究和发展"。研讨会旨在提供一个交流和分享最新研究成果的平台，将聚集来自国内外的一流学者和专家。

我们特别邀请您作为我们即将举办的学术研讨会的演讲嘉宾，就您在××领域的研究成果和经验进行分享和讨论。我们对您的研究工作和学术成就非常钦佩，相信您的专业知识和经验将为我们的研讨会增添极大价值。如果您愿意参加并担任演讲嘉宾，我们将为您提供差旅和住宿费用，并为您安排专业的翻译服务（如果需要）。

我们非常希望您能参与，期待您的回复。如果您需要更多的信息或有任何问题，请随时与我们联系。谢谢。

祝好！

李明

ABC大学

2024年3月15日

3. 私人事务场合

在中国，电子邮件的使用方式与许多其他国家有所不同。在私人事务场合，电子邮件的使用已经不再像过去那样普遍。人们更多地依赖即时通信工具，如微信、QQ等，来处理日常沟通和私下交流。因此，电子邮件在中国主要用于正式或半正式的场合，尤其是在工作或学术领域等。在私人事务上，人们往往更倾向于通过社交平台快速交流，而不是依赖于电子邮件。不过，尽管私人事务中不常用，电子邮件在传送大型文件时仍然是一个重要的工具，尤其是当文件尺寸较大，无法通过其他方式（如社交应用）方便传送时。当通过电子邮件传送大型文件时，有几个注意事项。首先，邮件的主题应该简洁明了，说明文件的内容或目的，避免让接收方感到困惑。其次，尽量使用通用格式确保文件不超过邮箱提供的附件大小限制。最后，若文件较大，可以使用云存储服务（如百度网盘）上传文件，并将链接附在邮件中，这样会更加方便对方下载和查看。

四、电子邮件礼仪中的避免事项

在撰写电子邮件时，了解并遵守当地的商务沟通礼仪，确保邮件传达了必要的信息，避免造成不必要的误会。

1. 避免使用空白标题

空白的标题可能会让邮件看起来像是垃圾邮件或者是自动发送的邮件，从而增加了收件人不点击或直接删除邮件的可能性。没有标题的邮件很难吸引收件人的注意力，使得邮件的重要性和紧急性都不能得到有效传达，不利于邮件的及时阅读和回复。此外，空白标题的邮件还可能被对方的邮箱系统直接归为垃圾邮件，导致邮件无法在对方收件栏中出现。因此，为了确保邮件得到应有的关注，并且能够有效传达信息，避免使用空白标题是非常必要的。

2. 避免使用过分随意的语言

使用过分随意的语言会降低信息的专业性，从而影响接收者对信息严肃性的感知。在正式场合中，正式的语言不仅展现出你对工作的认真态度，而且还表达了对对方的尊重。[①] 随意的语言可能导致误解，使得沟通看起来不够认真或不够正式。因此，我们应避免使用过分随意的语言。

3. 避免忽视中国的文化和节日

中国电子邮件礼仪强调尊重和理解中国文化及节日。中国有丰富的文化传统和节日庆典，在特殊日子，如春节，人们会回家团聚，减少商务活动，不常查看邮件。在这些时间发工作邮件可能得不到回应，甚至被视为不尊重中国文化，损害双方关系和个人形象。因此，沟通时，考虑其文化和节日是建立和维护良好关系的关键。

生 词

1. 滥用 làn yòng（动）misuse

---

① 知晓：《不可不知的职场礼仪》，载《现代交际》2005年第4期，第21页。

胡乱、过多地使用。

2. 放宽 fàng kuān（动）ease

放松限制（如市场的）。

3. 冒犯 mào fàn（动）offend against

在言词或举动上没有礼貌，冲撞了对方。

4. 陈述 chén shù（动）state

用言词表示或表达。

5. 遗漏 yí lòu（动）omit

因疏忽而漏掉；忽略掉。

6. 基调 jī diào（名）keynote

主要观点；基本思想。

7. 反馈 fǎn kuì（动）feedback

泛指发出的事物返回发出的起始点并产生影响。

8. 规范 guī fàn（名）standard/norm

规则与标准，社会行为的准则。

9. 混淆 hùn xiáo（动）mix up

使事物不清楚，导致误解。

10. 团聚 tuán jù（动）gathering

经过一段时间分开后再次聚集。

练 习

一、填空题

1. 电子邮件作为常用的沟通工具之一，在现实生活中有很多场合会用到它，例如（　　　　）、（　　　　　　）、（　　　　　　　　）等场合。

2. 使用电子邮件沟通时我们应避免（　　　　　　　　　　）、避免（　　　　　　　　　）、避免（　　　　　　　　　　　　），从而避免文化误解，促进沟通的顺畅。

二、判断题

1. 掌握电子邮件礼仪是为了提升个人电脑操作能力。　　　　（　）
2. 在电子邮件中尽可能多地使用表情符号。　　　　　　　　（　）
3. 对留学生来说，掌握电子邮件礼仪关系到他们在中国的社会适应和个人形象的建立。　　　　　　　　　　　　　　　　　　　　　　　　　　　　（　）
4. 掌握电子邮件礼仪可以提升我们的跨文化沟通能力。　　　（　）

三、问答题

1. 你有在中国使用过电子邮件吗？都是在什么场合使用的呢？
2. 经过学习，你觉得中国的电子邮件礼仪与其他国家的有什么共通或差异之处？

第四节 信函礼仪

【学习目标】

1. 理解中国信函礼仪的重要性和意义;
2. 掌握中国信函沟通的基本规则和习惯;
3. 学习如何在各种情境下撰写符合礼仪的信函;
4. 了解使用信函时的一些文化禁忌和注意事项。

【学习重点】

信函沟通中的礼仪与禁忌。

【关键词】

信函礼仪;问候;文化禁忌;生活习惯

【热身】

1. 你了解过中国的信函礼仪吗?当你要寄一封信给家人或朋友时,你会如何撰写?

2. 当你要撰写一封信,你会遵循什么样的规则?应该按照什么样的结构写信才符合礼仪?

3. 你平常会在何种情境下使用信函沟通?当你面临想要取得一份工作,或是收到亲戚朋友的礼物等情境,分别会以何种语气、格式去撰写内容?

一、中国信函礼仪概述

信函礼仪是撰写和发送信函时应遵循的规则和常用惯例,旨在有效传达信息并表示尊重。其目的是确保沟通清晰、高效,尊重收信人,建立和维护良好的关系,并遵循地方文化和法律规范。

跨文化沟通中，信函礼仪是留学生重要的沟通技能。学术交流、职业发展、法律和行政事务等领域都需要掌握信函礼仪。学习和实践信函礼仪不仅能提高文化敏感性，也能适应多元文化背景的工作环境。总之，信函礼仪对留学生在跨文化环境中的沟通和适应至关重要。留学生应正确使用语言、遵循信函文化的书信格式和礼节，传达清晰、专业的信息，展现对中国文化的尊重和适应能力。

二、使用信函的不同场合

1. 个人场合

（1）生日、结婚、周年纪念等各类庆祝贺卡：纸质信函通常具有精美的设计，能够被收藏和留念，与电子信函相比，更加个性化和有纪念价值。

（2）感谢信：在收到礼物或帮助之后，通过手写信函表达感激之情，不仅显得更为真诚，而且能给对方留下深刻的印象。

（3）慰问信：在朋友或亲人经历困难时，如疾病或丧亲，一封手写的慰问信可以提供支持和安慰，比电子信息更能表达深切的慰问和关心。

（4）邀请函：对于正式的社交活动，如婚礼或成人礼等，纸质邀请函不仅携带着信息，也展现了活动的正式性和重要性。

2. 商业和职业场合

（1）商务往来：在商业交易中，纸质文档如合同、协议或正式的提案，通常需要用纸质信函。信函文件的签署和盖章是业务正式性的标志。

（2）求职申请：尽管大部分求职活动已转变为线上方式进行，但对于某些高端职位或传统领域，纸质的求职信函和简历可以展现出应聘者的重视和对细节的关注。

（3）客户感谢信或假日贺卡：企业可能会给客户发送纸质的感谢信函或节日贺卡，这不仅是对客户关系的维护，也是展示公司文化的机会。

3. 法律和政府相关场合

（1）法律通知：包括法院传票、官方通知和法律文件在内的法律相关文档，通常需要用信函的形式，以确保它们的法律效力和正式性。

（2）政府文书：很多政府服务需要纸质表格的填写和邮寄，如护照、签证的申请，以及各种许可和记录的正式更新。

4. 教育场合

（1）录取通知书：高等教育机构通常会以信函的方式发送正式的纸质录取通知书给被录取的学生，学生们常常会将其框起来作为纪念。

（2）推荐信：在学术和某些专业领域，提供盖有学校或机构官方印章的推荐信是非常重要的一环。许多大学和奖学金委员会在评估申请人时，会要求其提供盖有学校或机构官方印章以及推荐人亲手签名的推荐信函，以此作为评价申请人资格和品质的重要参考。

尽管信函的使用频率已经大幅下降，但在上述场合中，它们依然发挥着重要的作用，尤其是在需要正式、个性化或传统的沟通时。纸质信函在特定情境下的使用，不仅体现了一种文化传统，也是对正式场合的一种尊重。

三、信函礼仪的基本规则及习惯

1. 书写规范

手写信函时，应使用黑色或蓝色的墨水笔，保持字迹整齐，避免涂改。汉字书写应按照结构规范，力求端正美观。书写还需注意行距和字距，行距宜适中，不宜过密或过疏，字与字之间需留有适当空间，使整篇文章显得清爽有序。使用电子信函或电脑打印时，文档格式通常设定为 A4 纸大小，字号一般为小四号，正文字体采用宋体，标题可用加粗的黑体。

2. 称呼和问候

在信函内文中，第一行靠左要写对收件人的称呼，这里的称呼应根据收件人的社会地位、职务或与写信人的关系来决定，比如使用"尊敬的老师"等。[①] 如果是正式的信件，比如请求信或者通知信，应在称呼与正文之上居中书写标题，标题应简明扼要、突出主题。正文前可以加入简短的问候语，注意问候语应根据信件的性质和与收件人的关系来选择，避免使用太过随意或者不适宜的问候语。

3. 正文内容

在正文的书写格式中，每一段的第一行左起空 2 个汉字的距离。正文的文字叙述中

---

① 滕美文、顾超：《文书礼仪见修养》，载《成才与就业》2009年第Z2期，第83—86页。

要避免使用口语化的表达，保持书面语言的正式和典雅。[①] 对于要点，可以使用标号或者加粗来突出，以提高信件的可读性和条理性。避免使用模糊不清的表述，确保每一点都说明白，让收件人容易理解写信人的意图。

4. 结束语和签名

在撰写完毕时，应根据信件性质选择适当的结束语（也称"祝颂语"），结束语应体现出对收件人的尊重与敬意，可以根据信件的正式程度来调整结束语的正式性，如"此致敬礼"就非常正式，常用于官方文件或非常正式的商务信函中，"顺祝商祺"则常用于商业信函中，祝愿对方在商业上获得成功。[②] 结束语后需在下一行靠右签名并写日期。签名应清晰，如果是手写信函，签名应用钢笔或签字笔书写。在商务环境下，签名下方可以附上写信人的职务以及联系方式，如电话号码或电子邮箱地址，方便收信人回复联系。

5. 校对和修改

校对时不仅要注意语法和拼写，还要检查用词是否得当、信息是否准确、格式是否统一。对于重要的信件，最好能有第二个人帮你校对，以确保信件的质量。

6. 信封和邮寄

确保信封的规格与信件大小相适应，不要把信件折得次数过多或过松。在信封正面中间写上收件人的详细地址和姓名，左上角写上收件人的邮政编码，右下角写上寄件人的姓名和地址，最右下角写上寄件人的邮政编码。根据信件的重要性和紧急程度，选择适当的邮寄方式，并贴上足够邮资的邮票，邮票的选择需要考虑以下几个因素。

（1）邮件类型：不同类型的邮件（如普通信件、挂号信、快递信件、国际邮件等）需要的邮资是不同的。

（2）重量和尺寸：信件的重量和尺寸会影响所需的邮资。一般情况下，邮局会根据信件的重量和目的地来计算所需的邮资。

（3）目的地：国内和国际邮件的邮资不同，国际邮件的邮资通常更高，且根据不同的国家和地区会有所差异。

（4）发送速度：如果需要加急邮件，可使用EMS或航空邮件，邮资会更高。

（5）邮票的面额：邮票的面额应当与信件的邮资相匹配。如果没有完全匹配的邮

[①] 胡匡迪：《中英商务信函文体对比研究及其在对外汉语教学中的应用》，载《英语广场》2019年第1期，第162-164页。

[②] 赵莉：《商务信函祝颂语使用的礼仪规范》，载《学理论》2011年第27期，第55-56页。

票，可以组合使用不同面额的邮票以达到所需的总邮资。

（6）收藏价值：有些邮票具有一定的收藏和纪念价值，如果是给邮票收藏爱好者发送邮件，可以选择一些特殊的或有纪念意义的邮票。

（7）审美考量：邮票的图案多种多样，可以根据个人喜好或者信件内容的性质选择相应的邮票图案。

贴邮票时，应该将邮票放在信封的右上角，不要遮盖信封上的任何信息，并确保邮票不会脱落。如果是贴多张邮票，应该排列整齐。

信封和信函格式范例如图2.4.1、图2.4.2所示。

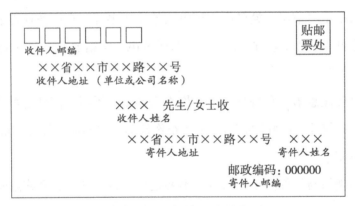

图2.4.1　信封格式范例

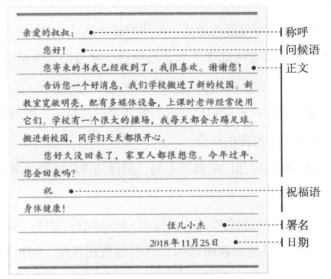

图2.4.2　信函格式范例[①]

[①] 图片出处：《语文》（四年级上册），人民教育出版社，第106页。

四、信函礼仪中的禁忌与注意事项

首先,注意言语的使用。在合适的场合使用合适的语言,避免直接的批评或拒绝,避免空洞或过分夸张的词句,确保夸奖或表扬显得真诚。

其次,注意文化敏感性。在中国文化中,不同的颜色和数字可能会具有特定的意义,因此需要注意信纸和信封颜色的文化内涵,如红色代表喜庆,黑白色可能与丧事关联。

再次,避免提及礼物与金钱。避免在商务或正式信函中直接提及礼金、礼物或回扣,这会让人觉得不真诚,太过功利。

最后,避免提及敏感话题。在撰写信件时,尽量回避涉及政治、宗教或其他敏感议题的讨论。这些主题往往是分歧的源泉,可能无意中触及对方的敏感神经,甚至可能导致冲突或不快。为了维护一种和谐且积极的沟通环境,我们要避免提及这类容易引起分歧的话题。

生 词

1. 清晰 qīng xī(形)clear

清楚明晰。

2. 协议 xié yì(名)agreement

经过谈判、协商而制定的共同承认、共同遵守的文件。

3. 传票 chuán piào(名)summons

出庭的预先通知;法院特定程序及诉讼开始时发出的书面通知。

4. 频率 pín lǜ(名)frequency

一定范围内某种事物出现的次数。

5. 端正 duān zhèng(形)proper

在形式上、结构上或安排上协调相称的。

6. 叙述 xù shù(动)narrate

记载或讲述事情的经过。

7. 典雅 diǎn yǎ(形)refined

形容高雅而不浅俗。

8. 功利 gōng lì（形）utilitarianism

形容人看重功名或利益。

9. 分歧 fēn qí（名）divergent

（思想、意见、记载等）不一致；有差别。

10. 源泉 yuán quán（名）origin

比喻事物的根源。

练 习

一、填空题

1. 我们应在信封上写收件人的（　　　）、（　　　）、（　　　），以免收件人收不到信件。

2. 我们在写信时有一些禁忌与注意事项，例如，（　　　）、（　　　）、（　　　）、（　　　）等，我们应多加留意。

二、判断题

1. 祝颂语是应该出现在信封上的元素。　　　　　　　　　　　（　　）

2. 假如我们不知道要在信封上贴多少邮票，我们可以询问邮局工作人员。（　　）

3. 与朋友相约打球是常见会使用信函的场景。　　　　　　　　（　　）

三、问答题

1. 你有没有在中国寄过信？在寄信过程中遇到过什么困难？

2. 假如你收到别人寄的信，回复时有什么要注意的地方？

第三章 会面礼仪文化

第一节 称呼礼仪

【学习目标】

1. 理解称呼的重要性、得体性和次序性；
2. 理解称呼的三大原则：礼貌、尊崇、适度；
3. 掌握尊称、贬称、谦称、爱称的使用场合，掌握不同场合的正确称呼方式；
4. 掌握称呼的一些禁忌和使用技巧。

【学习重点】

称呼的三大原则；称呼的分类；称呼的技巧。

【关键词】

称呼；得体；次序；原则；礼貌；尊称；谦称

【热身】

1. 你了解汉语的称呼吗？当你早上遇到老师、同学、宿舍管理员时，你如何称呼他们？
2. 当你去中国的公司面试时，应该如何称呼面试官？
3. 你清楚"舅舅""姑妈""表哥""堂弟""姨""外公""奶奶"等称呼都是指谁吗？

一、称呼的内涵

（一）称呼的定义

称呼，既可以是动词，相当于"叫"，表示对人呼唤其名称、身份等；也可以是名词，相当于"称谓语"，表示被招呼对象的身份、地位、职业等的名称。在社交活动中，使用正确、合适的称呼，能反映自身的修养和对对方尊敬的程度，甚至还能体现双方关系发展所达到的程度。因此，对于称呼，我们不能不重视。

（二）称呼的重要性

首先，称呼的使用标志着人际关系的实质。"爸爸""妈妈""爷爷""奶奶""哥哥""弟弟""姐姐""妹妹"等称呼体现了相互之间的亲属关系，"老板""董事长""总经理""书记""市长""局长""主任"等称呼体现了相互之间的经济或政治关系，"老师""教授""校长""年级长""同学""班长""师兄""学姐"等称呼则体现了人们在教育领域里的关系。

其次，称呼表现了一个人对他人的情感和评价。比如：对于李小平（男，30岁，博士，高校老师，副教授，办公室主任），称呼"李大哥""老乡""小平"，就显得熟悉、亲切；称呼"李先生""李老师""李教授""李主任"就显得正式、庄重，表达出敬重之意与很高的评价；而直接称呼其名则显示出双方平等的关系。

最后，称呼能显示出人与人之间的亲疏、恩怨。"大爷""叔叔""大哥""大姐"等一般用于亲属内部，当对陌生人也使用这些家庭称呼时，关系一下子就由疏远变得亲近了；"笨蛋""瘸子""看门的""扫大街的"等称呼，则表现出对他人的厌恶、轻视，当面使用就会引起矛盾、冲突。当关系处于和平、友好状态时，相互之间的称呼会遵循礼貌、合作原则；一旦关系处于紧张、对立状态时，称呼则会违背礼貌与合作原则，贬称就会被大量使用。比如，对于公司经理王大伟，一般情况下，员工称呼他为"王经理"，但是，如果发生了冲突，员工可能会称呼他"姓王的"，或者直呼其名"王大伟"。

（三）称呼的得体性

得体，就是恰当。称呼的得体性是指称呼要正确、合适。

首先，称呼要正确。比如，称呼亲属时，要区分清楚性别、长幼、辈分、谱系，不要把"叔叔""伯伯"跟"舅舅""姑父""姨父"弄错，也不要把"伯母""叔母"跟"舅妈""姑姑""姨妈"混淆；称呼职业、职务、职称等的时候，要懂得尊敬，不要使用带有不敬意思的称呼，如"戏子""厨子"，尽量不要使用"姓+副+职衔"的称呼，如"王副教授""张副局长""李副经理"，对于副职也一概尊称正职，叫"王教授""张局长""李经理"。此外，需要特别注意"同志""小姐""爱人""夫人""老板"等称呼的使用场合。

其次，称呼要合适。称呼既要符合对方的身份、地位、职业，也要符合被称呼者与自己的关系，又要符合使用的场合、情境。处于亲属关系的双方，在正式的工作场合，就不要使用家庭称呼；相反，在家庭生活情境中，使用职场称呼就不合适。

（四）称呼的次序性

中国文化十分讲究次序。称呼的次序性是指在与多人同时打招呼时，要注意亲疏远近、主次关系的先后次序。一般来说，遵守先长后幼、先上后下、先近后远、先女后男、先疏后亲的顺序。

以下用语则体现了称呼的次序性。

家庭领域：爸爸、妈妈；爷爷、奶奶；哥哥、弟弟；姐姐、妹妹；兄弟姐妹等。

政治领域：省长、市长、厅长、局长、处长；主任、副主任等。

经济领域：董事长、总经理、经理；女士们、先生们等。

其他职业领域：老师们、同学们；尊敬的领导、老师；院长、系主任；主任医师、主治医师等。

二、称呼的原则

1. 礼貌原则

礼貌是根本原则。合适的称呼，正是表达对他人尊重、表现自己有礼貌的一种方式。交际时，称呼对方要用尊称，如"您、贵校"，对自己则用谦称，如"鄙人、鄙校"。

2. 尊崇原则

汉族人有崇大、崇老、崇高的心态，如对同辈人，可称呼对方为"哥""姐"；对既可称"叔叔"又可称"伯伯"的长者，可称"伯伯"；对副科长、副处长、副厂长等副职，可在姓的后面直接用正职称呼，如"许处长""汪厂长"。

3. 适度原则

许多青年人往往喜欢称别人为"师傅"，虽然比较亲近，但是不太文雅，而且并不适用于所有场合。对理发师、厨师、企业的工人等体力或技术工作者称师傅是合适的，然而，对医生、教师、军人、干部、商务工作者称师傅就不合适。所以，要根据交际对象、场合、双方关系等情况来选择恰当的称呼。

三、称呼的类别

从不同的角度来看,称呼可以分为不同的类别。

(一)从褒贬的视角

褒义表示词语携带正面、积极、喜欢、尊敬等意义;贬义表示词语携带负面、消极、讨厌、鄙视等意义。词义的褒贬在称呼上体现得很鲜明。

1. 尊称

尊称,也叫敬称,是对人尊敬的称呼。一般用于称呼长辈、上司,或值得敬重的人,常见的有以下几个。

您:第二人称的敬称。与"你"相对,是第二人称的一般用法,表达出平等的关系。

贵:在对方单位的前边加上"贵",如"贵公司""贵企业""贵医院""贵方""贵校""贵厂"。

大:在高职衔前边加上"大",如"大教授""大领导""大局长""大老板""大董事长"。

高:高人、高手、高师、高朋、高足(称他人的学生)、高徒(称他人的徒弟)、高才(称他人)。

老:在姓、"您"或名字中第一个字的后边加上"老",如"张老""郭老""您老"。

2. 贬称

贬称,也叫蔑称,是对人轻视、厌恶、侮辱的称呼。如果把贬称用于自己,则显示出谦虚、礼貌,对他人的尊重,这便是谦称。汉语中谦称非常多,如晚辈自称"在下""晚生""后生",老人自称"老朽""老夫"。常见的有以下几个。

鄙/贱:鄙人(称自己)、贱妻/贱内(称自己的妻子)。

小:小人(过去地位低的人的自称)、小吏(过去低级官员在上级面前的自称)、小生(过去读书人的自称)。

下:下人、下官(过去下级官员在上级面前的自称)、下等人。

带"的"的称呼:在所做的事情后边加上"的",称呼干这一类职业的人,大多为体力劳动者,带有很强的贬斥义,如"做饭的""唱戏的""卖菜的""开车的""卖艺的""摆摊的"。

带"子"的称呼：聋子、瞎子、跛子、胖子、瘦子。

带动物字的贬义称呼：狗腿子、狼崽子、猪头、鼠辈、地头蛇。

3. 爱称

爱称，也叫昵称，是对人表达喜爱、亲昵的称呼。一般用于称呼亲近的人。如"亲爱的""宝贝""甜心""老公""老婆""乖乖"。有时候在名字中的一个字前边加上"小"或者"阿"，如"小华""小军""小伟""阿华""阿军""阿伟"；有时候把名字中的一个字重叠，如"华华""军军""伟伟"。

4. 泛称

泛称是对人的一般称呼。以社交场合的正式与非正式来划分，详见表3.1.1。

表3.1.1 正式和非正式场合的泛称

社交场合	称呼的表达方式	例子
正式	姓/姓名+职称/职务/职衔	刘教授、唐军长、李厅长、陈大海校长
	姓名	郭富海
	泛尊称或职业称呼	先生、小姐、大使先生、同志（主要用于政治领域）
非正式	老/小+姓	老张、小李
	辈分称呼、姓+辈分称呼	叔叔、阿姨、张叔叔、李阿姨
	名字、名字+同志	富海、富海同志（主要用于政治领域）

（二）从使用场合的视角

1. 生活中的称呼

这里的生活主要指除了工作以外的其他场合。

（1）对亲属的称呼。

在日常生活中，对亲属的称呼是约定俗成的，不能随便乱用。与外人交谈时，对亲属可根据不同情况采取谦称或敬称。

一般来说，对自己的亲属应采取谦称。如：称呼辈分高于或年龄长于自己的亲属时，应当在其称呼前边加一个"家"字，如"家父""家母""家兄"等；称呼辈分低于或年龄小于自己的亲属时，应当在其称呼前边加一个"舍"字，如"舍弟""舍妹""舍侄"等；称呼自己的子女时，应当在其称呼前边加一个"小"字，如"小儿""小女""小婿"等。

称呼对方的亲属时，则应当采取敬称。如：称呼对方的长辈时，应当在其称呼前边加一个"尊"字，如"尊父""尊母""尊兄"等；称呼对方的平辈或晚辈时，应当在其称呼前边加一个"贤"字，如"贤妹""贤弟""贤侄"等；如果在对方亲属的称呼前边加"令"字，则表示可以不分辈分和长幼，如"令尊""令堂""令爱""令郎"等。

中国人家庭成员的称呼较为复杂，详见亲属称呼关系图，如图3.1.1所示。

①妈妈的姐姐或妹妹，都称为"姨"，一般按排位称呼，如"大姨""二姨""三姨""小姨"等；

②妈妈的哥哥或弟弟，都称为"舅舅"，根据大小排位称为"大舅""二舅""三舅""小舅"等；

③爸爸的姐姐或妹妹，都称为"姑姑"，根据大小排位称为"大姑""二姑""小姑"等；

④爸爸的哥哥称为"伯"，爸爸的弟弟称为"叔"。

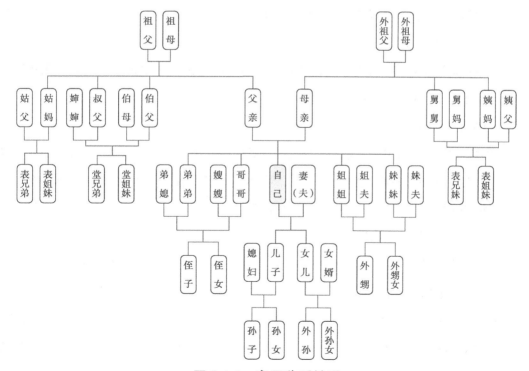

图3.1.1　亲属称呼关系

（2）对朋友、熟人的称呼。

通常情况下，一般的同事、同学，平辈的朋友、熟人等，互相之间都可直接以姓名相称，如"宋子成"。长辈对晚辈也可以直呼其名，但晚辈对长辈不能这么叫。此外，为了表示亲切，还可以在被称呼者的姓前边加上"老""大""小"等字，如：对比自己年长的人，可称呼其为"老王""大刘"等；对比自己年幼的人，可称呼其为"小王""小李"等。但这种称呼多用于职场，不适合在校学生。

2. 工作中的称呼

在工作中，最常见的称呼方法就是称呼对方的职务，或者姓+职务，以区别身份、表达敬意，例如"校长""市长""张校长""王市长"。还可以使用姓名+职务，这一般用于正式的场合，例如"张立校长""王中市长"。

对于有职称的人，尤其是有高级或中级职称的人，可以直接称呼职称，或者姓+职称，例如"教授"或"胡教授"。还可以是姓名+职称，这一般用于正式的场合，例如"胡明亮教授"。

称呼职业，就是以被称呼者的职业作为称呼。例如，将教师称为老师，将医生称为医生或大夫，将专业辩护人员称为律师，将财会人员称为会计，将教练员称为教练等。通常情况下，在这类称呼前边都可以加姓或姓名，如"张老师""李医生""刘律师""陈会计""张小林老师"。

对于有学位的人，可以用姓或者姓名+学位来称呼，例如"张博士"或"张小军博士"。但对于学士、硕士，一般不称呼学位。

3. 国际交往中的称呼

在国际交往中，对男子一般称"先生"，对已婚女子一般称"夫人"，对未婚女子则统称"小姐"。对不了解婚姻状况的女子，可称其为"小姐"，年龄稍大的可称"女士"。上面这些称呼的前边都可以加上姓名、职衔等，如"格林先生""议员先生""玛丽小姐""布朗夫人""护士小姐"等。

对地位较高的官方人士，如部长及以上的高级官员，一般可称"阁下"或"先生"，如"部长阁下""总理阁下""总理先生""大使先生"等。对医生、教授、律师、法官以及有博士学位的人士，可单独称其为"医生""教授""律师""法官""博士"等，也可以在前边加上姓，或在后边加上先生，如"马丁教授""法官先生""怀特博士"等。

四、称呼的禁忌与技巧

（一）称呼的禁忌

称呼的禁忌就是在称呼中一定不能说的，如果违反了禁忌，就是不恰当的、错误的使用，会引起对方反感，甚至生气，从而引发冲突。

1. 过时的称呼

称呼具有时代性，要与时俱进，注意称呼的时代特色，不使用那些带有封建色彩的称呼。中国历史上有许多称呼，随着社会发展变化已经过时，不再使用，如"大人"（过去百姓或下级称呼上级官员）、"少爷"（过去称呼有钱有势人家的儿子）、"长官"（过去称呼上级官员）、"姨太太"（过去称呼男人的妾，即男人娶的除了妻子以外的女人）、"官人"（过去称呼自己的丈夫）、"娘子"（过去称呼自己的妻子）、"店小二"（过去称呼饭店、旅馆的服务人员）、"车夫"（过去称呼以拉车、推车、赶车为职业的人）等。

2. 跨界的称呼

称呼具有区域性、行业性，不能把流行于某一区域的称呼用到别的区域，也不能把流行于某一行业内的称呼用到其他行业里去。如广东地区的"靓女""靓仔"（称呼陌生人）、四川的"老师"（尊称陌生人）、山东的"伙计"（称呼朋友）。

3. 不文雅的绰号

不要随便给他人取有明显侮辱性的绰号，如"秃子"（称呼头发脱落的男人）、"傻大个"（称呼个子高大、很笨的人）、"肥婆"（称呼肥胖的女人）。也不要随便拿别人的姓名开玩笑。

4. 轻蔑、贬斥的称呼

正常交往下，要避免使用贬称，除非是在敌对状态下。对某些情况比较特殊的人，如身体有缺陷的人，应绝对避免使用刺激性的或轻蔑的称呼，如"哑巴"（不能说话的人）、"驼子"（驼背的人）。

5. 不文雅、低级的称呼

有些庸俗、低级的称呼，一定不要在正式场合使用，如"铁哥们"（关系像铁一样牢固的兄弟，称呼关系非常好的朋友）、"马仔"（给主人像马一样服务的人，称呼自己手下的人）、"死党"（能拼尽全力互相帮助的伙伴，称呼关系非常好的朋友）等。

（二）称呼的技巧

在社会交往中，称呼他人有许多技巧，运用得好，能博得对方的好感，促进交流与合作。这里列出一些，帮助大家更好地使用称呼。

（1）见到老师、领导时，要主动打招呼，使用职务或敬称来称呼他们。比如："王老师，早上好！""徐经理，您早！"

（2）要读对他人的姓名。比如：仇（qiú）、查（zhā）、单（shàn）、任（rén）等较少见的姓，屾（shēn）、焱（yàn）、赟（yūn）、睿（ruì）等较难的字，如果不认识，就要提前查字典、词典，弄清楚它们的正确读音，一定不要读错。

（3）要考虑对方的年龄，也不要搞错辈分。见到比自己年长的人，一定要用尊称，如"大叔、老伯、老先生、老师傅"等，不要用"喂""嗨"等不礼貌的字眼。不要对未婚妇女叫"夫人"，可以叫"女士""小姐"。不要把比自己年龄大一点的叫"大叔""阿姨"，可以称呼"大哥""大姐"，因为现代社会中很多人的心态是希望自己显得更年轻，而高辈分的称呼会让他们感觉自己年纪太大、太老。

（4）要考虑说话的场合，采取合适的称呼。对上司、领导的称呼，不同场合应有所不同：在正式场合，如开会、谈工作时，则应该称呼其职务，如"王经理""赵总""马主任"等，因为这既体现了工作的严肃性，又体现了上司或领导的权威性；在较为轻松的非正式场合，可以直呼其姓加上职务，如"张经理""李总"等，但需确保这样的称呼不会让对方感到不尊重。

（5）要考虑自己与对方的亲疏关系。比如：跟兄弟姐妹、同窗好友等关系比较亲密的人见面时，直呼其名就显得更亲切自然、不拘束，如果见面后使用"同志""先生""女士""小姐"之类正式、庄重的称呼，反而显得见外、疏远了。

（6）与多人同时打招呼时，要特别注意亲疏远近和主次关系。一般来说，先长后幼、先上后下、先女后男、先疏后亲。

（7）用姓名来称呼时，在中国一定要特别注意：直呼其名，一般是用于年龄、职务差不多的人之间，以及好同学、好朋友、好同事之间；不能直接称呼长辈、领导的名字；上司对下级、长辈对晚辈可以只称呼其名字，表达出亲切感与关爱。只称呼名字，能表达出十分亲密的关系，它一般用于同性朋友、熟人之间，或者恋人、夫妻之间，不可随便用于其他异性之间。

（8）称呼对方时，要加重语气，认真、缓慢、清楚地说出。称呼完了要停顿一下，然后再谈想说的事情，这样才会收到理想的效果。

生 词

1. 尊崇 zūn chóng（动）revere
尊敬、推崇。

2. 恩怨 ēn yuàn（名）gratitude and resentment
恩惠和仇怨（多偏指仇恨）。

3. 疏远 shū yuǎn（形）aloof
关系、感情上有距离。

4. 谱系 pǔ xì（名）genealogy
家谱上的系统。

5. 职衔 zhí xián（名）post and rank
职位和头衔。

6. 文雅 wén yǎ（形）elegant/refined
言谈举止温和，而且有礼貌。

7. 贬斥 biǎn chì（动）denounce
贬低并斥责。

8. 重叠 chóng dié（动）reduplicate
同样的东西层层堆叠。

9. 阁下 gé xià（名）Your Excellency
敬辞，称对方，从前书函中常用，今多用于外交场合。

10. 绰号 chuò hào（名）nickname
根据人的特点而取的外号。

11. 轻蔑 qīng miè（动）scorn
看不起，不放在眼里。

12. 刺激 cì jī（动）stimulate

某种物体或现象对生物体造成较强烈的影响。

13. 庸俗 yōng sú（形）vulgar

低级，不高尚。

14. 权威性 quán wēi xìng（名）authority

使人服从的力量和威望。

15. 拘束 jū shù（动）restrict

对人的言语行动加以不必要的限制、约束。

练 习

一、填空题

1. 一般来说，在称呼多人时，应该遵守（　　　　）、（　　　　）、（　　　　）、（　　　　）、（　　　　）的顺序。

2. 使用称呼的基本原则是根据对方的（　　　　）、（　　　　）、（　　　　）、（　　　　）、（　　　　）、（　　　　）以及与自己的关系的亲疏、感情的深浅来选择恰当的称呼。

3. 从褒贬意义的角度来看，称呼可以分为（　　　　）、（　　　　）、（　　　　）、（　　　　）等几类。

二、判断题

1. 中国人常对陌生人也使用"阿叔""大哥""大姐"等家庭称呼，这是为了和对方拉近关系。　　　　　　　　　　　　　　　　　　　　　　（　　）

2. 陈小霞是办公室副科长，根据称呼的"尊崇原则"，办公室员工都称她为"陈科长"。　　　　　　　　　　　　　　　　　　　　　　　　（　　）

3. "贵公司""我校""老公""老板"这些称呼都是尊称。　　　（　　）

4. "扫地的""瞎子""猪头"这些称呼都是贬称。　　　　　　（　　）

5. 王大中是一所学校的校长，我们称呼他为"王校长"，这是使用了"姓名＋职务"的称呼方式。　　　　　　　　　　　　　　　　　　　（　　）

6. 称呼自己的亲属时，一般使用敬称，称呼对方的亲属时，则应当使用谦称。

（　　）

三、问答题

1. 为什么说在社会交往中称呼非常重要？
2. 使用称呼有哪些要遵守的原则？请各举一个例子加以说明。
3. 使用称呼有哪些技巧？请举三个例子来谈谈。

第二节　问候礼仪

【学习目标】

1. 理解问候的重要性，以及问候背后的文化内涵；
2. 了解问候的两大特征：差异性、时代性；
3. 学会针对不同的问候对象和交际场合，选择恰当且正确的问候方式。

【学习重点】

问候的重要意义；问候的分类；问候的使用禁忌及技巧。

【关键词】

问候；社交；礼仪；地域；技巧；场合

【热身】

1. 你了解汉语的问候方式吗？你是如何跟认识的人打招呼的？
2. 当中国的朋友问"吃过饭了吗？"，你知道这句话背后所代表的意思吗？
3. 如果在春节时去亲戚家拜访，你该如何问候他们？

一、问候的内涵

（一）问候的定义

问候，词性为动词时，表示向别人打招呼、礼貌致意的动作，相当于"问好"；词性为名词时，表示对某人的关心和慰问。问候可以通过肢体动作和语言对话等不同形式进行。合适的问候是开启一段良好交谈、与对方建立友善关系的重要途径。

在正确场合选择正确的问候方式,既体现了对他人的尊重,也展现了个人的礼仪素养。

(二)问候的重要性

在中华文化中,问候的历史十分悠久,是交往礼仪的重要组成部分。与不熟悉的对象初次见面时,都会面临从哪里开始交流的问题,人们可以用"初次见面,你好""您好,很高兴认识您"等问候话语。关心他人、慰问他人时,可以用"最近过得怎么样?""身体好些了吗?""好久不见,旅游玩得开心吗?"等问候话语。委婉问候别人时,可以用"贵姓"(问人姓名的时候用)、"恭喜"(向别人祝贺时用)、"高寿"(询问老人年龄时用)、"贵庚(gēng)"(问别人年龄时用)等。由此可见,问候适用于多种场合,在人际交往中发挥着重要作用。

二、问候的特征

1. 差异性

中国地域广阔,且由于受气候、人文、饮食、民族文化等不同因素影响,不同的地域呈现出差异化的问候礼仪,并且还与地区方言结合,形成有地方特色的问候风格。比如在北京,常见的打招呼方式是"吃了吗您呐?"或者是"您吃过了吗?";在东北,常见的打招呼方式是"你干啥呢?"或者是"你要去干啥啊?";在上海,常见的打招呼方式是"侬(nóng)好!"(你好!);在四川,常见的打招呼方式是"最近安逸不?"(最近过得好吗?);在广州,常见的打招呼方式是"饮左茶未?"(喝茶了吗?)或者"最近点吖(yā)?"(最近好吗?)。

2. 时代性

问候随着社会的发展而不断变化。从古代面对面问候,到书信的出现,再到短信、网络的兴起,问候逐渐由单一文字转为文字与图片结合。而且这一发展过程还伴随着外来问候语的引入。比如"早上好"来自英语中的"Good morning","下午好"来自英语中的"Good afternoon",这也使得问候的时代性更加显著。

三、问候的类别

（一）从问候内容角度划分

1. 称呼式直接问候

（1）用于与对方熟悉，但缺少交流时间或者缺少交流意愿，准备快速结束寒暄的场合。如：有事要忙时匆忙打招呼，或者是路上偶然遇到朋友，但并未停下长时间聊天。这一行为往往配合人的目光，点头、仰头、招手等动作，可采用"嗯、哎、嗨"等字词回应。举例如下：

A：老王！（抬头对视示意）

B：哎！（配合回答挥手）

（2）用于双方日常接触较多，为了相处更加方便，在家中或者在社会上直接用称呼进行简单问候的场合。如：

亲属称呼：妈妈、爸爸、哥哥、姐姐、弟弟、姑姑、奶奶、爷爷。

社会称呼：张院长、李老师、王教授、何局长、郑部长、马主任。

2. 关怀式直接问候

关怀问候语主要以交流对象的日常生活为话题，包括个人感情状况、家庭、工作、学习、身体、未来计划等多个方面进行讨论。可以与称呼进行组合，对不同的话题提出不同类型的询问。

（1）学习、工作类关怀：主要从对方学习和工作中的相关内容进行提问。举例如下：

A：你作业写完了吗？

B：还没呢。

A：你今天工作累吗？

B：我不累，今天很轻松。

A：你要去上课了吗？

B：是的，我快迟到了。

（2）家庭、情感类关怀：主要从对方家庭和心情、感情内容角度进行提问。举例如下：

A：哥哥，你今天回家吃饭吗？

B：今天不回去了。

A：你这几天是不是不开心啊？

B：是的，我有些想家了。

A：看起来你心情很好，有什么好消息吗？

B：哈哈，我拿到奖学金了。

A：你身体好点了吗？

B：好多了，谢谢。

3. 时间节点式问候

（1）根据一天中不同时间点进行问候。问候对象可以是朋友、同学，也可以是家长、老师。适用范围广，使用频率高，直接表示"早上好""中午好""晚上好"就可以了。与称呼相结合，通常将称呼放在前面，如"张院长，早上好！""张华，晚上好！"。此外，还可以根据那一时刻的天气进行问候，如"今天天气不错！""天好阴，好像要下雨了"。

（2）根据节日时间进行问候。节日问候通常以祝福内容为主，在有意义的日子，比如对方生日，可以祝对方生日快乐。如果是年纪较大的老人，祝福语通常以身体健康和长寿为主。部分具体的节日问候方式如下。

①春节：人们往往通过拜年的方式联络感情，互问近况并且向他人送去未来一年的美好祝愿。常用的问候语有"新年快乐""过年好""新年好""恭喜发财"等。例如：

祝你春节快乐，新的一年身体健康，一切顺利！
妈妈新年快乐！祝您平平安安，每天开心！

②元宵节：元宵节常见的习俗有吃元宵、猜灯谜、赏灯（欣赏花灯）。例如：

元宵节快乐！记得吃元宵！
李想，元宵节快乐，你猜灯谜了吗？

③中秋节：中秋节的主题是团圆，习俗是一家人聚在一起吃月饼。例如：

祝你中秋节快乐，和家人团团圆圆！
记得今天吃月饼，中秋节快乐！

（二）从身份角度划分

问候的顺序尤为重要。如果是两个人之间的问候，通常是"地位较低者"主动问候"地位较高者"，或者年轻人要主动问候年纪更大的长辈。如果是多人在场，可以直接以"大家好、在场各位好"进行问候，也可以按照身份从高到低、年龄由长及幼的顺序逐一问候。

1. 不同的问候对象

（1）问候长辈或前辈。

如果问候的对象是长辈或者是非常尊敬、佩服的人，不可以直呼其名，也不可以大声吵闹。可以用"您"来进行问候，比如"今天能见到您是我的荣幸""好长时间不见了，您最近怎么样？"。如果面对众多长辈或前辈，则可以用"晚辈向各位前辈问好"

的方式打招呼。

（2）问候晚辈或平辈。

在问候时，如果对象是你的晚辈或者平辈，可以直接用"你"来进行问候。平辈或者身份地位差不多的人还可以通过直接互称姓名的方式打招呼。如果晚辈或平辈不止一个人，可以用"你们好"或"大家好"来进行问候。若此时你的身份相对较高，也不能自大，仍然要适当保持谦卑。

2. 不同的问候敬语

当交谈对象是非常尊敬的人时，可以使用敬语进行问候。一些常见尊敬对方的问候用词表述如下。

（1）"令"：用于称呼与对方有亲属关系的人。令尊：尊称对方的父亲；令堂：尊称对方的母亲；令郎：尊称对方的儿子；令爱：尊称对方的女儿。例如：

令尊最近身体还好吗？

听闻令郎马上要高考了，祝他取得好成绩！

（2）"拜"：用于自己的行为动作跟对方有关。拜读：指阅读对方的文章；拜访：指看望对方并谈话；拜服：指佩服对方，认为对方很强；拜托：指托对方帮忙办事。例如：

李老师好，我有一些事情想拜托您。

张老师，我拜读了您的新书，写得真好啊！

（3）"贵"：用于询问与对方相关的事情。贵干：询问对方要做什么；贵庚：询问对方的年龄；贵姓：询问对方的姓氏；贵校：询问对方的学校。例如：

很高兴见到您，请问您贵姓？

您看上去还很年轻，请问您贵庚？

四、问候的禁忌与技巧

（一）问候的禁忌

1. 说话生硬冰冷

在向对方进行问候时，要保持热情、礼貌的态度。同样的打招呼内容，如果语气积极向上，加之面带微笑或挥手，将会给人温暖和亲近的感觉；如果语气冷漠，明显表现出不愿意交流的态度，甚至始终不看对方，则会让人感受到生气、悲伤、抵触的情绪。具体表现有不使用语气词、说话音调平淡、没有感情、问候交流始终简短。

2. 注意问候场合

正式场合主要是公共会议、公开发言等工作场合，非正式场合包括家人聚餐、朋友聚会、日常聊天、节假日拜访等场合。在正式场合中，问候不能太随便，不能使用不雅称呼；要注意分寸，不能询问一些私人问题。例如："喂，你这小子怎么在这里？"在正式场合就不适用。如果看到对方故意回避，或者感觉对方正忙，不希望被打扰，这时应该避开，不应该再主动上前影响对方。

（二）问候的技巧

1. 热情主动

对认识的人，可以直接用日常话题打招呼，也可以配上"呀、呢、啦、喔"这样的语气词作为辅助，比如"你要去干什么呀？""李飞，你也来这里玩啦！"。除了语言，还可以借助微笑或者挥手的动作表示欢迎，表情要自然、友善。这样不仅能体现自己的礼貌，还更容易得到对方热情的回应。

2. 有分寸感

在向不熟悉的人问候时，要注意分寸，不能直接询问他人隐私，比如他人的家庭收入、感情状况、个人秘密等。要考虑自己与对方关系的发展阶段，选择合适的问候话语。和不熟悉或陌生的人问候时，不要用"诶""喂"等称谓式问候；与熟悉的人相处时，也要注意问候的场合，在公开的正式场合应该把握好两人问候的内容，防止隐私在公开场合下被暴露。

生 词

1. 高寿 gāo shòu（名）long life

敬辞，用于问老人的年纪。

2. 安逸 ān yì（形）easy

安闲，舒服。

3. 寒暄 hán xuān（动）exchange conventional greetings

问候，见面时谈天气冷暖之类的客套话。

4. 节点 jié diǎn（名）node

指时间或空间上的一个关键点或重要时刻。

5. 暴露 bào lù（动）expose

（隐蔽的事物、缺陷、矛盾、问题等）显露出来。

练 习

一、填空题

1. 如果是两个人之间的问候，通常是（　　　　　　）主动问候（　　　　　　）。

2. 在（　　　　　　）中，问候不能太随便，不能使用不雅称呼。

3. 不同省份打招呼方式不同，这体现了问候的（　　　　　　），除此之外，问候还具有（　　　　　　）。

二、判断题

1. 用"嗨，最近干啥呢？"跟长辈问候，是合适的。　　　　　　　　　　　（　　）
2. 你一个四川的好朋友见面时跟你打招呼，他最可能说"饮左茶未？"。　　（　　）
3. 你主动打招呼时应该保持热情的态度。　　　　　　　　　　　　　　　（　　）
4. 第一次见面时，可以选用"你好，很高兴认识你！"进行问候。　　　　（　　）
5. 你回学校看老师时，可以说"王老师好，我今天回母校来拜访您了！"。（　　）

三、问答题

1. 在人与人的联系中，问候发挥着怎样的重要作用？
2. 问候为什么具有地域性，可以举出一个带有地域特色的问候例子吗？
3. 问候中有哪些禁忌？

第三节　握手礼仪

【学习目标】

1. 理解握手在交往行为中的重要性，以及握手礼仪的形成与发展；
2. 了解握手的三大特征：世界性、主动性、双向性；
3. 学会针对不同的交流对象和交际场合，选择恰当且正确的握手礼仪。

【学习重点】

握手的重要作用；握手的特征；握手的正确使用及技巧。

【关键词】

握手；社交；尊敬；技巧

【热身】

1. 你了解握手的正确礼仪吗？
2. 当你处于多人的社交场合时，应该如何安排与人握手的顺序？
3. 如果对方和你握手时间太长，你会有怎样的感觉？

一、握手的内涵

握手，词性为动词，意思是伸手与对方相握，往往伴随着向别人问候、寒暄的行为，是国际上最常见的礼仪手势。握手的肢体动作配合问候语，能够向对方表达充足的敬意，展现友好的交流意愿。同时，大方的握手也能表现出个人在社交场合的自信，体现个人社交礼仪的基本素养。

握手是社交礼仪中最基本、最常见的打招呼方式，体现着人际沟通的文明化和规范化，是现代礼仪的代表之一。握手的适用范围较广，且不容易冒犯或者使对方感到不适。无论是初次见面，还是和比较熟悉的朋友再见面，都可以用握手的方式进行问候，这能充分表现出与人交往的友好和善意。并且握手是跨文化交际的通用手段，能增加与对方的亲近感，让对方感到被尊重。握手作为国际社交的通用标准，在不同国家元首正式会晤、国际会议召开时，都常常会用到。

二、握手的特征

握手主要有三大特征。

1. 世界性

握手起源于中世纪的欧洲，是当下世界范围内普遍采用的一种展现友好的方式。可表示"欢迎、你好、您好、合作愉快、感谢、再见、告别"等多种含义。在现在跨文化交流日益频繁的情况下，握手作为世界通用礼仪，是彼此间文化传递的开始。

2. 主动性

在问候时，握手往往需要双方的其中一方主动伸手，这一行为能够表示出自己积极主动交流的意愿，能更快拉近双方的距离，更容易开启彼此之间的话题。比如向别人主动进行自我介绍："您好，我是李华，很高兴认识您"，配合上握手的动作就能表现出想要认识对方的态度。

3. 双向性

握手是两个人之间的双向行为。当对方向你伸出手时，那么按照握手礼仪一般都需要及时回握住对方。而且握手礼仪不允许人们同时与两个或者更多人进行握手，这样是对对方的不尊重。因此应该按照特定顺序，逐一与他人进行握手。

三、握手的类别

（一）按握手的对象划分

1. 按身份地位高低划分

（1）与长辈握手。

握手时，需要由地位、身份高或者年纪较长的人先伸手，地位、身份低或者年纪较轻的人需要及时回握，也就是"位尊者先伸手"。在晚辈向长辈回握时，身体还应该稍微向前倾，用双手握住对方（双手握手的方式只有在面对长辈等十分尊敬的人或者在表达深厚情感时才会使用,一般情况下,单手握手即可满足基本的社交需求,不能乱用双手握手的方式)。

(2)与同辈或者陌生人握手。

双方处于平等的交往环境中,采用平等式握手或者标准式握手。对方可以是和自己同样年龄、地位、职务的他人,也可以是和自己初次见面的陌生人。具体的握手方式基本是:在互相介绍和基本问候完毕后,各自伸出自己的右手进行握手,双方的掌心向左,五指并拢,握住对方。这样的握手方式是最直接的、单纯表达礼貌和友好的方式。

2. 按性别划分

在社交场合一般要由女性先伸出手后,男士才能回握。如果握手时间太长,会让女士觉得自己在被"骚扰"。女士如果不愿意与男士握手,男士可以通过点头致意或者是对其鞠躬的方式表示礼貌和尊重。一般来说,握手时是不允许戴着手套的,但是女士在握手时是可以戴着手套和对方握手的,不过如果握手的对象是十分令人尊敬的或地位高的长者,还是需要摘下手套进行握手。

(二)按握手场合划分

1. 适合握手的场合

如国家元首的会面、交易双方的初次见面等都属于交往的正式场合,这种场合一般不只两个人在场,甚至台下可能还有许多记者。此时的握手还代表着国家、企业的礼仪形象。因此应该以尊重但不讨好、自然大方、笑容得体的态度与对方代表进行握手。往往还会配上如"祝愿我们这次合作成功"或者"希望我们未来合作愉快"等语句。私下的朋友聚会、家庭聚会等也可以通过握手表示彼此之间的欢迎或告别,相比于正式场合的公开社交,人们在比较熟悉的私人活动中握手要更加地自然和放松。

2. 不适合握手的场合

握手的场合尤其重要,比如在对方正在工作、和别人交谈、吃饭喝水时,不能打断别人的正常工作生活来和对方握手。要看到对方确实有时间,并且手上没有重物,不存在不方便握手的情况下,才可以主动去握手。

四、握手的禁忌与技巧

（一）握手的禁忌

1. 握手时间过长

在和对方握手时，握手时间通常在 3～5 秒内即可。如果握手的时间太长，可能会使对方感到被冒犯。握手时间的适度，也意味着与对方交往的适度。在合适的时间内应该选择主动松开握着对方的手，同时，如果感觉到对方有想要松手的动作，也应该及时松开。不能感觉到对方想要松手却仍然执意握住，否则会使得友好的交流变为双方的对峙。

2. 握手力度过大或过小

握手时使用正常的力度即可，不能够暗自使劲握紧对方的手，要避免在握手时让对方感到疼痛。需要控制和保持良好的情绪和礼仪姿态，用大力握手会导致自身行为的失礼，给人一种粗鲁、强势的感觉。握手力度也不能太小，会给人一种敷衍、软弱、交往意愿不强、社交疲惫的感觉。因此，在握手时需要保持正常的力度。

3. 不主动握手或者不及时回握

在与他人进行社交时，应该按照握手的礼仪顺序进行正确社交，以尊重他人的方式向对方主动伸出"友谊之手"。如果对方向你主动伸出手，率先发出了友好交往的信号，那么就应该及时回握，并且予以积极的回应。如果不主动握手或者别人伸手后一直不回握，不仅会使对方感到不被尊重，还会给别人留下骄傲、自大、冷漠等不好的印象。

4. 不能使用左手握手

握手的基本规范是使用右手进行握手。对于中东等国家的人来说，他们有着自己的礼仪文化，并且十分尊重右手。在和他们握手时，绝对不可以使用左手，否则他们便会认为自己受到了侮辱。

5. 不可以一次同时和多个人握手

在需要与多人进行握手时，不可以同时用双手分别握住不同的人来打招呼，应该要按照基本的握手顺序进行。首先要按照"先来后到"的顺序，其次面对对方主动伸出的手应该先及时回握。

6. 不可以戴帽子或墨镜握手

握手前,应该摘掉帽子和墨镜,再与对方握手。如果戴着墨镜和帽子和对方握手,这些物品会遮挡你的眼睛和目光,不仅会让对方感到冷漠和疏远,甚至还会给人一种高高在上、身份优越的距离感,是不尊重别人、轻视别人的表现。

(二)握手的技巧

1. 保持手的干净

首先,握手的最基本要求是保持手的干净,握手时不能够沾染或附带食物、水、其他物品在手上面,如果出现上述情况,应该在洗手或者擦干净双手后再握手。如果在握手时,自己的手不干净,不仅会让对方的手被污染,还会让对方觉得你是一个不讲卫生、没有礼貌、不尊重他人的人。如果掌心有汗,也应该及时擦干净后再与对方握手,最好尽量在大家不注意的时候悄悄擦掉。

2. 握手时要面带微笑

无论是称呼、问候别人,还是自我介绍、交换名片,都需要配合面部的微笑表情以增加良好的社交氛围感。握手也是如此。在与对方握手时,要保持微笑,也可以采取略微点头致意的方式,给对方平易近人、亲切友好的感觉。如果在握手时面无表情,会给对方不可接近、不愿意和人交往的感觉。也不要过于弯腰、恭敬,这样会显得太过于殷勤、谄媚。

生 词

1. 会晤 huì wù(动)meet

正式的会谈或商讨。

2. 并拢 bìng lǒng(动)put together

合并,靠拢。多指将两个或多个分开的事物靠拢在一起。

3. 骚扰 sāo rǎo(动)harass

使不安宁,扰乱。

4. 对峙 duì zhì(动)confront

相对而立,相持不下。

5. 敷衍 fū yǎn（动）make a perfunctory effort

做事不负责，或待人不恳切，只做表面上的应付。

6. 沾染 zhān rǎn（动）be infected with

因接触而受到不良的影响。

7. 殷勤 yīn qín（形）hospitable

热情周到，常用于表示巴结、讨好等。

8. 谄媚 chǎn mèi（动）flatter

用卑贱的态度向人讨好。

练习

一、填空题

1. 如果是两个人之间的握手，通常是（　　　　　　　　）伸手后（　　　　　　　　）才能回握。

2. 社交情况下一般是女士（　　　　　　）伸手，男士（　　　　　　）伸手。

3. 握手是两个人相向而对的礼仪，这体现了握手的（　　　　　　），除此之外，握手还具有（　　　　　　）、（　　　　　　）。

二、选择题

1. 和别人握手时应该确保手的干净。（　　）

2. 如果握手时太过于无力，会给人一种敷衍的感觉。（　　）

3. 和别人进行握手时，一般会握手1分钟左右。（　　）

4. 握手时表示祝福，可以对对方说"今后多保重，祝你一切顺利！"。（　　）

5. 对方正在打电话的时候，不适合去和对方握手。（　　）

三、问答题

1. 握手作为现在最常见的礼仪，请尝试说说它有什么重要的作用。

2. 和女士握手时应该注意哪些细节？

3. 和别人握手时应该尽量保持什么状态？

第四节　介绍礼仪

【学习目标】

1．理解介绍的重要性，以及介绍在社会活动中的作用；

2．了解介绍的三大特征：需求性、中介性、社会性；

3．对于主动介绍自己和他人的不同情况，学会选择恰当且正确的介绍技巧。

【学习重点】

介绍的重要作用；介绍的不同类型；不同场合介绍的使用禁忌及技巧。

【关键词】

介绍；交流；地位；尊重；热情

【热身】

1．你了解中国的介绍文化吗？你平时有向别人主动介绍过自己吗？

2．你印象最深的一次自我介绍经历是什么？

3．你知道在介绍时哪些事情不能做吗？

一、介绍的内涵

介绍，词性为动词时，表示向他人展示或说明自己的行为。在介绍过程中往往是向对方交代个人或事件的基本信息，简单告知他人自己的情况等。在"这是我的自我介绍"这句话中，介绍的词性就为名词，表示讲出的个人信息。总而言之，介绍在认识他人、熟悉他人、接触新环境等不同情况下都发挥着重要的作用，是人与人日常交往必须掌握的一项技能。

介绍是扩展人际关系的重要方式。介绍中最常见的就是自我介绍，即向别人主动介绍自己。在人的一生中，会有很多次自我介绍，比如新学期面向新同学的自我介绍、进入职场后跟同事们的自我介绍等。好的自我介绍可以让他人对自己有良好的第一印象，是双方交流的良好开端。人们可以从自我介绍中了解对方的爱好、性格、家乡、人生观等各种信息，并且通过介绍，人们可以认识更多新的朋友，拥有更多新的机会。因此，如何友好地介绍是在社交中必须学会的技能。

二、介绍的特征

1. 需求性

介绍具有需求性。从主动介绍这一项就可以看出，介绍体现着人们的社交、工作等不同方向的需求。比如，转学生为了更好地融入班集体，通常会被要求在班级同学面前进行自我介绍；在职场上，新入职的员工也会向同事们进行自我介绍。这都体现着融入集体的需求。这些需求促使人们不断提升介绍的熟练程度，并且积极主动地与别人进行交往。

2. 中介性

中介性是指在介绍中，存在经过朋友介绍而认识他人的情况，也就是朋友作为第三方，引荐你与其他新朋友认识。此时你的朋友，同时也作为对方的朋友，在三人的对话中就起到了中介的作用。在其他情况中，你也有可能成为介绍的中间人，推动两个之前不认识的陌生人建立新的人际关系。

3. 社会性

介绍与人际关系的紧密相关决定了介绍行为的社会性。介绍行为都是发生在社会生活中，都需要"介绍者"与"倾听者"，不存在孤立的介绍行为。介绍的内容往往包括个人名字、身份等基本情况或者是某个团体的基本信息，这些介绍的内容也与社会政治、经济、文化等紧密相关。

三、介绍的方式

（一）自我介绍

自我介绍是每个人都需要经历的，自我介绍需要根据不同场合选择不同类型的表达方式，同时我们需要尽可能掌握好的自我介绍技巧，以便于向他人更好地展示自己。

1. 自我介绍的场合

（1）融入新的工作、学习、生活环境时。

最常见的是在融入新的工作、学习、生活环境时进行自我介绍。一般来讲，人们都会经历在新环境做正式自我介绍的过程，如加入新班级、进入新职场等。像搬家这样移动到新的环境中时，也往往需要与周围邻居打招呼，交代基本的个人情况。具体的例子如下：

大家好，我是新转来的同学，我叫李明，今年16岁，来自河北，很高兴认识大家！

各位前辈好，我是新来的实习生张丽，之前在腾讯工作过1年，未来请多多指教！

你好！我是这个月新搬过来的邻居，我叫王海。以后有什么事情还请多多关照。

（2）被第三方介绍给他人时。

这一情况往往是自己的上司、领导、长辈或朋友等将自己介绍给他们认识的人时，作为礼貌，自己要向对方进行自我介绍，与对方交换个人信息，建立新的人际关系。如果在线下被介绍时，一般都需要朝着介绍对象站起身，表示出结交的意愿。如果在坐下交谈的过程中被介绍，则需要坐立向前微曲以表示尊敬。具体的例子如下：

你好，总听家父提起你！我是张书华，目前在上海的一所学校当数学老师。

您好，我是张涵。这是我公司的名片，期待未来有机会能够与您进行合作！

（3）在社交中与结识的新朋友互相介绍时。

比如在社团活动、在网络世界、在工作聚会等社交活动中认识了新的朋友，这时的自我介绍一般不必太过严肃，要向周围人展示亲近、友善的态度，在自我介绍时可以介绍自己的优点和爱好，有利于和新朋友找到共同之处。具体例子如下：

你好！我是新加入网球社的张天，之前练过两年网球，但都是业余的。以后我们就是一起练球的搭档了，一起努力！

你好！我是李在中，我是一名来自北京大学的大二学生。我的爱好是打篮球。

（4）在正式场合公开展示自我时。

在发布会、记者会、演讲比赛、竞赛活动中，都需要向公众介绍自己。此时的自我介绍需要比较正式，同时要保证自我介绍的真实性。具体例子如下：

大家好，我是来自光明小学一年级三班的许风，我今天带着我的作品《幸福》来参加这一次的讲故事比赛！

各位早上好，我是郑化，今年39岁，来自广州，是一名流浪歌手。没想到有机会站在这个舞台上唱歌给大家听。

2. 自我介绍的技巧

（1）介绍时保证信息的完整性。

如果是较长、较详细的自我介绍，一般包括姓名、年龄、家乡、工作职业、职务、工作地点、学校、个人经历或者个人爱好等内容。如果时间较短，可以选择先介绍前面几项比较重要的个人信息。可根据情况，选择不同的内容做自我简介。下面举一个自我介绍的例子：

大家好，我是王可，今年24岁，来自北京。我本科就读于中国人民大学，目前在一家金融公司做投资经理。平时的主要工作就是根据公司的投资计划对不同企业进行风险评估。工作之外，我比较喜欢听音乐和做饭，这些活动会让我觉得很放松。

（2）介绍时自信、大方，保持镇定。

在介绍自己时，应该保持心态的平稳，给人一种自信、大方的感觉。确保熟悉自己所要介绍的信息，能够顺利流畅地完成自我介绍。无论是面对一个介绍对象，还是面对数量众多的听众，都不能表现出害怕和焦虑，应该面带微笑，保证身体姿态的稳定，不左顾右盼。在介绍时，从容不迫，语速平稳。结束后，点头或鞠躬致意，对自我介绍进行收尾。

（3）避免单一平淡的介绍形式。

自我介绍的形式多种多样，如果想做出独特、吸引人、有趣的自我介绍，可以结合自己的特长或者兴趣爱好进行介绍，也可以通过与听众进行互动的方式增加介绍的趣味性和可听性。并且在介绍中，需要明确个人信息的重点，让对方快速了解你的突出优势和个人风格，避免长篇大论，而影响自我介绍的效果。

（4）保持介绍自己的真实性。

自我介绍的信息应该真实，不可以虚构，也不可以夸大。这是对自己和他人最起码的尊重。虚假的自我介绍一旦被别人发现，将会给自己的形象带来极为不利的负面影响，丧失他人对自己的信任。因此不能够为了塑造完美的自我形象，而随意夸大自己的介绍内容，在介绍时要始终保持对他人的诚实和尊重。

3. 自我介绍的禁忌

（1）避免太长。

太长篇幅的自我介绍会让对方短时间内接收的信息太多，容易使对方感到疲惫或者无趣，从而将注意力从自我介绍转移到其他地方。而且信息太多容易让整个自我介绍失去重点，对方很难提炼出说话人的个人特点。而且自我介绍时间太长，也意味着占用了对方太多时间，这样容易让对方感到不愉快。

（2）选择合适场合。

自我介绍应该选择合适的场合。如果决定要展示自己，应该在不影响他人的前提下进行。如果他人正在办公或者谈话，不要打断他人的正常活动。此外，自我介绍时最好要站起身来，面向对方。

（二）介绍他人

1. 介绍他人的场合

当你作为中间人，需要向他人介绍你所认识、熟悉的人时，有以下几种情况。

（1）作为主人介绍来访客人。

最主要的就是作为主人需要介绍来访的客人，尤其是在家庭聚会或者是朋友聚会上，来的客人众多，且彼此之间很有可能都不熟悉。这个时候你作为东道主或者举办这个活动的主要发起人，需要简单介绍客人与你的关系，以及客人的基本情况。举例如下：

你：李佳，这是我表姐张华，她现在也在上海上班。姐，这是李佳，你们都在一个城市上班，可以认识一下。

李佳：姐姐好，很高兴认识你！

张华：李佳你好！之后回上海可以一起吃饭！

（2）作为组织者介绍成员。

比如你是某一个团体或者社团的主要成员，如学生会主席、社团的社长、班级的班委、公益组织的发起人、贸易往来的组织者等，则需要承担起作为组织者"介绍成员"的工作。尤其是每当有新成员加入时，都需要向他们介绍现有的组织成员，帮助他们更好地快速融入团队。

（3）作为接待人员或者随从人员介绍他人。

比如你作为董事长的秘书、公司的经理助理或者其他有服务任务的随行人员，需要向身边职位更高的人或者服务对象介绍遇到的其他人的基本信息和情况，帮助其快速地做出应对和判断。具体例子如下：

李秘书：董事长，这位是A公司的张代表，是来考察我们公司业务情况的。张代表，这位就是我们公司的陈董事长。

2. 介绍他人的技巧

（1）区分好介绍他人的顺序。

首先，一般情况下，需要先把职务相当的男士介绍给女士。当然，如果男士的地位或者身份与女士相差过大，并远高于女士，则应该将女士介绍给男士。其次，应该把年纪轻或者地位低的人介绍给年长或者地位高的人，以表示对位尊者身份的尊敬。最后，应该把晚到场的客人介绍给早到场的客人。举例子如下：

王女士，请允许我向您介绍一下，这位是我们公司的实习生张平。

（2）把握好介绍他人的内容。

首先，介绍他人时最好先与他们沟通和确认好介绍的内容，以保证介绍的正确性和真实性。其次,帮助介绍他人时,要把握重点,以被介绍人为主,不能够过多谈论自己与他人的关系。并且不适合在一开始就把他人的经历全盘托出,应该把对方身份的重点强调出来,否则难以给人留下深刻印象。

(3)保持好介绍他人时的态度。

介绍他人时应该如同自我介绍一样,保持热情、大方、自然的态度,应该以真诚的方式展示出介绍他人的诚意,介绍对象与被介绍对象能否建立起良好的关系,在一定程度上取决于你介绍时的态度。如果你在介绍时态度冷淡,可能给被介绍对象一种敷衍、不靠谱的感觉。如果你在介绍他人时热情、亲切,则让对方感觉你介绍的人也会同样的热情亲切。

3. 介绍他人的禁忌

(1)未经别人允许就介绍他人。

在帮助别人认识和结交新朋友时,需要先征得对方的同意。不建议直接将两个不认识的人直接介绍见面。如果未经允许随意介绍,首先可能会让现场的局面非常尴尬,在两个人完全不了解对方的前提下见面,很难快速建立起友好的人际关系。并且这样做也会让被介绍的人感觉被冒犯和不被尊重,从而影响你和他们之间的关系。

(2)不区分合适场合就介绍他人。

首先,如果被介绍者正在忙,尽量不要打断他们。其次,在正式场合通常会用"请允许我介绍"的话语开头,在比较随意的场合可以直接说"我来介绍一下"或者"让我介绍一下"。在相当随意和自由的场合,有时也可以直接说"这位是……",这样介绍更显亲切。

(3)多人在场时不做介绍工作。

比如说你作为活动的组织者,在大家都聚到一起的情况下,如果没有对在场的人员进行介绍,那么在场的人很难打破平静开始聊天,也可能无法快速地熟悉对方。只将人聚到一起而不努力推动彼此的交流,这是不负责任并影响交往体验的行为。

生 词

1. 引荐 yǐn jiàn (动) recommend

对人的推荐。

2. 镇定 zhèn dìng（形）calm/cool

遇到紧急的情况不慌不乱。

3. 左顾右盼 zuǒ gù yòu pàn（成语）look right and left

向左右两边看。

4. 从容不迫 cóng róng bù pò（成语）calm and unhurried

非常镇静、不慌不忙的样子。

5. 收尾 shōu wěi（动）wind up

做完事情的最后部分；结束。

6. 长篇大论 cháng piān dà lùn（成语）heaps of words

多指内容繁多且篇幅过长的发言或文章。

7. 提炼 tí liàn（动）refine

通过一定方法取出所需要的或纯净的东西。

练习

一、填空题

1. 如果是为职位相当的男士和女士做介绍，通常是将（　　　　）介绍给（　　　　）。

2. 需要注意自我介绍的时间（　　　　　），自我介绍的态度应该是（　　　　）。

3. 介绍他人时，要首先（　　　　　　　）。

二、判断题

1. 不看场合，抓住时机就自我介绍，会给自我介绍加分。（　　）

2. 自我介绍时，姓名、家乡、职业、个人隐私如具体收入等信息都需要讲出来。（　　）

3. 自我介绍时，想讲多久都可以，不需要控制时间。（　　）

4. 进行自我介绍时，应该时刻保持自信、谦虚的态度。（　　）

三、问答题

1. 你都知道哪些介绍时应该注意的顺序。
2. 介绍具有社会性，这是如何体现的？有何重要作用？
3. 介绍他人时应该保持怎样的态度？

第五节　名片礼仪

【学习目标】

1. 理解名片的重要性，以及名片礼仪的主要内容；
2. 了解名片的三大特征：交换性、动机性、时代性；
3. 学会针对不同的交往情况，选择恰当且正确的名片使用方式。

【学习重点】

名片的重要性和内容；名片的特征；名片的使用技巧及禁忌。

【关键词】

名片；场合；交换；信息；身份

【热身】

1. 你了解名片的使用方式吗？
2. 当别人向你递出他的名片时，你知道该如何正确地回应吗？
3. 你知道名片上都包含哪些信息吗？

一、名片的内涵

（一）名片的定义

名片，词性为名词，指附带、标记有个人姓名、联系方式、公司名称、公司职位等个人信息的卡片，是与人交往过程中常用的辅助工具。

（二）名片的重要性

名片是个人身份的典型代表。当别人收到名片的时候，会按照名片信息对你进行基本的评价和判断。同样的道理，你收到别人的名片时，也会通过名片上的内容对他人划分身份标签并进行记忆。一般来讲，出席正式的社交场合，基本都需要随身准备足够数量的名片。在这样的场合中，有时不仅需要主动递出名片，也会出现别人向你索求名片的情况，比如"我们聊得很开心，方便给我一张你的名片吗？"。名片作为分享个人信息的载体，帮助我们在社交场合以更成熟、更自然的方式进行社交。

（三）名片的主要内容

首先，名片上包含名片持有者的身份与职业信息。最基本的内容是名片上面的个人姓名。比如"张华、李可、王在平、Jason. Smith……"，还需要附带个人的职业信息，比如"客户经理、总经理、董事长、设计师、模特、教授、秘书"等。如果是公司官方的名片，或者是个人职业的进一步说明，需要附上公司的官方名称，如"商业公司、设计工作室、造型工作室、律师事务所等"（如图3.5.1所示）。

```
xxx传媒有限公司


                    张可
                         营销总监


    电话：133xxxxxxx
    邮箱：abcxx@163.com
    地址：北京市朝阳区XX街道XX号
```

正面

```
XXX Media Company


                  Ke Zhang
                         Marketing Director


    Tel： 133xxxxxxx
    E-mail： abcxx@163.com
    Add： 北京市朝阳区XX街道XX号
```

反面

图 3.5.1　名片正反示意

其次，需要留下个人的联系方式。这种联系方式往往是与工作相关的官方联系方式，而非私人手机号码。对方通过这个号码、邮箱或传真地址，可以在工作、正式往来中联系到名片主人，并且不打扰他的个人生活。有些名片还会附上工作的地址，方便他人到场进行访问或考察，如"广州市天河区××街道××号"。

再次，还可能需要附上个人的工作业务范畴。比如张华作为律师，可以在名片上标记个人所负责的业务信息，以便拿到名片的人快速确定张华是否能够处理自己的案件，如名片上可写"负责内容主要为知识产权侵权和诉讼、婚姻家庭咨询、劳动合同纠纷等"。还可以在名片上印出公司的主营业务，如在美容工作室名片上可以标明"皮肤修复、眼部护理"等服务内容。

最后，尽可能简洁美观。名片的正反面都会做设计，需要注意突出最主要的核心信息，如个人姓名、个人职业等，对于公司地址、个人邮箱等内容可以选择相对较小的字体进行印刷。还可以加上适当的线条、图形、图案进行搭配，使得简单的内容也能拥有美感。有时候通过名片的外观造型，也能表现出个人的性格特点或者行事风格。如果是向潜在客户发放名片，也要考虑对方的喜好。

二、名片的特征

名片在现实生活中被广泛使用，在各行各业，各种不同会议、晚宴等场合都可以看到名片交换的场景。名片大致有以下三个特征。

1. 交换性

名片的交换性在于名片的递出与收到往往是同时进行的。交换名片往往作为信息交换的方式，是双方交流的一种实践互动行为。在收到对方递出的名片时，作为礼貌，应当及时向对方回递自己的名片。在特定场合中，你可以接连与不同的对象进行名片交换，交换名片的数量在一定程度上与你的社交积极性和身份地位相关。

2. 动机性

不同对象的交流动机也不一定相同。有些是出于工作上联系的目的，比如争取工作机会、联系客户、认识高水平的工作前辈以获得在工作上的帮助。还有一些是以结交朋友的想法交换名片。但不论是哪种，都可以看出名片与个人利益紧密相关。

3. 时代性

名片的时代性表现在其从古代的名帖演变到现在的方形纸片，名片的变化体现着交往活动的实际变化。名片的设计从尺寸到内容，再到设计造型都跟随人们的审美变化而不断变化。而且使用名片的人数也逐渐增多，名片已成为多数人在正式场合的必备品。在未来，名片仍然会作为社交的重要工具。

三、名片交换的动机

（一）需要交换名片的情况

1. 因自身需要而初次拜访或会面时

比如你的公司需要和对方的公司进行合作，为了之后的合作能顺利开展，也为了方便联系，双方往往会交换名片。或者你有个人业务要拜托某律师事务所的律师，律师通常也会给你一张他的名片。又或者在某个学术会议上，为方便双方详细探讨更具体的问题，会通过交换名片进行后续联系。举例如下：

A：你好，我是来自A公司的王华，这是我的名片。

B：你好，我是来自B公司的李明，很高兴见到你，这是我的名片。

2. 未带其他存储联系方式的物品时

这种情况是指交往双方至少有一方没有带手机、智能手表、纸笔等类似的物品作为记录联系方式的媒介。在这种情况下，如果双方想之后再进行联系，可以先通过名片获得对方的手机号码、地址或者微信号码，然后在拿到通信工具后再进行详谈。举例如下：

A：我们留个电话吧，我的电话是133××××5591。

B：不好意思，我没带手机，可以给你一张我的名片吗？我们之后再联系。

A：好呀，当然可以！

3. 你觉得对方有魅力希望认识对方时

比如你在社交场合中，想与某人成为朋友，可以用礼貌询问的方式从对方那里获得一张名片，比如"你好，我是王明。我觉得你在台上的发言非常精彩，方便交换一下名片吗？"。也可以委婉提出想要交换名片的请求，比如"那我们之后怎么联系比较好呢？要不要交换一下名片？""很希望今后还能继续向您请教，不知道是否还有这个机会？"。总之，不可以用逼迫的方式让对方同意自己的请求。

想获得他人名片，我们还可以采用主动递出自己名片的方式，因为按照礼仪规则，对方在收到你的名片后，需要回递给你一张他自己的名片，以示尊重。举例如下：

A：你好，李老师。我是张向东，这是我的名片，希望能有机会认识您！

B：张先生你好，这是我的名片，以后请多指教。

4. 当你被同事、朋友、长辈等介绍给其他人时

这种情况往往是在你不认识对方的前提下，通过他人作为中介，认识新的朋友，联系的场合包括但不限于工作、生活等各个方面，建议常备名片并在被介绍时递出。在这个时候需要注意问候的礼仪以及递名片的动作，因为此时你的行为一定程度上也代表了介绍人的行为。举例如下：

王艾：李可，我给你介绍一下，这是公司的老同事——刘远。

刘远：你好，很高兴认识你，这是我的名片。

李可：你好，我是李可，我也很高兴认识你。

5. 当自己实际情况发生更新，与名片不符时

如果个人信息发生变化且与名片不相符，应该及时更换包含最新信息的名片，并且向拥有原来名片的人联系并说明情况，并向对方递出更新后的名片。比如一个人的职位或者工作单位发生变化，联系方式如手机号码、邮箱等发生更改等，都需要进行名片的更换。举例如下：

A：张先生您好，我现在不在之前的公司工作了，这是我的新名片。

B：好的，我会保存好的。

或者：

　　A：李华，我之前的手机号码换了，这是我的新名片，有什么事情打这个上面的电话就可以！
　　B：OK！

（二）不必交换名片的情况

1. 与对方完全陌生或未知时

在完全不了解或者不认识对方的情况下，面对他人突然提出交换名片可能会觉得被冒犯。比如在社交场合，对方没有做自我介绍，也没有第三人帮助介绍认识，在完全不清楚对方来历的时候，可以用合适的方式委婉拒绝。若对方语气和态度不够礼貌，也可以拒绝，不必交换名片。如果你与对方处于完全陌生的状态，但你又想向对方索要名片，那必须做好清晰的自我介绍，以及说明请求交换名片的原因。否则，可能会让对方感到被冒犯。

2. 和对方比较了解并且有其他直接的联系方式时

名片交换往往适用于彼此并不熟悉的情况。如果是每天都可以见到，彼此之间都比较了解，并且可以通过手机、固话、社交网络等方式经常对话和交谈的对象，则可以不必交换名片。这样不仅能适度区分出正式场合的社交以及私下的非正式互动，还可以避免名片的浪费使用。

3. 不愿或不会在之后与对方联系时

比如在某些聚会上或者是活动上，你与参加活动的某个人基本上是一面之缘，并且在后续没什么机会和时间再相见或交流，可以不交换名片，在当场进行合理社交即可。如果对方给你留下了不好的印象，或者你不愿意在活动结束之后与对方有进一步的联系或交流，可以合理婉拒对方的名片交换请求，不必向他人广泛发放名片。

四、接受与递出名片的礼仪

（一）接受名片的礼仪

1. 交换名片的顺序

一般来说是地位、身份较低的或者年纪较小的人率先主动把名片递交给身份、地位较高，较年长的前辈，以表示尊敬和尊重。如果是主人与客人之间，应该由上门拜访的客人主动向主人递出自己的名片并且解释来意。如果是在公司，应该由职位较低的员工主动向领导或者职务较高的员工递出名片。当需要同时与多人进行名片交换时，应该从离自己较近的对象开始依次发放，直到全部发放完成。

2. 接受名片的行为

首先，在接受别人的名片时应该时刻保持尊敬与谦虚的态度，要避免坐着接受他人的名片，应该站起来并伸出双手接收，这样表示对他人的一种回敬。接收时还可以配上礼貌用语如"谢谢"，来表示对他人礼貌行为的回应。

在接受名片之后，不能无视名片内容直接将名片收纳起来，更不能将对方的名片随手放在桌上。应该认真观看对方名片上的所有内容后，再放到合适的地方。如果行为得当，递出名片的人会感受到被充分尊重，会觉得你在认真对待他，这体现出你礼貌、友好的交往态度。如果对名片上的信息存在疑问或者有好奇的地方也可以及时向对方提问，以免自己理解错误从而对对方产生错误的印象，也可以表示出对他人的尊重。

（二）递出名片的礼仪

1. 无法递出或回递名片的情况

如果自己并未随身携带名片盒或者并没有打印名片，又或者自己不愿意分享名片给对方时，需要用委婉的方式对他人进行回答，不可以直接离开，也不可以粗暴拒绝他人的请求。如果直接说"我没有名片"或者"我都不用名片"，不仅是对他人的一种不尊重，也会对自己形象造成负面影响。在遇到这种情况时，可以采用如下话语进行回答：

A：李女士，那方便给我一张你的名片吗？

B：真是抱歉！我今天没有随身带名片。

或者：

　　Ａ：张华，可以给我一张你的名片吗？
　　Ｂ：不好意思！我的名片刚刚用完。之后见面再给你，可以吗？

2. 递出的礼仪

在中国，在向对方递出名片时，往往需要使用双手，并且握住名片上的两个角递给对方。但是请记住，在中东和许多东南亚国家，一定要用右手递上名片，不可以用左手。此外，在递给对方的过程中，不可以拿食指和中指夹住名片甩给对方。并且递出时，尽量弯腰鞠躬向前，还可以配合低头的动作，表示充足的尊重。名片的朝向应该配合对方的阅读视角，确保对方阅读的内容是正向而不是反向。

五、名片使用的禁忌

（一）名片的禁忌

1. 名片不能随意涂改

名片是个人身份的代表，整洁、美观的名片会让对方感到赏心悦目，增强对方与你联系的意愿。应在自身风格、审美、客户需求等多种因素影响下，完成名片设计。要确保名片上的信息正确，印刷后，名片就不可以再随意涂改了。如果在印刷后发现错误，或者是有信息需要更正，必须重新印刷，不可以为了节省费用而自行涂改。

2. 名片上尽量不要提供私人电话

个人的工作名片和公司的官方宣传名片，都应该尽量使用官方的工作电话、工作邮箱等公开联系方式。因为进行名片交换的对象一般都是工作场合需要合作或者联系的人，如果在工作名片上提供私人电话，有可能会影响自己私人时间的正常生活。私人电话往往只提供给和自己关系较为密切、对彼此较为熟悉的朋友和家人。

3. 名片上一般不提供两个以上头衔

在名片的设计中，尽量不要提供两个以上的头衔。如果你兼具多重身份，比如设计师、自由画家、模特、公司董事等多个职位和职业，尽量选择最具有代表性的一个写在名片上，让对方能快速掌握你的基本信息。如果你在名片上写了很多个头衔，容易使名片内容的重点模糊不清。

生 词

1. 典型 diǎn xíng（名）archetype
具有代表性或概括性的人或事件。
2. 索求 suǒ qiú（动）demand
索要，要求。
3. 侵权 qīn quán（动）infringe
侵犯、损害他人的合法权益。
4. 纠纷 jiū fēn（名）dispute
争执的事情，不容易产生结局的事情。
5. 护理 hù lǐ（动）tend and protect/nurse
保护、照顾，使不受损害。
6. 媒介 méi jiè（名）medium
能使人或事物两方面产生联系的物质。

练 习

一、填空题

1. 如果是两个人之间的名片交换，通常是（　　　　　）主动问候（　　　　　）。

2. 名片具有（　　　　　）、（　　　　　）和（　　　　　）的特征。

3. 使用名片时，尽量要避开这些情况：（　　　　　）、（　　　　　）和（　　　　　）。

二、判断题

1. 如果你向对方提出交换名片的请求，可以直说"喂，有名片吗？给我一张"。
（　　）

2. 如果你没有印名片，不应该说"我职位低，没有名片"。（　　）
3. 当你伸手递出名片时应该保持低头、略微鞠躬的姿势。（　　）
4. 如果你的名片上有错误信息，可以不用管。（　　）
5. 当别人给你递名片时，你可以收下名片就走。（　　）

三、问答题

1. 名片在与不同的人交往时有怎样的重要性？
2. 名片交换的行为具有动机性，请你列举几个不同的社交场合常用的交换动机。
3. 在接受名片时有哪些礼仪需要注意？

第四章 迎送礼仪文化

第一节　迎接礼仪

【学习目标】

1. 理解迎接礼仪在交往行为中的重要性及主要内容；

2. 了解迎接礼仪的特征：身份不固定性、准备提前性、备案细节性、场合多样性；

3. 了解不同迎接行为适用的场合。

【学习重点】

迎接礼仪的重要性和内涵；迎接行为的特征；迎接时的技巧及注意事项。

【关键词】

迎接；交往；礼貌；细节；态度

【热身】

1. 你有在机场、车站被迎接或迎接他人的经历吗？

2. 在迎接他人时，你是否做好了充足的准备，给予他人细致照顾？

3. 你知道哪些迎接时需要注意的技巧？

一、迎接的内涵

（一）迎接的定义

迎接，词性为动词，表示欢迎和招待他人的行为，是社交中常常用到的礼仪。迎接礼仪与迎接的场合、类型紧密相关，因此迎接的郑重程度、礼仪规范等内容也有所不同。而且迎接往往蕴含着热情欢迎、美好祝愿等寓意，是表达关怀、问候等情感的有效方式，因此在极大程度上也丰富了人际交往的层次。对迎接礼仪进行学习，是我们每个人参与社会生活的必修课。

（二）迎接行为的重要性

迎接行为是否恰当影响着人们的人际关系、交流合作等，与生活息息相关。比如多年没见的亲人或朋友回国时，人们会选择亲自去机场或车站迎接。再比如，对方公司代表来你公司所在城市考察，也需要做好迎接准备。尤其是对现实中第一次见面的双方来说，好的迎接行为能够快速拉近彼此距离，增进亲切感。除此之外，迎接还与个人形象相关，如果在迎接行为中，你处理得恰到好处、细心周到，对方会觉得你有礼貌、尊重他人。在外交场合中，个人行为通常代表着国家的形象，一个小失误可能就会对国家形象造成负面影响。

（三）迎接礼仪的内涵

首先，迎接礼仪是人际交往的重要构成。出现迎接行为则意味着出现了人际活动，核心在于迎接的主体及对象。对之前从未见过面的人们来讲，迎接行为就是他们线下交往的开端，并由此展开一系列的同行或合作。在一些公司或者事务所，迎接合作伙伴时，往往会安排适当的人选，在公司内部也会安排接待室。对于个人，如果有远方来的贵客，家中也应该提前做好准备工作，热情迎接来访客人。其次，迎接行为与交往的亲疏程度相关。如果是关系十分熟悉、交往密切的朋友、亲人，在非正式场合中对迎接行为的规范较为宽松。在彼此熟悉的前提下，迎接也会更加轻松自然，难度有所降低。如果在彼此不熟悉的情况下，初次交往较为正式，迎接时可能还会有些拘束，一般不会出现太亲密的欢迎行为。最后，迎接礼仪的历史反映了物质社会的发展变化。在古代，通信和交通工具发展十分有限，在迎接时有可能出现时间上的延误。而现在机场基本都设立了接机大厅，人们迎接时往往还会带上鲜花等礼物以表欢迎。迎接礼仪的丰富建立在物质生活发展、科技水平进步的时代基础上。

二、迎接礼仪的特征

1. 身份的不固定性

社会生活具有流动性和现场性，因此人们经常会成为迎接或来访的一方。为了适应不同的社会身份，人们应该尽可能掌握迎接的多种礼仪，并根据不同场合选择合适的迎接方式。常见的迎接场合主要有职场商务会面、亲朋好友拜访、许久未见的重逢等。迎接和来访的双方都应该保持热情、友好的态度，实现双方的顺利沟通。

2. 准备的提前性

迎接需要建立在对来访对象充分了解的基础上。前期的准备工作需要与对方进行协商后确定。通常要确定的内容有：迎接时间、地点，来访对象的身份、地位、人数等。在做好迎接工作时，需要积极主动地与对方沟通，提升自己给对方留下的第一印象。如果有变动，应该及时告知对方。并且要尽量提前完成所有的迎接准备，降低风险。

3. 备案的细节性

迎接往往需要考虑到不同影响因素，最好准备应急方案。比如路上遇到堵车无法及时到达，或者来访人员乘坐的飞机延误导致无法准时到场，又比如客人的身体突然抱恙、客人提出了新的要求等。这些都需要迎接人员在第一时间进行处理，因此在考虑方案时应该尽可能做到细致、全面。

4. 场合的多样性

迎接行为的应用十分广泛，了解不同的迎接场合以及迎接行为有助于在日常生活中更好地进行社交实践。比较有代表性的迎接场合有客人上门拜访、远道之客来访、工作上的合作、上级视察、团体性文化交往等。

三、迎接礼仪的规范

1. 保证仪容仪表整洁

在迎接时，人们应该确保自己的仪容仪表整洁，衣服穿着得体。穿着要符合自身的年龄、身份、身材、个性，更重要的是要与迎接场合一致。如果是在正式的商务场合，应选择正式的西装。同时，穿着也需要考虑来访宾客的身份地位，既不可以太过随意、草率，也不建议过分奢华、喧宾夺主。

2. 提前制订好迎接计划

（1）确定迎接人员和迎接时间。

首先应该确定来访宾客的时间、人员身份、数量和来访目的。然后再制订迎接计划，确定迎接人员和接待时间。在确定后，可以向对方提前介绍迎接人员，让对方有个初步了解，如果有迎接计划，也建议提前告知。如果等到对方快到达时再安排，很容易出现疏漏。如果是地位较高的人员会面，可能还需要考虑邀请礼仪小姐、安排乐队奏乐等。如果客人是外宾，需要安排懂外语的人员进行迎接，保证沟通的顺畅，以便第一时间了解对方需求。

（2）确定迎接的合适场合。

迎接场合是影响来访人员满意度的重要因素。常见的迎接场合有机场、车站、单位或社区门口等。如果选择在破旧、偏远的地方迎接，会让宾客更加劳累、疲倦。应尽量选择正式、干净、交通便利的场合，如果是跨文化交流，还可以选择地标性建筑或者是有纪念意义的地方作为迎接地点。除此之外，还需要考虑到来访客人的住宿、出行问题，甚至可能还需要帮来访人员制订一份出行攻略。

（3）提前到达迎接地点。

如果来访客人是第一次到访，或者只来过这个城市一次，那么他对城市路况、位置信息等都不了解，这个时候需要迎接人员提前到达指定位置迎接。这样有利于双方的顺利见面。如果迎接人员没有提前到达，导致宾客出现手足无措、孤立无援的情况，对方会感到无所适从、十分失望。

3. 遇到突然来访也应该积极相迎

如果对方没有事先说明要来，而是突然到达，不要慌张，以大方、热情的态度正常迎接即可。需要注意的是，他人来访时需要及时起身迎接，不能在看到对方后却毫无反应。如果是不速之客前来，不要轻易地直接拒绝，可以在迎接时与其进行简要沟通，再决定是否继续深入交谈。

4. 制作迎接牌

（1）迎接牌的用途。

迎接牌一般是在迎接初次来访、从未见面的宾客或者是人数较多的团体性客人时需要用到的一种迎接工具，在机场的等候大厅常常可以见到。这样的指示牌有利于快速找到迎接对象，营造一种热情欢迎的友好氛围，如图4.1.1所示。

（2）迎接牌的装饰。

在制作迎接牌时，需要注意确保迎接牌上的信息真实准确，不可以出现错误。并且尽量使用避免白纸黑字的迎接牌。可以通过绘画、贴纸等方式制作有创意且美观的指示牌，让对方眼前一亮。迎接牌上的字迹应该足够大，足够突出，让宾客能够在众多接机、接站人员中快速找到迎接人员，如图4.1.2所示。

图 4.1.1　迎接牌使用示意① 　　　　　图 4.1.2　迎接牌标准示意②

5. 完成迎接后仍然要保持尊敬

完成迎接后也应该向对方表示热情和尊敬，不能接到了就无视对方。即使提前向对方告知过人员信息，见面后也仍然需要再次介绍自己的姓名和职务，同时还应该向对方表达简单问候，可参考如下对话：

李明：你好！我们当网友这么久，终于见面了！我是李明。欢迎你来到广州！
张松：你好！我是张松，很高兴见到你！

或者：

李明：您好！我是李明，是公司的经理。一路舟车劳顿，辛苦了，接下来好好休息！
张松：您好！我是张松。不辛苦不辛苦，谢谢您来接我！

回程路上，要尽量避免冷场，可以简单向对方介绍所在城市的文化特色、美食建筑等，拉近彼此之间的距离，提升亲切感。如果对方提出问题，应该热情、积极地回答，尽自己所能帮助对方。

---

① 图片来源：搜狐网https://www.sohu.com/a/251138659_529065。
② 图片来源："香港中文大学深圳OSA"公众号2020年01月23日推送《学生事务年度回顾2019，值得纪念！》。

四、迎接礼仪的技巧与注意事项

（一）迎接礼仪的技巧

1. 迎接顾客时

服务人员需要保持热情友好的态度，对客人的到来要表示热烈欢迎，并且及时观察顾客需求，及时提供服务，让顾客愿意来店消费。服务员在迎接时可以说"您好！欢迎光临！""您好，欢迎您进店参观！"。如果因为业务繁忙，导致没能第一时间迎接顾客，服务人员应该及时表示道歉，比如，"抱歉，让您久等了！"或者是"真的非常不好意思，让您等候这么久！"。在客人参观或者购物结束后，应当热情与其告别，比如，"谢谢您的光临，欢迎下次再来！""再见，请您慢走"等。

2. 迎接宴会客人时

宴会组织者应该做好充足准备迎接客人，可以采用统一向客人表示迎接问好的方式，也可以采用与客人逐一问候的方式。迎接客人时需要十分热情，并且在宴会门口迎接最为恰当。具体的迎接话语可以参考如下：

欢迎各位前来参加我的生日宴，在场各位都是对我十分重要的人，很感谢大家能够来陪伴我一起度过这个生日，谢谢你们，希望大家今天晚上玩得开心！

欢迎欢迎，您能来真是太好了！宴会马上开始了，您快里面请！

3. 迎接贵客或者公司领导时

当迎接对象的身份、地位高于自己，迎接话语需要表示出对他人充分的尊重和恭敬，体现出对对方来访的重视。迎接时往往可以用以下例子表示对贵客或者领导视察的欢迎。

（1）面对家中来访的贵客可以说：

您来了！欢迎欢迎！您的到来让寒舍蓬荜生辉啊！

贵客上门，有失远迎！您快里面请，随便坐！

（2）面对公司领导来访时可以说：

欢迎领导莅临视察，您一路上辛苦了！
尊敬的张董，您好！我代表市场部欢迎您的来访！

4. 在车站、机场等地迎接朋友或同事时

如果迎接对象刚下飞机或高铁等交通工具，你在迎接时应该关心对方的旅途体验，并真诚地欢迎对方来到你的城市，还可以主动向同事介绍当地特色。如下的迎接话语可供参考：

王平，好久不见啊！欢迎来广州！旅途还顺利吗？
你好，李明！一路上肯定很辛苦吧，休息得好吗？我们路上慢慢聊。
张经理对吧？您好！我是来接您的赵天杨，欢迎您来到北京，路上辛苦了！

（二）迎接礼仪的注意事项

1. 迎接人员应该与来访人员身份、地位接近

迎接人员最好应该与来访人员的身份、地位相当。比如两个高校间举办交流活动，A大学的校长带领部分师生来B大学参会交流，那么B大学的领导层（如校长等）就应该做好迎接准备。如果迎接人员身份远低于来访人员，则可能会让对方感到被轻视，认为这次见面不被尊重。同样的道理，也无须让身份地位远高于来访人员的对象亲自迎接，这样有可能给对方造成压力。

2. 在迎接时应保证牌子上信息正确、鲜花新鲜

在机场或者车站，人们往往能看到等候迎接的人们手举欢迎牌或者是手捧鲜花。在准备时要确保举牌的内容正确而美观、鲜花新鲜而不枯萎，这是对对方的基本尊重。如果牌子上的欢迎信息错误，或者鲜花都已经枯萎，容易造成误会，不能表达欢迎的美好寓意。因此在出发迎接前应该再三确认，不要因为一个小马虎而让对方感到不快。

生 词

1. 寓意 yù yì（名）implied meaning

寄托的含义或意思。

2. 恙 yàng（名）illness

指身体的不适或疾病。"抱恙"指患有疾病。

3. 视察 shì chá（动）inspect

查看、考察、检查工作。

4. 草率 cǎo shuài（形）hasty

（做事）不认真，敷衍了事。

5. 奢华 shē huá（形）opulent

多形容有钱人的生活，奢侈豪华。

6. 喧宾夺主 xuān bīn duó zhǔ（成语）a minor issue taking precedence over a major one

次要的事情抢占了重要事情的位置。

7. 顺畅 shùn chàng（形）smooth

顺利，没有困难。

8. 疲倦 pí juàn（形）tired

累，困，乏力。

9. 攻略 gōng lüè（名）strategy/method

开展工作或发展事业的方法、策略。

10. 手足无措 shǒu zú wú cuò（成语）at a loss what to do

不知道该做什么，慌张。

11. 孤立无援 gū lì wú yuán（成语）be isolated and helpless

只有一个人的力量，没有外界帮助。

12. 不速之客 bù sù zhī kè（成语）intruder

没有邀请、突然到来的人。

13. 舟车劳顿 zhōu chē láo dùn（成语）fatigued by a long journey

形容旅途疲劳、困苦。

14. 蓬荜生辉 péng bì shēng huī（成语）be greatly honoured by your gracious presence

表示贵客来访，使得主人感到非常荣幸。

15. 莅临 lì lín（动）visit

来到；来临（多用于贵宾）。

16. 枯萎 kū wěi（形）withered

干枯萎缩。

练 习

一、填空题

1. 迎接礼仪具有（　　　）、（　　　）、（　　　）和（　　　）的特征。

2. 制订迎接计划需要确定的内容有：（　　　）、（　　　）、（　　　）。

3. 制作迎接牌时，需要保证迎接牌上的信息（　　　）。

二、判断题

1. 如果A公司的董事长来B公司交流参观，建议派实习生过去迎接。（　　）

2. 迎接对方的时候，应该保持热情、积极的态度。（　　）

3. 如果对方第一次坐飞机到广州来找你，你在家里面等着就可以了。（　　）

4. 迎接指示牌上面的内容可以随意涂改。（　　）

5. 当有人突然上门拜访时，你应该及时起身迎接。（　　）

三、问答题

1. 迎接礼仪在日常生活中有哪些作用？

2. 迎接行为的出现十分广泛，请你列举几个不同的迎接场合。

3. 在迎接别人时有哪些注意事项？

第二节　待客礼仪

【学习目标】

1. 理解待客周到的重要性，以及待客时的主要内容；
2. 了解待客礼仪的三大特征：态度的关键性、秩序的清晰性、工具的丰富性；
3. 学习从细节入手，掌握待客实践的基本技巧。

【学习重点】

待客的重要性和基本内涵；待客文化的特征；待客的行为禁忌及技巧。

【关键词】

待客；交往；态度；细节；尊重

【热身】

1. 你有去别人家里拜访过吗？他们是怎样招待你的呢？
2. 当对方公司代表派人来你的公司参观，你会如何款待他们呢？
3. 如果在会客时对方招待不周，你会有怎样的感觉？

一、待客的内涵

（一）待客的定义

待客，词性为动词，指"招待客人，接待客人"，意在以尊重、热情、周到、细致的方式妥善安置好来访的客人。待客是能让对方直接感受到交往诚意和热情的环节，良好的待客体验能够拉近双方的距离，使双方快速熟悉起来。不好的待客体验会让对方感觉到被轻视或怠慢，影响人际关系。因此人们应该努力学习待客技巧，将其转化为社交中的优势技能。

（二）待客礼仪的重要性

掌握待客礼仪是与人交往的基本要求，待客时的一举一动都体现着个人的礼仪素养。尤其是在多人场合，周到、自然、落落大方的待客之道更会被称赞。如果在接待公司的合作伙伴时态度傲慢、出言不逊，双方合作很可能破裂。如果老师去家访，家长拒绝和老师交流，那么也会影响老师对学生的看法。并且，待客也是对中华礼仪文化的一种传承。"来者都是客！""来了就是自己人！""把这当自己家一样啊！"等俗语都展示出中国人民热情、友好的待客态度。

二、待客礼仪的特征

1. 态度的关键性

待客时间长短、效果好坏都取决于待客态度。如果态度轻慢、自大，让对方感到不适，对方可能会提前结束会面，也有可能在会面结束后拒绝继续联系。一些公司会对接待人员进行礼仪培训，要求对来访的客人保持热情、开朗的态度，如见面说："欢迎您来我们公司参观，很高兴见到您！""一路舟车劳顿很辛苦吧，先坐下好好休息！"

2. 秩序的清晰性

待客时，主人应该尽量注意到并满足客人的需求，以来访客人的体验为先。对待身份、地位高的长辈需要保持尊敬，尤其在敬茶等事项上应该注意次序，以长辈和地位高者优先。待客的秩序性也体现着待客行为的成熟，是对待客行为的一种有效规范。

3. 工具的丰富性

待客时常用茶、点心等作为款待，这些饮食都包含着良好寓意。茶文化从古代传承至今，成为通用的人际交往媒介，有热爱自然、修身养性的高雅含义，同时，以茶待客更含有对来访宾客的敬意。由此可见，待客时提供的服务往往都带有丰富的内涵，能表达出对客人的欢迎和尊重。

三、待客礼仪的基本要求

为了更好地招待来访的客人或朋友，应该在对方来访前就做好接待准备，并且招待过程中需要时刻考虑到对方的感受。具体的事前准备和注意事项如下。

（一）待客礼仪的事前准备

1. 自身仪容仪表得体

待客前要认真挑选自身穿着，根据不同场合选择合适的服装，同时在配饰和发型上也要加以注意。比如穿着邋遢、不梳洗直接待客，则会显得不够尊重。当然，在待客礼仪中更多是考察待客行为是否得体，对于仪容仪表，符合场合规范即可，不需要十分细致和严格。仪容仪表体现的是待客的态度，因此是事前准备的重要一项。

2. 待客前要做到环境的基本整洁

无论是在公司的会客室待客，还是在自己家中待客，都应该进行室内环境的基本打扫，保证视线范围内物品摆放整齐、空间无异味、地面无垃圾，确保交谈环境的舒适。如果室内垃圾堆放过多，屋内有异味，则很难让人心情愉悦，甚至让人想要快点结束对话离开此地。需要注意的是，待客时也要尽量保持整洁，不能接到客人后就不注意环境卫生了。

3. 提前备好饮品餐食

很多人会用饮茶的方式招待客人。在待客时，也会有和宾客一起用餐的情况。这都需要事前确定好后，提前准备待客的茶叶以及做饭的基本食材等。人们在春节走访亲戚时，常会出现邀请他人留家用餐的情形，此时的食材一般是过年前就采购好的，最后做出来的菜品也往往多种多样。如果来的客人中还有儿童，人们还会提前备好糖果或零食。

4. 点菜或备菜前要问对方有无忌口

如果出现需要和对方同时用餐的情况，那么要注意在点菜或备菜前询问对方的饮食偏好，尤其是有哪些不爱吃或者不能吃的食物。如果只按照自己的喜好点菜或备菜，则是对他人的不尊重。比如你爱吃海鲜，而对方对海鲜过敏，你事前未询问就直接点了一桌海鲜盛宴，虽然看起来十分豪华，但是却没有真正招待好对方。

（二）待客的注意事项

1. 不可以冷落或区别对待客人

可以通过找话题聊天的方式与对方开启交谈，也可以通过观看电视、电影或者玩游戏的方式一起度过招待的时光。尽量避免出现留客人自己一个人闲坐的局面。如果是同时来了多位客人，而且客人们在职位高低、亲疏程度等方面存在差异，不可以区别对待。对待所有客人都要热情，并且要尽量照顾到不同人的需求。

2. 要照顾第一次远道而来的客人

客人远道而来，说明他们一路上肯定十分辛苦，因此在照顾时更应格外注意和仔细。如果是第一次来的客人，他们对气候、交通等外界环境都可能还不适应，作为主人应该帮助客人更快熟悉和融入当地环境，多向客人介绍当地的风土人情、民俗建筑等，还可以送给客人一些具有当地特色的纪念礼物作为表示。

3. 要照顾客人带来的孩子

每逢春节等传统节日，孩子们正值假期，往往会和家长一起登门拜访他人。作为主人，应该照顾好客人带来的孩子，可以将家中的糖果、玩具适量拿出，还可以夸奖客人的孩子，比如"这个宝宝真可爱！""一转眼，孩子都长这么大啦，真好！"。这样也会使得对方心情更加愉快。

4. 应该尽力为客人提供方便和服务

如果客人提出多种需求，主人都应该尽力满足。如果遇到客人生病的情况，应该尽快联系医生或者找出家中常用的治疗药品。如果对方想了解一下家中布局，也应该带领客人简单参观，必要时可以加以讲解。如果客人有特别想吃的食物或者想干的事情，也应该尽力满足。如果客人喝酒后不方便自行离开，可以开车将其送回或者帮客人叫车以解决客人的回程问题。

5. 客人在时要看管好自己家的孩子

应该提前告知家中孩子会有客人上门，要让孩子提前知晓并且有心理准备。如果不想让孩子参与待客，可以为其准备好玩具或书本，让其在自己房间做自己喜欢的事情。如果孩子在一旁参与，应该做到不打断别人谈话、不随意翻动他人东西、与长辈说话时不直呼其名等。如果孩子淘气，应该加以教导，不能放任不管。

6. 尽量不要在客人面前爆发家庭矛盾

中国有句俗话叫"家丑不能外扬"，在来访的客人面前，家庭内部矛盾应该先予暂缓。如果家庭矛盾在此时已经显露，那么更应该保持冷静，如果想及时解决，可以在安顿好客人后，找一个合适理由去单独的空间，在不打扰客人的前提下平静沟通，也可以等客人走后再解决问题。否则会让客人觉得自己来访的时间和场合不合适，从而感到非常尴尬。

7. 意见不同，不必争论

交谈时，应该以客人的谈论兴趣为主题，可以以兴趣爱好、时事趣闻等为切入点，不一定要局限于一个主题。如果对方对某一话题不感兴趣，那么不要执着于这一话题强行深聊。如果出现了意见相反的情况，在未触碰到自身底线的前提下，尽量求同存异，尊重他人的看法，进行友善的交流。假如坚持争论，很有可能打破交流的和谐局面，从平静交流变为激烈争吵，则会让客人感觉到被冒犯。

四、接待时的敬茶礼仪

在很多待客场合，都会选择敬茶作为接待的方式，通过敬茶表示对客人的尊重。需要注意的敬茶事宜有以下几点。

1. 倒茶前洗茶具

倒茶前一定要对茶具进行清洗，不允许茶杯和茶壶中还留有残余物或者异物。尤其是许久未用的茶具，很有可能沾上灰尘，更应该一个个细致清洗。

尤其是在广东，饮茶是人们最常见的爱好，关于茶文化的知识也是深入人心。在泡茶前，需要先起火烧水，然后用开水冲洗茶具。除此之外还有"叩手礼"或者"谢茶礼"，这是对别人为自己倒茶的一种感谢和尊重。通常是用手指轻叩桌面：如果是晚辈给长辈敬茶，长辈通常用一根食指敲一下即可，表示点头示意；如果是长辈主动给晚辈倒茶，晚辈应该五指并在一起，向桌面轻敲三下，相当于三拜；如果是平辈之间倒茶，则可以用食指和中指两根手指并在一起，轻敲三下，代表双手抱拳。

2. 敬茶不可满杯

倒茶时不可以倒满，八分满最好，这样能够显示出对他人的尊重。如果茶倒满杯很容易溢出。上茶时，应该以右手端茶，左手扶稳，尽量不要一只手上茶。并且不要将手指放在茶杯口上，也不要让手指碰到茶水。在敬茶时可以面向对方露出微笑，还可以配上"请您用茶"的话语。

3. 按次序上茶

上茶时一般以身份地位为参考，先为长辈或身份地位较高的人上茶，后为晚辈或者身份较低的人上茶。客人来时，应该先为客人上茶，之后再为主人上茶。如果有男士、女士同时在场，应该先为女士上茶。如果来的客人众多，且身份地位相差不大，可以按照先来后到的顺序或者是由近及远的顺序依次上茶。

4. 注意及时添茶

在客人喝茶后，应该注意是否需要续茶。一般来说，不能够让对方杯中的茶水见底，喝几口过后就差不多需要续茶了。续茶的时候也应该注意，不可以续满，也不可以弄脏茶水。

五、接待出现疏漏后的措施

1. 真诚道歉，表示招待不周

在犯错的第一时间就应该向对方真诚道歉，对自己招待不好或者是处理不当的地方表示歉意，让对方多多包涵。道歉一定要真诚，不能只有一句"对不起"就结束了。诚恳的态度可以减少对方的不满情绪。

2. 及时采取措施改正或弥补

比如给他人倒水或饮料时，如果不小心让液体溢出弄湿他人衣服，在道歉后应该及时拿来干毛巾擦一擦或者另外为对方提供干净衣服。如果在待客过程中，不小心弄坏了对方随身携带的物品，如不小心将对方的手机屏幕弄碎等，需要在道歉后及时提供补偿或者其他处理方案。

3. 不必重复道歉，否则是在施加压力

在完成第一项和第二项措施后，不需要多次重复向对方道歉，这样很有可能让对方感觉到压力。实际上，对方在看到你的诚意道歉和弥补措施后，基本上都会接受接待过程中出现的小插曲。如果多次强调抱歉，容易给对方造成压力和负担，让对方不知道该怎么处理和缓和气氛。

六、不同场合接待的区别

1. 接待的性质不同

公务接待是指对出席会议、考察调研、执行任务、学习交流、检查指导、请示汇报工作等公务活动进行接待，适用于各级党政机关公务接待管理部门以及公务人员，具有一定公务性质，需要接受群众监督。

商务接待则往往与商业合作、商业谈判等公司利益紧密相关，比如大型企业负责人的考察、公司之间的交流学习等，接待的礼仪规格较高，接待需要较为正式和细致的准备。

如果是纯私人交往的个人接待，则相处更为随意，与工作和商业利益相关性较低，多从双方人际关系与感情角度出发，通过接待满足双方的交往体验，加深彼此友情或亲情等。

2. 接待的规则不同

根据中国国务院办公厅印发《党政机关国内公务接待管理规定》，公务接待绝不可以铺张浪费，接待单位不得超标准接待，不得组织旅游和与公务活动无关的参观，并且国家工作人员不得要求将休假、探亲、旅游等活动纳入国内公务接待范围。

商务接待往往与商业谈判或合作的规模、重要程度相关，也与公司的对外交流条例有关。一般情况下，由公司主要决策人或者中高层参与商务接待，可以选择高档餐厅或娱乐场所等地点，并且接待时的言行需要保持正式，不可以太过随意。

私人接待主要看交往双方的个人喜好，规则和限制通常较少。接待的方式也与双方关系的亲疏程度有关。对待熟悉的朋友，既可以选择随意、平价的餐厅，也可以选择环境优雅的高档餐厅来接待对方。与前两者有所区别的是，私人接待属于个人日常社交行为的一种，具有一定的灵活性和自由度。

生 词

1. 款待 kuǎn dài（动）entertain

亲切优厚地招待。

2. 怠慢 dài màn（动）snub

冷淡；表示招待不周到。

3. 一举一动 yī jǔ yī dòng（成语）every movement

人的每一个动作。

4. 弥补 mí bǔ（动）compensate

把不够的地方填满、补偿。

5. 出言不逊 chū yán bù xùn（成语）speak insolently

说话不礼貌，不尊重。

6. 邋遢 lā·ta（形）sloppy

不讲卫生，不整洁，脏乱。

7. 视线 shì xiàn（名）sight

用眼睛看东西时，眼睛看向物体的路径。也指注意力。

8. 风土人情 fēng tǔ rén qíng（成语）local conditions and customs

一个地方特有的自然环境（土地、山川、气候、物产等）和风俗、习惯的总称。

9. 布局 bù jú（名）layout

分布的格局。

10. 知晓 zhī xiǎo（动）know

知道，了解。

11. 叩 kòu（动）knock

击打、敲打。也指旧时一种磕头礼，头近地或着地。

练 习

一、填空题

1. 在上茶时，应该先给（　　　）、（　　　）、（　　　）上茶，后给晚辈、主人、男士上茶。

2. 在待客出现问题时，需真诚道歉，但不必（　　　），否则会给对方造成压力。

3. 如果接待时出现了疏漏，应该采取（　　　）、（　　　）来弥补。

二、判断题

1. 如果同时来了很多客人，我们不能只跟自己熟悉的人聊天。（　）

2. 待客时，如果你和对方意见不同，不可以直接离开或者和对方争吵。（　）

3. 如果你在倒水时不小心洒在了对方衣服上，可以让对方回去后自己解决。

（　）

4. 在待客时，对家中的孩子可以完全不管，只负责陪客人。（　　）

5. 如果客人不能吃辣，你可能会选择做湖南的特色美食给他。（　　）

三、问答题

1. 掌握待客礼仪为什么如此必要，请简单说明原因。

2. 客人来访之前，你会为待客提前做好哪些准备？

3. 你了解哪些敬茶时的步骤？

第三节 排序礼仪

【学习目标】

1. 理解排序的重要性,以及座次排序的规则;
2. 了解排序礼仪的三大特征:身份性、场合性、原则性;
3. 掌握不同场合下不同类型的位次排列顺序。

【学习重点】

排序的重要性和参考因素;排序的规范与特征;不同场合的排序条件。

【关键词】

顺序;场合;身份;秩序;尊卑

【热身】

1. 你有注意到不同场合中人们是如何排序的吗?
2. 当你去参加大型会议,能否根据不同的座次安排判断他们的身份?
3. 如果朋友亲自驾驶汽车时,你应该坐在哪个位置?

一、排序的内涵

(一)排序的定义

排序,词性为动词,指"根据一组物体某种特性的差异或按某种规则,按序进行排列"。日常生活中排序的应用以"座次礼仪"为代表,包括安排各种宴会、会谈座次时需要遵守的系列礼仪规范。了解排序礼仪,能对人们参与、组织大型活动起到极大帮助。并且在当下国际交往中,排序礼仪也是展示国家形象的重要方式。

（二）排序的重要性

你是否思考过班级合照时大家按照怎样的位置排列？你是否在宴会上按顺序找到自己的位置？这些都属于排序礼仪的内容。排序礼仪是社会规范的一种方式，也是人际交往的基本常识。在日常交往以及对外交往中，坐车、行进、宴会、会谈、合照等都会遇到排序问题，人们只有遵守排序规则，才能在商务工作、私人交往等活动中将排序问题处理得当。如果违背特定的排序顺序，则会造成严重的负面影响，可能还需要很大成本去补救。

二、排序礼仪的特征

1. 身份性

首先，排序需要了解参与者的身份与职业信息。排序时可以根据对方的身份、地位来划分礼宾位置，也可以根据参与者的兴趣爱好、职业类型等对参与者进行分类。无论是座次排序，还是行进位次等，都需要对人们的身份进行了解和划分。比如合照时，身份较高的人往往都会被排在第一排或者最中心的位置，这样能够突出其在人群中的重要地位。在不清楚人们身份的情况下，很难按照某一特定的规则对大家进行排序。如果在排序时没有按照身份进行合理排序，可能会引起参与人员的不满。

2. 场合性

排序礼仪稳定且多样，不同场合的排序方式也会有所不同。在乘车时，双排轿车中最好的座位是司机右后方的座位，也就是后排最靠右的座位，需要让给身份地位更加尊贵的客人。其次较好或者较尊贵的座位是轿车后排左侧座位，最后才是副驾驶座位。如果主人亲自驾驶轿车，此时副驾驶位是最佳座位。正式的会谈场合中，座次的安排较为严格。比如严格依据以右为上、面门为上等顺序，这就体现了不同场合排序礼仪的不同。

3. 原则性

一般来讲，排序具有原则性。如果打破排序次序，就破坏了礼仪规范存在的意义。正是因为排序的原则性，在正式会谈、休闲宴会等场合的位次安排才能做到有据可依，并且已经定型的排序原则通常不会轻易改变。比如右侧一般作为排序的优选，地位、身份较高的人或者来宾应该就座于右侧，这一点基本受到全社会甚至全世界的统一认可和尊重，并且在许多正式会议中被认真落实。

三、座次排序礼仪的基本规则

招待宾客时的座次排序有以下几种通用的礼仪规则。

1. 以远为上

在宴会中安排座次的顺序时,通常需要按照以远为上的原则。以远为上原则是指主客双方并排就座时,一般距离房门较远的座位为上座,是更加尊贵,身份、地位较高的人的座位,应该让给宾客,如图 4.3.1 所示。靠近房门近代表着容易受到外部打扰,因此让宾客坐在离房门较远的位置也是为了减少外界对他们的打扰,表示对他们的尊重。

图 4.3.1　以远为上的座次示意

2. 面门为上

在宴会中安排座次的顺序时,通常需要按照面门为上的原则。一般来讲,面对房门的座位为上座,应该让给宾客以示尊重,背对房门的座位为下座,应该由主人在此就座。这种情况多用于"相对式"主客面对面就座的情况,如图 4.3.2 所示。

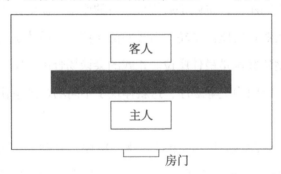

图 4.3.2　面门为上的座次示意

3. 以右为上

在宴会中安排座次顺序或者众人行进时,通常需要按照以右为上的原则。遵循国际惯例,以右侧作为上座的一边,意思是在与客人并排就座时,应该请来宾坐在右侧坐席，主人坐在左侧，也就是下座一侧，如图4.3.3所示。在与客人一同行进时，应该邀请对方走在道路内侧。按照我国靠右行进的道路规则，应该请客人走在右侧，陪同人员走在左侧。

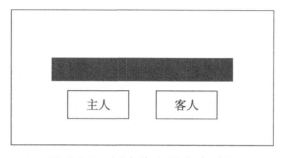

图4.3.3　以右为上的座次示意

4. 以中为上

中间座位为上座，位置较为核心，是在众多人中的中间位置，这一位置在合照中是视觉的中心点，具有一定的代表性。因此适合身份、地位较高的人就座，如图4.3.4所示。

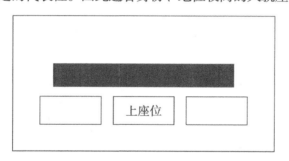

图4.3.4　以中为上的座次示意

5. 前排为上

在出现人数众多的位次排序时，靠前排的为上座，应该请来宾坐在前排座席，或者是身份地位较高者靠前就座。按照从前往后的顺序进行次序由高到低的排列，如图4.3.5所示。

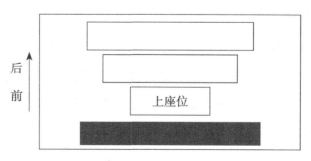

图4.3.5　前排为上的座次示意

四、座次排序礼仪的基本分类

（一）会议

1. 会见座位的安排

会见通常安排在专门的正式场合，宾客和主人各坐一边。比如"沙发式会见"就是一种常见的涉外会见形式，通常在国事访问、高级别会谈或重要外交活动中采用。在沙发式会见中，参与者通常坐在舒适的沙发或椅子上，而不是传统的围坐在会议桌周围。这种布局更加轻松和亲切，有助于促进参与者之间更加自然的交流。如图 4.3.6 所示，客方和主方各在一边，并且按照身份地位依次由近及远就座。主宾位置一般在主人的右手边。

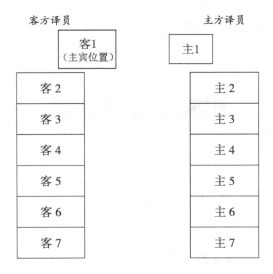

图 4.3.6　涉外会见座位（沙发式）

2. 会谈座位的安排

双边会谈通常用长方形或者椭圆形桌子，主人一方通常背对门就座。客人的座位则位于主人的对面，也就是长桌的另一侧，面向门就座。这样的座位安排可以传达对客人的尊重和重视，同时也让主人和客人之间的交流更加方便。中国习惯把译员安排在主谈人右侧，客方如有译员则安排在主宾左侧，如图 4.3.7 所示。

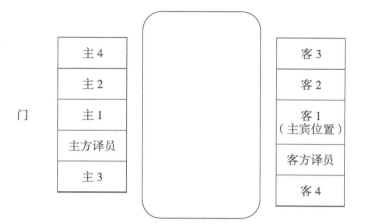

图 4.3.7　涉外会谈座位（桌式）

3. 签字仪式

签字仪式上，主人一方的签字人坐在签字桌的左侧，客人一方的签字人坐在签字桌的右侧。双方其他参加签字仪式的人员分别按照从内至外身份由高到低的顺序，依次排列于各方签字人员之后。助签人员分别站立在己方签约者的外侧，负责翻开尚未签字的内容，向签字人指明落笔位置等，帮助签字者完成签字流程。图 4.3.8 为南哈国立师范大学苏古尔巴耶娃·古尔詹校长（左）与西安外国语大学王启龙副校长（右）签署校际合作交流协议。

图 4.3.8　南哈国立师范大学和西安外国语大学签署校际合作交流协议[①]

---

① 图片来源：西安外国语大学官网http://www.xisu.edu.cn/info/1080/22122.htm。

4. 圆桌会谈

圆桌会谈是一种会议形式。会议室中央通常会放置一张圆桌，用于会谈。这张圆桌通常没有明确的"头部"或"尾部"，每个参与者的位置都是相对平等的，让所有参与者都能够坐在周围，通常没有固定的"主席"或"主人"的概念。这种形式旨在促进平等、开放和建设性的讨论，强调所有参与者的平等地位和发言权，鼓励参与者之间的互动和交流，而不是聚焦于单一领导人或权威。

（二）宴会

国际上，桌次高低一般由"离主桌位置远近"来定，并且右侧桌次为上。如果只设两桌，一般右桌作为主桌。桌数较多时，要摆桌次牌。同一桌上，一般以面对宴会厅正门的位子为主席，由主人就座，其余人的席位高低以离主人的座位远近而定，如图4.3.9所示。

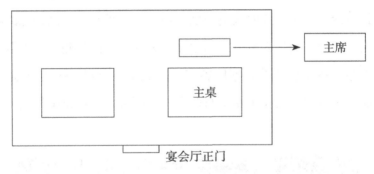

图 4.3.9　宴会桌次示意图

中国人习惯按职位高低排列席位以便于谈话，如携夫人出席的宴会，通常把女方的座席排在一起。两桌以上的宴会，其他各桌第一主人的位置可以与主桌主人位置同向，也可以以面对主桌的位置为主位。

（三）行进

在与客人并排行进时，应该邀请对方走在道路内侧，或者是中间位置，绝对不能让对方在最外侧一路前行。因道路最外侧太接近路边来往车辆，可能存在安全隐患。此外，应该让客人或者身份地位较高的人在前面走。如果宾客不止一位的时候，可以参考他们的身份、年龄进行排序。如果是跟随带领人员，与众多同事或者其他人一起行进时，应该和团队一起跟随带领者的指示行进，不可以随意脱离队伍。

(四)中/小型汽车的座次排序

1. 越野吉普车

上座一般是指地位高的人所坐的位置或者更尊贵的位置。吉普车的副驾驶座为上座。越野车的后排座位比较颠簸,因此前排座位的视野和舒适性都更好一些。此时,副驾驶就成了上座,如图4.3.10所示。

图4.3.10 吉普车上座示意[①]

2. 多座的面包车

如果是多座的面包车,应该是车辆靠近车门的位置为上座,一般在车的中前部,在中型商务车中较为常见。这一位置为上座的原因是,此位置上下车较为便利,比其他座位行动更方便,如图4.3.11所示。

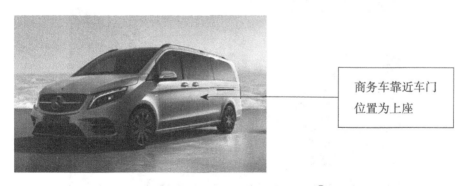

图4.3.11 商务车上座示意[②]

3. 轿车

一般来讲,乘坐轿车的座次顺序是后排位次较高,前排位次较低;右侧位次较高,

[①] 图片来源:Jeep官网http://www.jeep.com.cn。
[②] 图片来源:新浪网https://k.sina.com.cn/article_6515994027_184622dab0190120fi.html。

左侧位次较低。当然也存在特殊情况：如果由主人或者朋友驾驶轿车时，副驾驶座位也为上座，如图 4.3.12 所示。因为如果主人或朋友在开车，而你坐在后排，仿佛主人或朋友就成了你的司机，显得非常不礼貌。

图 4.3.12　轿车上座示意①

五、交往时各事项的位次排序

1. 国旗的摆放位置

国旗摆放的位置正确与否格外重要，因为国旗是一个国家的代表，如果国旗位置摆放错误，便是对该国家的不尊重。如果看到国旗摆放错误，应该及时联系对方并要求改正。联合国会员国的旗帜顺序以各国家的英文字母顺序作为排列的唯一标准，联合国大厦外观如图 4.3.13 所示。

图 4.3.13　联合国大厦外观②

两国国旗并列升挂，无论是墙上悬挂还是地上升挂，按国际惯例都是以国旗本

---

① 图片来源：太平洋网https://www.pcauto.com.cn/hj/article/1505062.html。
② 图片来源：今日中国网http://www.chinatoday.com.cn/ctenglish/2018/ii/202011/t20201103_800225607.html。

身的面向为准，以右为上，左为下，右挂客方国旗，左挂本国国旗。右边悬挂客方国旗是一种礼节，表示对客方的尊重；左边悬挂本国国旗则是表达了自己的身份和归属。

凡中方主办的活动，外国国旗置于上首（右侧）；如果是对方举办的活动，中国国旗置于上首（右侧）。这个规定主要用于表达主办方对来宾的尊重和礼貌，体现了主办方的热情好客和礼仪规范。

2. 礼宾的迎接次序

礼宾的次序是一项非常重要，且不能出现错误的事宜。合适的礼宾次序也能够使客人之间的关系更加和谐，不当的次序安排可能会让宾客之间产生矛盾。一般来讲，在政治性的接待活动中，礼宾的身份和职务是排列位次的参考标准，按照由高到低的次序排列。在多国参加的国际会议、奥运会等公开场合，可以按照客人的国籍首字母在字母表中的顺序依次排列。如果客人身份接近或者难以确定，可以按照客人到来时间的早晚或接受邀请时间的早晚排列。

3. 楼梯的行走次序

在上楼梯时，应该请女性走在后面，尤其是女性穿短裙的情况下。因为男士走楼梯时跟在女性的后面，会有窥视的嫌疑，不能保障女士的隐私安全。同时，上楼梯时应该让女士走在楼梯里侧较为安全。

4. 扶梯的乘坐次序

在与他人乘坐商场或者地铁的自动扶梯时，应该站在电梯右侧（如图 4.3.14 所示）。在多人通行的情况下，不可以并排站立。扶梯左侧的空白空间是给有急事的行人准备的，如果并行站立，则会挡住快速通道，不仅阻碍他人行动，也给他人留下不遵守秩序的负面印象。如果有客人陪同，应该站在客人的身后。如果站在客人前面一级的扶梯，则颠倒了主客，会让客人觉得自己并没有得到重视。

图 4.3.14　扶梯下行乘坐示意

5. 电梯的进出次序

如果是与客人一起乘坐升降式电梯时，应该遵循先入后出的顺序原则。尤其是与客人一同等候电梯的时候，如果让客人先进去，会有一种让对方为你带路的感觉，因此应该自己先进入，并且按好目标楼层，保证所有人全部进入电梯后再关门。在电梯即将到达时，应该让客人先出，自己随后再出。如果不等客人先出去，则会有种怠慢客人的感觉。

生 词

1. 悬挂 xuán guà（动）hang

   悬空地挂起或搭建。

2. 上首 shàng shǒu（名）seat of honour

   位置比较尊贵的一侧。

3. 窥视 kuī shì（动）peep at

   暗中观察，偷看。

4. 颠倒 diān dǎo（动）reverse

   上下、前后跟原有的或应有的位置相反。

练 习

一、填空题

1. 国际上桌次高低一般由（　　　　　　　）来定。

2. 座次排序礼仪的基本规则有（　　　　）、（　　　　）、（　　　　）、（　　　　）、（　　　　）的特征。

3. 中国在会客室会见外宾时，主宾位置在主人的（　　　）侧。

二、判断题

1. 越野吉普车的副驾驶位是上座。　　　　　　　　　　　　　　　　（　　）

2. 当你的朋友驾驶私家轿车带你出行，你应该坐在后排右侧。　　　　（　　）

3. 与客人一起坐升降式电梯时，应该同进同出。（ ）

4. 拍集体毕业照时，校长应该在合照的第一排。（ ）

5. 行进时让宾客走外侧是正确的。（ ）

三、问答题

1. 排序礼仪的基本特征有哪些？

2. 多国参加奥运会或者国际会议时，可按照怎样的方式对客人进行排序？

3. 乘坐扶梯时，为什么一定要靠右站立？

第四节　送别礼仪

【学习目标】
1. 理解送别行为的重要性，以及送别时常用的表达载体；
2. 了解送别行为的三大类型：话别、饯别、送行；
3. 掌握送别时候的基本礼节和注意事项，更好应对生活中的送别行为。

【学习重点】
送别的重要性和相关内容；送别的环节和基本类型；送别的礼节和注意事项。

【关键词】
送别；细节；态度；礼仪；技巧

【热身】
1. 你有过送别他人的经历吗？
2. 如果你想委婉地结束交流并离开，应该怎样跟客人表达才合适呢？

一、送别的内涵

（一）送别的定义

送别，词性为动词，含义是"送离开的人启程并与他告别"。送别的行为本身是日常人际交往的重要组成，送别的深层内涵是人们温暖情感的传递。送别文化从古代一直传承到现在，良好的送别行为会让对方感受到被充分照顾和尊重，有利于加深自身与对方的情感连接。因此，学习送别礼仪有其重要意义。

（二）送别的重要性

送别是会客的结束。按照正常礼仪要求，会客结束应该由主人起身送客人到门外或者目的地，并在结束后问候客人是否安全到达等。在送别时，主人往往会为客人安排送别宴席，表示主人作为招待的一方，给予对方足够的关怀和照顾，表达了对客人的美好祝愿。在一次又一次的送别中，人们体会到彼此之间亲近且温暖的感情。掌握好送别的礼节和注意事项，对提升双方交往的满意度十分重要。

二、送别的主要方式

1. 折柳送别

在中国古代，折柳常作为送别诗中的重要意象出现，因为柳与"留"的读音相似，所以通过折柳来表示挽留、惜别之意。在古代，亲朋好友离别时，送行的人往往会折下一支柳条送给要离别的人。折柳送别的含义也传承至今。如诗人刘禹锡（yǔ xī）的诗句"长安陌上无穷树，唯有垂杨管别离"中的垂杨就是垂柳的意思。整句诗的意思是长安道上茂盛的树木数不胜数，只有借杨柳才能够表达相思和别离的感情。因此，折柳送别成为古人送别的重要方式。

2. 饮酒送别

在中国的一些影视作品中可以看到，将士出征前都会举行饮酒仪式，并在饮酒后将酒碗摔碎，既通过饮酒的方式送别，也代表着将士出征的豪情壮志。诗人王维的诗句"劝君更尽一杯酒，西出阳关无故人"，意思是让朋友再喝完这一杯酒，出了阳关（一地名），可就再也见不到老朋友了。借"酒"表达对朋友离别的不舍以及美好祝愿之情。中国有句俗话："话不多说，都在酒里。"意思是彼此之间不需要用语言再说什么，这杯酒就代表着我们之间深厚的情谊。当然，如果客人有需要开车等原因不能饮酒，人们也往往会用果汁、水等饮品代替。

3. 奏乐送别

除了"折柳"和"饮酒"，音乐在送别时也十分常用。有一首《送别歌》，旋律优美并且传唱多年，通过歌词和曲调体现出长亭送别的美好画面。古时往往还会请专门的乐师来弹奏送别之曲，通过婉转、悠扬的旋律表达出送别时不舍、祝愿、遗憾等多样复杂的情感，甚至可以让听曲的双方潸然泪下。

4. 车站送别

随着现代科技的发展，火车、飞机、轮渡等多种交通工具在越来越多的城市出现，这为人们迎接和送别他人提供了极大的便利。除了在家中或者酒店设宴送别之外，还有很多人选择直接去往车站、机场等公共交通场所送别，直到看见送别对象从检票口或者安检口离开后再返回。比如一些家长在送孩子去其他城市上学时，通常都会送到车站、机场，并且亲自陪孩子取票和候车，在看到孩子顺利上车后才放心离开。

三、送别的基本类型

下面具体介绍一下三种不同的送别行为。

1. 话别

话别的意思是在离别前聚在一起谈话。这也是最常用的送别类型之一，往往在客人临出发前进行聊天告别，此时要注意根据客人的情况和安排决定话别时间的长短，主人借此表达对客人的依依不舍之情，还可能有对彼此间未来见面的美好憧憬。还有人会借助临行话别，委托对方之后帮忙处理一些私人事情。总之，话别是双方交换信息、表达情感的重要途径之一。

2. 饯别

饯别是指为客人专门举办一次宴会，为对方郑重送别。宴会上往往有丰富的菜品，饯别的时间需要和客人商议之后再确定。饯别将送别的这一行为赋予郑重的仪式感，体现着主客之间的深厚情谊，也会让客人觉得非常荣幸。现代很多人会选择外面的餐厅作为送别亲人、朋友的地点，点一桌丰盛的酒菜，营造欢乐、热闹的送别氛围。

3. 送行

送行一般是指主人亲自或者派人前往客人准备返程的地点，并与其告别。送行的重点在"行"字上，因此出发前往是送行的重点。一般需要亲自送行的客人都是身份、地位较高的贵客，远道而来的客人，或者是随身行李太多，不方便拿到车站的客人等。

四、送别时的基本礼节

1. 送别时适当加以挽留

在对方提出想要离开时,可以适当加以挽留。比如可以委婉地询问:"天快黑了,不然吃完晚饭再走?""要不要再聊一会儿?现在时间还早。"需要注意的是,此时的挽留语气一定要真诚,如果是敷衍的语气,便会产生适得其反的效果。如果对方表示还有急事或不愿意再多留,那么也不应该强求。

2. 送客时起身送至门外

一般来说,在客人要离开时,主人需要起身送客,不可以坐在沙发或座位上一动不动,也不能只说一句"再见"就和客人告别。送客应当送到门外,这样才算合乎礼仪。并且应该在离别时适度寒暄,比如"再见,期待以后再见面!""路上注意安全,一路顺风!""帮我向叔叔阿姨带句话,让他们多保重身体!""回去以后工作不要太累,注意休息!"等。如果客人是初次到来,可以送客至更远一点的地方,以示尊重。

3. 送行时走在长者后面

如果来访的客人是长辈,主人应该走在长辈的身后;如果来访的客人身份、地位较高,那么主人也应该走在贵客的身后。这样能够体现对方的身份、地位。同时,如果长辈的身体欠佳,应该主动加以搀扶或是帮忙推轮椅等。如果在送行时走在长辈前面,会让长辈觉得你这个年轻晚辈不尊重人,可能还会觉得你有希望客人早些离开的想法。

4. 客人走远后再轻声关门

送别时,在客人离开后不应该立即关门,而是应该等客人走远之后再关门。因为如果主人在客人刚走的时候就关门,会让对方感到突然,让客人认为你可能想赶紧结束社交,也会让客人怀疑你们刚才的交流是否出现了什么问题。此外,如果客人走之后大力关门,很有可能让对方产生误会,觉得你对他不满但又不方便直接讲,所以才借关门的动作表达情绪。

5. 不要客人刚走就议论对方

背后议论他人本就不是光明磊落的行为,在客人离开后,更不能随意议论客人。因为对方抱着真诚的态度交流,可能会告诉主人一些自己的隐私。如果主人马上就和家人或者其他人讲客人的八卦,那么会让客人觉得被欺骗、不被尊重。尤其是与客人相处时很愉快,但是随后就和朋友吐槽客人的行为更是自相矛盾,不利于彼此之间的真诚交往。

6. 客人走后要及时问候

客人离开后，不能与客人就此切断联系，应该及时问候。比如预计客人已经安全到达的时候，可以向对方发送消息"现在到家了吗？"或者是"你见到接你的朋友了吗？"这样的问候话语。还可以向对方询问今天的交流感受，比如"今天聊完心情怎么样？有没有好一些？"或者"今天聊了很多，辛苦了，到家以后好好休息！"。这些问候可以表示你对客人的挂念与关心，让对方感到亲切与温暖。

7. 赠送告别礼物

对待客人，尤其是从外地远道而来的客人，送别时可以准备一些送别礼物。推荐选取与对方喜好相关、带有当地文化特色或者特殊寓意的小礼品，如小挂饰、工艺品、茶叶、瓷具等。还可以给对方一些自己制作又方便携带的小吃、美食。赠送告别礼物代表着希望对方在回去之后也能想起见面时的美好时光，同样也是表达对客人的祝愿。

四、送别时的注意事项

1. 以合适方式暗示客人离开

如果会客时间已经足够长了，不能够直接跟客人说"时间到了，走吧走吧！"或者是"你怎么还不走？"。如果主人态度冷漠、语气生硬，会让客人感到非常难堪。如果想让客人离开，可以通过看表，或者询问客人是否还有其他安排的方式暗示对方离开，比如问客人"您一会儿还有什么安排吗？"就是一种委婉提示的方式。也可以把自己的行程安排告诉客人，比如"不好意思！我今天时间比较紧张，大概半个小时后我可能就要去公司了"。客人知道主人有事，就不会一直坐着不走。

2. 不要耽误来宾行程计划

如果客人表示后面还有行程，且时间到了需要离开，这时你应该配合客人的计划，顺其自然，不可强留，也不可以一直拖着寒暄。比如在送别时拉住对方的手一直和对方讲告别的话，或者对方已经上车了，还让客人把车窗摇下来继续长时间对话。这些举动都很有可能耽误对方行程，尤其是在时间紧急的情况下，更应该缩短送别的寒暄时间，可以等到对方有时间之后再继续联系。

3. 不让客人深夜独行

如果来访客人要在晚上离开，不建议让客人独自返回。尤其是客人为女士的情况下，无论是深夜独自打车或者步行回程，都具有一定的危险性。如果开车送客人返程，还可以继续与客人聊天，把没说完的话说完，增加与朋友、亲人等的相处时光。如果天色太晚打不到车，如果条件允许的话也可以为客人准备好住宿的房间，让客人休息一晚后第二天再离开。

生 词

1. 启程 qǐ chéng（动）set out

动身；出发。

2. 挽留 wǎn liú（动）persuade sb. to stay

留住要离去的人或事物。

3. 出征 chū zhēng（动）go out to battle

出去打仗。

4. 故人 gù rén（名）old friend

老朋友，过去认识的人。

5. 遗憾 yí hàn（形）regret

对无法控制的情况或结果的后悔、惋惜。

6. 曲调 qǔ diào（名）tune

旋律，音调变化。

7. 婉转 wǎn zhuǎn（形）mild and indirect

说话含蓄、曲折而温和，声音动听。

8. 悠扬 yōu yáng（形）melodious

形容声音高低起伏，持续和谐。

9. 潸然泪下 shān rán lèi xià（成语）drop a few silent tears

流泪的样子；形容眼泪流下来。

10. 憧憬 chōng jǐng（动）look forward to

期待，向往。

11. 饯别 jiàn bié（动）give a farewell dinner

准备酒食为人送行。

12. 赋予 fù yǔ（动）give

给予，交给重要使命、任务。

13. 搀扶 chān fú（动）support sb. with one's hand

用手轻轻架住对方的手或胳膊。

14. 光明磊落 guāng míng lěi luò（成语）open and aboveboard

光明正大。

15. 吐槽 tǔ cáo（动）mock

指发出不满的言论和意见。

练 习

一、填空题

1. 在对方提出想要离开时，可以通过委婉询问"天快黑了，不然吃完晚饭再走？"的方式（　　　　）。

2. 送别的主要方式有（　　　　）、（　　　　）、（　　　　）和（　　　　）四种。

3. 送别时客人走后应该（　　　　）关门。

二、判断题

1. "长安陌上无穷树，唯有垂杨管别离"中用了"折柳送别"的方式。（　　）

2. "客人走后立即关门"和"客人离别时起身不动"都是正确的送行行为。（　　）

3. 送别的基本类型包括送行、饯别、话别、离别。（　　）

4. "桃花潭水深千尺，不及汪伦送我情"是描述送别的经典诗句。（　　）

5. 当你想结束对话离开时，你应该委婉告知主人自己接下来的行程计划。（　　）

三、问答题

1. 夜深了但客人仍未离开，此时应该怎么做？

2. 能否在客人走后议论客人最近发生的事情？为什么？

3. 送别行为中包含着人们复杂而丰富的情感，可以说说有哪些感情吗？

第五章 日常交往礼仪文化

第一节 见面礼仪

【学习目标】
1. 理解见面礼仪的重要性和把握见面的时机;
2. 掌握不同见面礼仪的种类和使用场合;
3. 掌握见面时的一些禁忌和技巧。

【学习重点】
见面的礼仪与禁忌。

【关键词】
见面礼仪;问候;介绍;得体;礼貌;禁忌;技巧

【热身】
1. 你了解中国的见面礼仪吗?当你遇到老师、朋友、陌生人时会怎么打招呼?
2. 当你朋友到你家玩,你会怎么介绍他与家人互相认识?应该先介绍谁?
3. 你平常观察到不同场合下会有哪些见面礼仪?不同场合下的见面礼仪有何分别?

一、中国见面礼仪概述

见面礼仪是指在不同文化和社交背景下,人们在初次见面或交往之初应遵循的一套礼貌的行为规范。见面礼仪的目的是建立和维护良好的人际关系,促进理解和友好沟通。学习好见面礼仪对我们日后开展社交很有帮助。

1. 见面礼仪的重要性

中国的见面礼仪,涵盖问候、握手、自我介绍和姿态等方面,它是社交互动的基础，得体的见面礼仪能给对方留下良好的第一印象，有助于建立互信和友好的氛围。学习见面礼仪有助于理解中国人的行为准则，减少误解，促进文化交流。

2. 见面礼仪的时机

（1）对方有兴趣时：当对方对你感兴趣并愿意与你建立联系时进行自我介绍或打招呼。这样的时机可以吸引对方的注意力使其积极参与，有效地展示你的存在感和亲和力。

（2）对方有空闲时：在对方没有其他紧急事务或时间限制时进行自我介绍或打招呼，可以确保双方有足够的时间和精力进行交流，而不会感到匆忙或被其他事情分散注意力。

（3）对方情绪良好时：当对方情绪良好时，进行自我介绍或打招呼更容易获得积极的回应。在这种情况下，对方更有可能欣然接受你的介绍或问候，并投入到愉快的交流中。

（4）对方干扰少时：当对方周围环境较为安静，没有太多干扰或打扰时，进行自我介绍或打招呼更容易引起对方的注意。这样可以确保你的信息得到充分的传达和接收，有效地促进交流的展开。如果处于嘈杂的环境则会因为听不清而导致交流不顺利。

在合适的时机进行接触和交流也是见面礼仪中很重要的一部分，我们在日常社交中要注意这一点。这有助于展示你良好的态度，为日后建立良好的社交关系打下基础。

二、见面礼仪的种类

学习好见面礼仪能让我们更好地适应中国社会，理解中国人的行为习惯和社交规范。然而，见面礼仪有不同种类。因此，了解并遵守适当的见面礼仪对于建立良好的人际关系非常重要。

1. 握手礼

握手礼常见于正式场合，例如商务会议或社交聚会等。在工作场合和社交场合中，中国人最常见的见面礼仪是握手礼。与人见面的时候握个手，表示友好和热情；与人告别的时候握个手，表示再见和祝福；别人家里有喜事了，如升职、乔迁等，握个手表示祝贺和恭喜。除此之外，当朋友、同事家里遭遇不幸，也可以握个手表示安慰和关心；

同时，在生活中与人握手还能够表达出对别人的一种尊重和敬意。[①] 具体方法为双方手掌握紧1～3秒后放手。握手可以表达双方的尊重、友好和建立合作关系的意愿。国家领导人会谈常常也使用握手礼。关于握手礼有几点需要注意的，例如与长辈、身份较高的人用握手礼则不太合适。除此之外，应该避免握手时间过久、三心二意或戴着手套握手等情况。

2. 问候

问候是见面礼仪中重要的一部分，是表达尊重和关心的方式，展示了自身对对方的重视和礼貌。在中国，当我们在与邻居、同事、经常见面的相识者打招呼时，通常不需要区分出特定的语言表达方式，但称呼和问候语的选择会根据交际场合、感情等因素变化而变化。[②] 例如，面对长辈我们会说"您好"，遇到熟悉的朋友时则会说"你好"，然后问候一下他的近况和状态，像"吃了吗""最近怎么样"等都可以展现我们对对方的关心。其中也有不少的细节需要注意，例如问候的顺序，我们问候时的顺序应是先长辈后晚辈，商务场合则是先由下级问候上级。由谁先发起问候也是需要注意的，男士应先问候女士，年轻人应先问候老年人，晚辈应先问候长辈。

3. 介绍

介绍包含自我介绍与介绍他人。做好介绍可以让人快速地了解你或你要介绍的人，并让你快速融入别人的聊天中。进行介绍时应面带微笑，介绍内容应简短而清楚，让人快速了解被介绍对象。介绍他人时，应注意由谁来担任介绍人。在一般社交场合下，聚会主持人、老人、长辈、身份较高者或与被介绍对象认识的人都可担任介绍人。

4. 致意

在中国的见面礼仪中，"致意"通常指的是向他人表示敬意或打招呼，需根据不同场合使用。

（1）点头致意。通常用于同辈或同级别的人，在路上看到时可以微笑点头表示你在跟他打招呼以及表示你看到他了。遇见一些不熟悉的人也可点头致意。在中国有个词叫"点头之交"，意思是与对方不熟悉，在路上遇到也只是点头打招呼的关系。

（2）举手致意。常见于比较熟的同辈或同级，在比较远的距离看到对方时，可举起

[①] 张帆：《社交礼仪课程"中西方礼仪文化差异性"比较研究》，载《高教学刊》2015年第11期，第98-99页。
[②] 叶婉：《中韩礼仪文化的差异与对策》，载《边疆经济与文化》2016年第11期，第49-50页。

手并挥手致意。

（3）起立致意。当长辈、上级、客人或重要人物进入房间时，通常会起立致意。这是一种表达尊敬和礼貌的方式。同时，可以行一个轻微的鞠躬或点头，表示对对方的尊重和欢迎。

5. 鞠躬礼

在中国的见面礼仪中，行鞠躬礼通常用于表达更深的尊敬和敬意。通常在与非常重要的长辈、高级官员或重要人物见面时，可以行一个稍微深一些的鞠躬礼，以示尊重。也可以在正式场合或仪式中，如重要会议、庆典、婚礼等，行鞠躬礼以示庄重和尊敬。需要注意的是，鞠躬礼的程度应适度，不要过分夸张或过低，以避免造成误解或尴尬。此外，与平辈或晚辈见面通常不需要行鞠躬礼，但还是要保持友好和礼貌的态度。

6. 赠送礼物

在特殊的场合，人们常常会带上礼物作为见面礼。常见的礼物包括水果、糕点、茶叶、酒类、花束等。送出合适的礼物可以体现出你为此次见面的用心准备以及你的体贴。送礼物也有一些要注意的地方，需多加留意，避免双方尴尬。

（1）礼物的选择。选择合适的礼物非常重要。在中国文化中，礼物的选择应该考虑到对方的喜好、文化背景和场合。一般来说，传统的礼物如茶叶、红酒、精美的文房四宝或者当地特色的手工艺品都是不错的选择。避免送贵重的礼物，对方可能会因为礼物太贵重而不好意思收下。

（2）礼物的递送。通常情况递送礼物时，要用双手递送并表示问候，以表达对对方的尊重。在递送礼物时，可以说一些温馨的祝福语或表达自己的善意。

（3）礼物的接受和回赠。对方接受礼物前，可能会谢绝几次，这是中国文化中的一种客套与礼貌，但你应该坚持递送。在一些情况下，对方会在之后回赠一个礼物作为回应，这是中国礼尚往来的文化传统。

（4）尊重文化差异。在赠送见面礼时，要尊重对方的文化差异。有些礼物在中国可能有特殊的含义或被视为不吉利，所以在选择礼物时要避免这些敏感点，如钟、伞或菊花等中文谐音或寓意不太好的事物。如果不确定，可以咨询当地的朋友或寻求专业建议。

三、见面礼仪中的禁忌

以下是一些要注意的地方。

（1）不要忽视长辈或高级别人物。在中国文化中，尊重长辈和上级是非常重要的，这体现了对家庭和社会层级的尊重。要向长辈行礼且称谓要适当，并展示出恭敬和敬重的态度。

（2）避免使用不当的手势。在中国文化中，手势具有特定的意义，一些手势可能被视为失礼或不吉利。例如指指点点被视为不尊重。要注意保持手势得体、礼貌，避免造成误会。

（3）不要过于直接或直率。在中国文化中，委婉和含蓄的表达更受欢迎。过分直接的言辞可能被视为冒犯或不尊重他人。因此，要学会适度地使用客气和委婉的语言，注重维护和谐的交流氛围。

（4）要尊重对方的隐私。在中国文化中，个人隐私被认为属于私人领域，对他人的隐私问题过于追问可能被视为侵犯。因此，在初次见面时，避免过多涉及对方的私人生活或个人敏感话题，以避免尴尬或冒犯。

（5）避免谈论敏感话题。政治、宗教、个人财务等敏感话题往往容易引发争议和不愉快，谈及这些话题可能会让对方感觉被冒犯。在见面时，应避免谈论这些话题，以确保和谐友好的氛围。

这些禁忌是为了维护良好的人际关系及社交氛围。我们需了解并尊重中国文化，遵守这些禁忌有助于建立积极和谐的交流环境。

生 词

1. 涵盖 hán gài（动）contain
包含、包括。

2. 姿态 zī tài（名）posture
容貌神态。

3. 情绪 qíng xù（名）feeling

泛指心情、感情。

4. 欣然 xīn rán（副）readily

非常愉快地。

5. 干扰 gān rǎo（动）interference

干预或妨碍一个行动或程序的行为。

6. 嘈杂 cáo zá（形）noisy

声音杂乱扰人。

7. 乔迁 qiáo qiān（动）move to a new home

指搬家到新的住所，特别是指规模更大或条件更好的住宅。

8. 温馨 wēn xīn（形）warm and sweet

感觉舒适、温暖，给人幸福和安心的感觉。

9. 文房四宝 wén fáng sì bǎo（成语）the Four Treasures of the Study

中国传统文化中，指书房中最基本的文具：笔、墨、纸、砚。这些用品在中国书法和绘画艺术中占有重要地位。

10. 含蓄 hán xù（形）veiled

包容、蕴藏于内而不显于外。

练 习

一、填空题

1. 我们去进行自我介绍或打招呼等见面礼仪时应选择（　　　　）、（　　　　）、（　　　　）、（　　　　）等合适时机。

2. 我们应在合适的场合使用合适的见面礼仪。常见的见面礼仪种类有（　　　　）、（　　　　）、（　　　　）、（　　　　）、（　　　　）、（　　　　）。

二、判断题

1. 中国人在问候时会说"吃了吗？"，这样说的目的通常是看看对方有没有吃饭。（　　）

2. 贴面礼是中国常用见面礼仪。（　　）

3. 假设你在房间里坐着做自己的事情，客人或上级来了你需要起立致意。

（　　）

三、问答题

1. 为什么好的见面礼仪那么重要？
2. 自我介绍时有什么要注意的地方？
3. 见面礼仪有什么禁忌？触碰到这些禁忌会有什么后果？请举例说明。

第二节 送礼礼仪

【学习目标】
1. 理解并掌握中国送礼礼仪的重要性和意义;
2. 掌握中国送礼礼仪的基本规则和习惯;
3. 学习如何选择合适的礼品,以及赠送礼品的适当方式;
4. 理解送礼礼仪中的一些禁忌和注意事项。

【学习重点】
中国的送礼礼仪及其禁忌。

【关键词】
送礼礼仪;礼品选择;赠送方式;禁忌;技巧

【热身】
1. 你了解中国的送礼礼仪吗?你通常在什么情况下送礼?
2. 你通常会选择什么样的礼物?你是如何选择的?
3. 在你的文化背景下,有哪些送礼的习惯或规则?它们与中国的送礼习惯有何不同?

一、中国送礼礼仪概述

在中国文化中,赠送礼物是一种重要的社交活动,它是表达尊重、感谢、友情、热情或祝福的方式。[①] 送礼可以增强人际关系,增进友谊,也是商业交往中的重要组成部

[①] 杜晶鑫:《从送礼看中西方礼仪的文化差异》,载《现代交际》2012年第01期,第98页。

分。同时，适当的礼物可以体现赠送者的品位和诚意，给他人留下良好的印象。

然而，赠送礼物并非随心所欲，而是需要按照一定的礼仪和规则进行的。这些礼仪和规则包括选择合适的礼品、确定适当的赠送方式和时机，以及注意一些禁忌等。遵循这些礼仪，不仅可以确保礼物的接收者愉快地接受礼物，而且可以避免可能出现的误解和冒犯。

二、送礼礼仪的基本规则和习惯

在中国，送礼通常需要遵循一些基本的规则和习惯，包括选择合适的礼品、确定适当的赠送方式和时机，以及避免一些禁忌等。

1. 何时何地赠送礼品

在中国文化中，赠送礼品的时间和场合需要谨慎考虑。通常，节日、庆祝活动、生日、访问亲友、商务活动等都是赠送礼品的合适时间或场合。一般来说，礼品应在私人场所赠送，以避免在公众场合引起尴尬或造成压力。

2. 如何赠送礼品

在赠送礼品时，应用双手将礼品递给接收者，表示尊重。同时，一种常见的礼仪是在赠送礼品时话语要谦虚，例如可以说"这只是一点心意，希望你喜欢"。这种表达方式可以降低接收者拒绝礼物的尴尬感。

3. 如何接受礼品

在中国文化中，接受礼品也有一定的礼仪。通常，接受礼品时也应使用双手，表示尊重和感激。另外，接收者初次可能会谢绝礼品，这是出于谦虚。在这种情况下，赠送者应坚持将礼品赠送出去。

4. 赠礼时的语言和行为

赠礼时的语言和行为也是非常重要的。

（1）在行为方面，赠送礼品时，保持微笑和友好的态度是非常必要的。此外，赠送者应避免在赠送礼品时过于直接或者强硬，以免让接收者感到不舒服。

（2）在语言方面，可以选择一些积极而恭敬的表达方式。例如，可以说"希望你会喜欢这个礼物"或者"这是我的一点小小的心意"等。这样的表达方式有助于创建一个积极、愉快的气氛，同时也表达了对接收者的尊重和感谢。

以上是在赠送礼品时需要注意的礼仪，理解并恰当运用这些礼仪，可以帮助我们在送礼时给对方留下良好的印象，有效地传达我们的尊重和关心。

三、礼品选择

1. 常见的礼品

在中国，赠送礼品的习惯非常普遍，用于各种社交场合，如生日、节日、庆典、商务活动等。不同场合适合送出不同礼品，以下是一些常见的礼品，我们送礼的时候可以优先考虑这些礼品。

（1）食品和饮料。高品质的食品和饮料，如果篮、名酒、糕点等常被视为理想的礼品。特别是当你被邀请去参加家庭聚会时，带上食品或饮料通常被视为一种尊重主人的行为。而且食品实用性高，不会让人觉得不好处理。

（2）茶叶和烟。在中国，茶文化十分盛行与普及，很多人都会喝茶。所以优质的茶叶，如龙井、普洱、大红袍等被视为高尚的礼品。另外，对于一些烟民，高档烟草也是理想的礼品，即使他们不抽烟也可以转赠给别人。

（3）艺术品。如字画、陶瓷艺术品等艺术品，尤其是那些具有中国特色和文化象征意义的，被普遍视为优雅且富有深意的礼品。收到的艺术品可以放家里丰富文化气息，尤其是有名的画家的画作更有价值，只是需要注意不要买到赝品。所以只建议在此方面有所研究的人选择艺术品作为礼品。

2. 礼品的象征意义

在中国文化中，许多物品都有其特定的象征意义，在选择礼品时应特别注意。许多礼品被视为吉祥的象征。例如，鱼是丰富和富足的象征，因为"鱼"（yú）在中文中与"余"（yú，意为富余或多余）发音相似。因此，雕刻有鱼形象的物品，或者实际的鱼类，如金鱼，都是常见的礼品。然而，有些物品在中国文化中是被视为不吉利的，因此在选择礼品时应避免。例如，送钟是一个禁忌，因为"送钟"（sòng zhōng）在中文中与"送终"（sòng zhōng，意为参加葬礼或送别死者）发音相同，因此不可送钟表等物品。同样，梨也不是一个好的礼品选择，因为"送梨"（sòng lí）听起来像"送离"（sòng lí）。

3. 各种场合的礼品选择

（1）商务赠礼。商务赠礼强调正式与象征性，适宜选择如高级笔、名酒或带有公司标志的物品。例如，你的商业伙伴帮助你完成了一个重要的项目，则可以赠送能展示出专业性，同时帮助美化公司形象的礼品。当你的中国同事刚刚升职或取得了重大成绩，你可以选择一些专业的礼物，如高档的文具、名酒或相关书籍等，以表达你的祝贺和尊重。

（2）朋友和家人赠礼。对于朋友和家人，礼品的选择应当更加个性化和亲密。你可以根据他们的兴趣和喜好选择书籍、音乐CD、艺术品或者他们喜爱的特定食品。选择一个特别符合接受者喜好的礼物，可以显示你对此人的了解和关心。而且这个礼物在他们眼里会比一个通用礼物更有价值。例如，当你的中国朋友即将过生日，你可以选择一些与对方的兴趣或爱好相关的礼物，如书籍、音乐CD、体育用品或艺术品等；而参加一个中国朋友的婚礼，你可以选择一些象征美好和幸福的礼物，如精美的家居用品或个性化的纪念品等。

（3）节日赠礼。在特定节日，如中秋节、端午节、春节等，有特定的礼品，如月饼、粽子、新年红包等。不同礼物有不同含义，如月饼象征了家庭的团圆，红包象征着好运等。在节日送出合适的礼物不仅可以展现你对中国文化的了解，还能让社交场合更有节日气氛。

选择礼物时，需要考虑的因素还有很多，比如接收者的年龄、性别、职业、地位等。在中国，送礼不仅仅是一种社交习惯，更是一种文化的体现，需要细心的思考和恰当的处理。赠送恰当的礼品可以让你或你的公司在对方心中留下更好的印象。

四、中国送礼礼仪的禁忌和注意事项

1. 避免送不吉利的礼物

在中国文化中，有些物品被认为是不吉利的，因此不适合作为礼物。例如前文提及的送钟或送伞（"伞"在中文中与"散"谐音，意味着分离）都被认为是不吉利的。此外，刀具和其他锐利的物品也不适合作为礼物，因为它们象征着切断关系。去医院探望病人，最好不要选择盆栽的花，盆栽花寓意着病人扎根在医院，无法出院；也不可以送菊花，常见的菊花有黄色和白色两种，一般在葬礼上会大量使用，因此探望病人一定不能选用菊花。

2. 避免送过于昂贵的礼物

送过于昂贵的礼物可能会让接收者感到压力，因为他们会觉得需要回赠同样昂贵的礼物，或者担心接受昂贵的礼物会给人留下不良的印象。因此，礼物的价值应适中，既能体现出送礼人的心意，又不会给接收者带来负担。

3. 注意礼物的包装

在中国文化中，礼物的包装也是很重要的。一份精心包装的礼物可以显示出赠送者的细心和尊重。在选择包装材料时，红色和金色通常被认为是吉祥的颜色，而黑色和白色则可能关联丧事，因此应避免使用。

4. 接受礼物的礼仪

在中国，接受礼物时通常需要表现出谦逊和感激。接收者出于礼貌起初可能会谢绝礼物，赠送者无须感到冒犯或失望。接受礼物后，接收者通常会表示感谢，并可能在适当的时候回赠一份礼物。当然，我们不应该怀着收到等价礼物的想法去赠送礼物。

总之，掌握好送礼礼仪的禁忌及注意事项，可以避免得罪别人或出现尴尬场面，并且能让我们更好地与人进行交际。

生 词

1. 品位 pǐn wèi（名）grade

品格及社会地位。

2. 恭敬 gōng jìng（形）respectful/reverent

尊敬或尊重地对待。

3. 优雅 yōu yǎ（形）classy

优美高雅。

4. 贿赂 huì lù（动）bribe

用给予报酬（如金钱、财产、利益或方便）来收买某人（如政府官员）。

5. 赝品 yàn pǐn（名）counterfeit

在艺术、商品等领域，模仿正品制作的物品，其外观和功能类似于真品，但并非真正的原创或正规厂家生产的产品。

6. 扎根 zhā gēn（动）take root

比喻深入进去，打下基础。

7. 葬礼 zàng lǐ（名）funeral

出殡埋葬死人时举行的仪式。

练 习

一、填空题

1. 常见的礼品种类有（　　　　）、（　　　　）和（　　　　）等。
2. 中国送礼礼仪的禁忌和注意事项有（　　　　）、（　　　　）、（　　　　）、（　　　　）等。

二、判断题

1. 在中国，送礼可以增进人际关系。（　　）
2. 选择礼品时需要考虑到接收者的年龄。（　　）
3. 在中国文化中，钟不适合作为礼物赠送。（　　）
4. 在商务场合，玩具被认为是合适的礼品。（　　）

三、问答题

1. 你能列举中国文化中的一些常见礼品，并描述它们的象征意义吗？
2. 在中国文化中，哪些物品被认为寓意不吉利，因此不适合作为礼物赠送？

第三节 礼让礼仪

【学习目标】
1. 理解并掌握中国礼让礼仪的重要性和意义；
2. 掌握中国礼让礼仪的基本规则和习惯；
3. 学习在各种情景下如何恰当礼让他人；
4. 理解在礼让时需要避免的一些禁忌和注意事项。

【学习重点】
中国的礼让礼仪及其禁忌。

【关键词】
礼让礼仪；场景应用；适当的礼让方式；禁忌；技巧

【热身】
1. 你了解中国的礼让礼仪吗？你通常会在什么情况下礼让他人？
2. 在日常生活中，你是如何礼让他人的？请分享一些具体的例子。
3. 在你的文化背景下，有哪些礼让的习惯或规则？它们与中国的礼让习惯有何不同？

一、中国礼让礼仪概述

在中国，礼让通常是指在人际交往中对他人表达尊重和谦逊的行为。这包括让座、让路、优先让别人选择、不打断别人说话，以及在语言中使用敬语和尊称等。礼让是对他人的尊重，也是对社会公共秩序的维护。① 在日常生活中，中国人讲究在公

---
① 李业杰、马健斌：《礼让是一种道德行为规则》，载《传媒与教育》2018年第Z1期，第23—26页。

交车、地铁或电影院等公共场所为老人、孕妇、儿童和残疾人让座。在餐桌上，通常会让长辈和客人先用餐。在职场或学校的人际交往中，人们会尊重上级和老师，对同事和同学表示友善。行为上的礼让主要体现在遵守公共秩序、尊重他人的个人空间和权利，以及在可能的情况下优先考虑他人的需求和感受等。总的来说，礼让礼仪在中国文化中占有重要地位，理解并掌握礼让礼仪对于留学生融入中国社会、建立良好人际关系具有重要意义。了解和实践礼让礼仪对于我们在中国建立和谐人际关系至关重要。

二、礼让礼仪的种类

1. 公共场所的礼让

在公共场所，礼让的形式多样，并且通常与尊重他人的空间和权利密切相关。

（1）公交车、地铁等公共交通工具上的礼让。在公共交通工具上，中国人会主动为老年人、孕妇、带小孩的人或残疾人让座，因为他们相对需要座位。让座给他们体现了中国文化中关怀弱势群体的一面。此外，人们也会尽量避免在车厢内大声喧哗、吃东西或占用过多空间，以尊重他人的乘车体验。

（2）公共设施如公厕、电梯等的礼让。在公共设施使用过程中，也需要表现出礼让。例如，使用电梯时，人们通常会让先到的人先进，或者让需要下楼的人先出，让大家都能顺利进出。在公厕中，人们会尽量保持环境整洁。

2. 社交场合的礼让

在社交场合，礼让主要体现为对他人的尊重和谦让。对待不同对象时，我们的礼让行为也稍有不同。

（1）对长辈和上级的礼让。在中国，对长辈和上级的尊重是非常重要的。比如，人们会在语言中使用尊称来称呼长辈或上级，会主动为他们让路或让座，会尊重他们的意见，并且在他们讲话时保持安静，通过种种的礼让行为来表达出我们对长辈或上级的尊重。[1]

（2）对同辈和朋友的礼让。对同辈和朋友的礼让行为则更加随和、自然。比如，人

---

[1] 蒋泓伶：《中国礼让文化与英国绅士文化中"让"的异同探析》（学位论文），重庆师范大学2014年。

们可能会主动为朋友留好位置，或者在点餐时照顾他们的口味，还可能会在关键时刻为他们提供帮助。这样的行为可以展现我们的友善，令我们与他们相处更融洽。

3. 家庭生活中的礼让

家庭生活中的礼让，主要表现为对家人、邻居和访客的尊重和关心。

（1）对家人的礼让。在家中，会尊重家人的个人空间和习惯。比如，避免在他人休息时制造噪音，会主动承担家务劳动，如洗碗、晾衣服等，也会尊重家人的个人选择。家庭中的礼让可以体现我们更在乎家庭成员的感受及愿意分担家庭成员的压力，从而令相处氛围更好。

（2）对邻居和访客的礼让。体现在提供帮助和尊重他们的隐私。比如，见到搬家的邻居会主动提供帮助，对待访客热情友好并为其提供舒适的环境，且尊重他们的个人习惯和隐私等。长时间保持这样的行为可以促进邻居间的互助氛围。

总的来说，礼让是中国日常生活中的重要组成部分，无论是在公共场所，还是在家庭生活和社交场合，都需要展现出尊重和谦让的态度。中国有句话叫"己所不欲，勿施于人"，说的就是我们做事情前要考虑到别人，假如你不想这样的事情发生在自己身上的话，就不要让这件事发生在其他人身上，例如被插队、被抢座位、被堵住电梯出入口等。所以我们在日常生活中应抱有同理心，礼让他人。

三、礼让的具体表现和技巧

1. 语言礼让

（1）尊称和敬语的使用。

在中国，人们在交谈中常常使用尊称和敬语。这是对他人的尊重和礼让的表现。一般来说，应该用尊称或敬语来称呼年长、地位高或者是学识丰富的人。例如，可以使用"先生""女士""教授""主任"等尊称。同时，跟年长者或上级说话时应使用敬语，比如用"您"代替"你"。使用敬语时，对方的地位和关系的亲疏都需要考虑。比如，对老师或领导，可以使用"您看这样可以吗？"而不是直接说"我觉得这样可以"。敬语的使用可以体现出对他人的尊重和礼让。

（2）恰当的赞美和谦虚的表达。

在中国文化中，赞美和谦虚是一种重要的交流技巧。恰当的赞美可以增进人际关系，而适度的谦虚则展现了个人的修养。例如，当你欣赏他人的成就或特质时，可以给予赞美，如"你的中文说得真好！"或者"你的工作做得很出色！"。然而，如果别人赞美你，适当的回应是谦虚并表示感谢，如"哪里，我还有很多需要学习的"或者"都是大家的功劳，是我们一起努力的成果"。这类回应既展示了你的谦虚，又表达了对他人赞美的感激。

2. 行为礼让

（1）礼让有需要的人。

在中国，我们在不同场合下会礼让有需要的人，这是中国人关怀弱势社会群体的一种表现。原则上，在公共场所，如食堂、超市或是公共交通工具上，排队和轮流是基本的礼仪规则。插队或者抢占资源，将被视为极度不礼貌的行为。但是如果我们遇到有需要的人，则可以礼让他们，例如在交通工具上让孕妇优先坐下，或者是让急着上厕所的人先使用厕所等。

（2）恰当的身体距离。

在中国，人们对身体接触和个人空间都有一定的规定。一般来说，除非是非常亲密的人，否则应该避免不必要的身体接触。紧密的身体接触可能会让人感到不舒服。对于个人空间的尊重也是礼让的表现。一般来说，和他人交谈时保持一定的距离是最基本的礼貌。

（3）对他人的尊重和理解。

在中国，尊重和理解他人是非常重要的。这不仅体现在对他人观点和选择的尊重上，也体现在理解他人的情绪和立场上。对于异文化和观点的接纳和理解，也是一种高素质、高修养的表现。例如，应尊重他人的饮食习惯，尽可能理解并接纳他们的文化背景和价值观。同时，避免在公共场所大声喧哗，尊重他人的公共空间。礼让的核心是尊重和理解他人。无论是语言还是行为，都应该体现出对他人的尊重和理解。同时，我们也应该学会尊重和接纳他人的文化背景和价值观。

四、礼让礼仪中的禁忌和注意事项

1. 过度的礼让

尽管礼让是一种重要的社交礼仪，但过度的礼让可能会产生反效果。例如，过分频繁地使用尊称和敬语，或者在不必要的情况下坚持让路，可能会给人造成压力或让人感到不耐烦，让人觉得你的行为过于刻意或者虚伪。因此，在表示尊重和礼让时，我们需要找到一个平衡点，既要展现出尊重，又要保持自然，在恰当的范围内进行礼让。

2. 忽视他人的感受

礼让的目的是尊重和理解他人，因此在做出礼让行为时，我们需要考虑他人的感受。例如，如果你在公共场所大声谈论个人事务，尽管你的目的是让其他人感到轻松，但是这也可能会让他人感到被打扰。因此，我们在礼让时，应该避免任何有可能让他人感到不适的行为。

3. 忽视文化差异

中国是一个多元文化的国家，来自不同地区和拥有不同背景的人可能具有不同的礼仪习惯。在礼让时，我们需要尊重并理解这些文化差异。例如，一些人可能不喜欢过多的身体接触，或者不喜欢在公开场合接受赞美。因此，在尝试礼让时，我们需要考虑到这些差异，并相应地调整我们的行为。

4. 强加自己的想法

尽管我们可能认为自己的方式是最好的，但在礼让时，我们需要尊重他人的想法和选择。例如，如果我们在公交车上为一位老人让座，但他坚持要站着，那么应该尊重他的决定而不是强迫他坐下。尊重他人的选择是礼让的一个重要部分。

在中国，理解和遵守这些礼让的禁忌和注意事项，可以帮助我们更好地融入社会，建立良好的人际关系。通过对这些规则的理解和实践，我们不仅可以更好地理解中国的文化和社会，也可以成为一个更有社交技巧的人。

生 词

1. 维护 wéi hù（动）maintain

保持完整无缺。

2. 讲究 jiǎng jiū（动）pay attention to

注重，力求完美。

3. 融洽 róng qià（形）harmonious

感情好，没有隔阂和抵触。

4. 亲密 qīn mì（形）close

关系近。

5. 接纳 jiē nà（动）receive

接受；收纳。

练习

一、填空题

1. 在中国日常交往的礼仪文化中，我们应注意礼让行为的一些禁忌和注意事项，例如：（　　）、（　　）、（　　）、（　　）等。

2. 礼让行为主要分为两种：（　　）和（　　）。

二、判断题

1. 高声喧哗是礼让的体现。（　　）

2. 使用电梯时，应让先到的人先进。（　　）

3. 在中国，过分频繁地使用尊称和敬语被视为过度的礼让。（　　）

三、问答题

1. 请解释为什么礼让礼仪在中国的日常社交互动中占据重要地位。

2. 请说说在公共场所、社交场合以及家庭生活中，你会如何表现出尊重和谦让的态度。

第六章 餐饮礼仪文化

第一节　席位礼仪

【学习目标】

1. 理解席位礼仪的重要性；
2. 掌握中国席位礼仪的基本规则和习惯；
3. 学习在用餐时应遵守的席位礼仪；
4. 理解在用餐时选择席位需要注意的一些禁忌。

【学习重点】

中国的席位礼仪及其禁忌。

【关键词】

席位礼仪；场景应用；选择席位；禁忌；餐饮礼仪

【热身】

1. 你了解中国的席位礼仪吗？你平常在外吃饭会注意席位安排吗？
2. 在你的文化背景下，你们注重席位礼仪吗？你们都有哪些和席位安排相关的习惯或规则？它们与中国的席位礼仪有何不同？

一、中国席位礼仪概述

中国人常常视用餐场合为社交场合，通过共同进餐展示自身的热情好客，并借此机会与客人或朋友增进感情。在这些场合中，席位的安排及礼仪尤为重要。餐饮场合的座位安排需遵循一定的规则和习惯，包括考虑主宾位置，长幼、男女、身份地位等因素，以及餐桌上的行为规范。我们招待客人时，应按席位礼仪安排座位，如按主宾位置、长幼顺序、性别等安排，以体现对他人的尊重。

二、席位礼仪的种类

1. 商务场合的席位礼仪

在商务场合这种正式的用餐场合，如商务招待或宴会，席位礼仪是非常重要的。这些场合通常注重等级和地位，因此主宾通常会被安排在最尊贵的位置，以体现其地位和重要性。其他的宾客位置则按照地位、年龄或性别来安排，一般来说，年纪较大或地位较高的人会被安排在主人附近的位置。在这种场合，应避免随意更改席位或占用他人的位置，这是对他人的尊重的体现。

2. 朋友聚餐场合的席位礼仪

在较为随和的朋友聚餐场合，席位礼仪则更加灵活和随意。通常，主人会坐在主位，而客人可以自由选择座位。但是，对于年长或地位较高的人，仍然应当表示尊重，可为他们让出更舒适的位置。在这种场合，可以根据个人的喜好和需求来选择座位，但同时也要考虑他人的感受，避免因为席位问题产生不必要的冲突和尴尬。

3. 家庭生活场合的席位礼仪

在家庭生活中，日常吃饭不用太在意席位。如果有客人来访，主人应当为他们安排最佳位置，以示尊重和欢迎。在家庭就餐场合，席位礼仪也体现在对家中成员的尊重上。比如，长辈或年长的成员应当被安排在尊贵的位置，而年轻的成员则可以坐在其他的位置。

总的来说，无论在哪种用餐场合，注重席位礼仪都是一种对他人的尊重和礼让的表现，我们应当根据具体的场合和情境采取相应的礼仪，以确保每个人都能在用餐时感到舒适和被尊重。

三、席位礼仪的要点

1. 桌型选择

在中国，餐桌形状的选择通常取决于宴会的类型和规模。一般来说，圆桌更能体现出和谐与平等的氛围。与方桌或长桌相比，圆桌没有固定的头和尾，所以可以灵活地增加或减少座位，而且圆桌的设计让所有人都面对着中心，使得每个人都能直接看到其他人，这有助于增进交流和互动。而且在圆桌上，菜肴通常放在中心的转盘上，人们可以轻易地取到任何菜肴，而不需要站起来或请求他人帮忙传递。所以在中国需要聚餐的场合通常会选择圆桌。

2. 主桌的安排

如果有多张餐桌，那么主桌的位置就显得尤为重要。通常，主桌会被放在最显眼或最尊贵的位置。如果两张圆桌摆放成横排的样式，那么面对正门右边的那张圆桌就是主桌（如图6.1.1所示）；如果两张圆桌摆放成竖排的样式，那么离正门最远的那张圆桌就是主桌（如图6.1.2所示）。基本上只要注意以门为定位，离门远的位置比较尊贵，在这种情况下还要决定左右的话，则右边比较尊贵。[①] 假如是婚礼或大型活动等有着很多桌子以及有舞台的场合，通常最接近舞台的就是主桌（如图6.1.3所示）。主桌通常安排主人或者地位最高的客人坐。

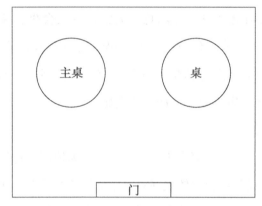 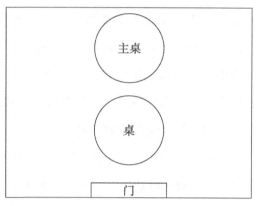

图 6.1.1 房间里有门的场合（两桌横排）　　图 6.1.2　房间里有门的场合（两桌竖排）

图 6.1.3　有舞台的场合

---

① 刘洋：《论跨文化交际中的中西餐桌礼仪》，载《散文百家（新语文活页）》2017年第1期，第240–241页。

3. 主人就座位置

在中国，座位的方向有着非常重要的含义。在餐桌上，人们通常会选择面向南方或面向入口方向的位置坐下，这是因为这些方向被视为吉祥和尊贵的。特别是在正式的场合，主人通常会坐在面向入口方向的位置（如图6.1.4所示），以显示其尊贵的地位。如果是有两个主人的话，则地位没那么高的第二主人则坐在地位高的主人对面（如图6.1.5所示）。多桌宴请时，每桌都要有一位主人的代表在座，以更好地照顾宴请的客人。

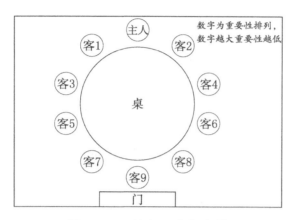

图 6.1.4 单主人席位安排

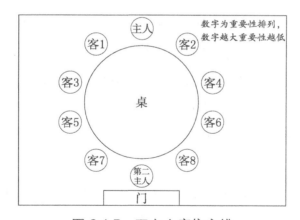

图 6.1.5 双主人席位安排

4. 客人就座位置

各席位的重要性，以距离该桌主人的远近而定。通常最重要的客人也就是主要宾客坐在主人的右侧，第二重要客人坐在主人的左侧，第三重要的客人坐在主要宾客旁，整体顺序呈V形排列（如图6.1.4所示）。这样做的目的是让主人更好地照顾宾客。主人这边的人数多则可以间隔着坐，例如公司间的聚餐，可以间隔分配两个公司的人（如图6.1.6所示），这样可以让双方有更多互动，增进感情。

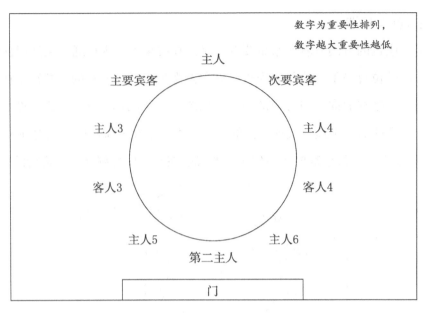

图 6.1.6 座位排列示意

5. 上座的安排

在中国的席位礼仪中，上座的位置在对着门的位置。假如是在房间里，上座就是正对着门的座位。假如在宴会等大型空间，则面对会场入口或饭店大门的座位是上座。在中国，人们特别注重尊卑和长幼之分。在席位安排上也要显示出尊敬长辈的观念。[①] 在家族聚餐时，年长者或地位较高的人通常会被安排在最尊贵的位置，例如爷爷奶奶等年纪大、辈分高的通常会坐上座，孙子孙女等晚辈坐下座。假如只是平常的家中吃饭则不用太在意席位，如果宴请了客人，我们会让主人坐上座。如果主人一方有多人，就让主人那边辈分最高或身份最高的人坐在上座。

6. 按指示就座

在宴会开始时，客人通常需要等待主人的指示才能就座。当主人示意可以开始就座时，客人应按照主人安排的位置就座，表现出对主人安排的满意，这也是对主人的尊重。我们作为主人时也应及时安排客人就座，不要让客人久等。

7. 入席顺序

中华餐桌礼中，尊重宾客和长者是核心原则。有序邀请客人入座，恭请长者先坐，体现了对长者的敬重。入座时从左侧进入，既注重礼仪细节，也有助于维持用餐秩序与和谐。

---

① 梁家萃：《从中西餐桌座序看中西礼仪的跨文化交际》，载《文化创新比较研究》2022年第6期，第171–174页。

以上都是中国餐饮礼仪文化中席位礼仪的要点。但请注意，具体规则可能因场合和文化背景而异，应灵活应变，尊重每个人的需求。

四、席位礼仪中的禁忌和注意事项

1. 尊重主人的席位安排

主人会根据客人的地位、年龄和性别等来安排席位。作为客人，我们应该尊重主人的席位安排，按照指定的位置就座，不应表现出对席位安排的不满，这有可能会让主人尴尬，不利于我们日后的社交。我们做客时也应避免随意更改座位，否则可能会打乱主人的安排，破坏主人的准备。我们更不应占用或挪动他人席位，以免引起不必要的混乱。

2. 避免过早就座

在宴会开始前，客人应该等待主人的邀请或者示意后才坐下。主人是宴会的主持人，他们需要主持局面并确保一切就绪。过早就座可能会打乱主人的安排，这种行为可能会被视为对主人的不尊重。

3. 避免过早离席

在聚餐中，过早离席是不礼貌的行为。聚餐是集体活动，过早离席会破坏团队氛围，影响活动进行。此外，过早离席可能让人误解为你对聚餐不感兴趣或对他人的陪伴不满或失望。主持者付出大量时间和精力准备，过早离席是不尊重他们的努力的行为。如果有事必须提前离开，应提前告知主人并向所有人道歉。短暂离开也应告知身边的人或主人，以保证聚餐的顺利进行。

在任何文化中，餐桌礼仪都至关重要，因为它们体现了尊重、社交规范和感激之情。违反这些禁忌可能被视为不尊重他人、破坏聚餐氛围，给人留下负面印象。遵守禁忌是对主人精心准备的尊重，对其努力的认可。因此，在中国，遵守席位礼仪是营造良好用餐氛围的关键。

生 词

1. 主宾 zhǔ bīn（名）main guest

在一次活动或聚会中最受尊敬或最重要的客人，通常是因为其地位高、贡献大或与活动主题的关联性强。

2. 随和 suí hé（形）amicable

和顺，不固执己见。

3. 宴请 yàn qǐng（动）fete

设宴招待。

4. 间隔 jiàn gé（名）interval

指两个类似的事物之间的空间或时间的距离。

5. 恭请 gōng qǐng（动）respectfully invite

恭敬地邀请。

6. 就绪 jiù xù（动）be in order

一切安排妥当。

练 习

一、填空题

1. 在中国的席位礼仪中，我们安排席位时应根据（　　　　）、（　　　　）、（　　　　）、（　　　　）、（　　　　）、（　　　　）、（　　　　）等因素做好安排。

2. 在作为客人用餐时，我们应避免（　　　　）、（　　　　）、（　　　　）和（　　　　），并尊重（　　　　），以避免场面尴尬及表现得不尊重。

二、判断题

1. 留学生学习和掌握席位礼仪可以更好地融入中国社会。（　　）

2. 在中国餐饮场合中，随意更换座位可能被视作不尊重他人。（　　）

3. 比起朋友聚餐，在正式宴会上的席位礼仪更加灵活和随意。（　　）

三、问答题

1. 在中国，我们吃饭时通常会选择使用什么形状的餐桌？为什么？

2. 我们入座时应该注意什么？

3. 你跟你的伴侣作为主人请朋友吃饭时，你跟你的伴侣应该坐在哪里？为什么？

4. 假设你举办宴会，现在要安排桌子的位置和宾客的席位，你的桌子应该在会场的哪个位置？

第二节 点餐礼仪

【学习目标】

1. 理解并掌握中国点餐礼仪的重要性和意义;
2. 掌握中国点餐礼仪的基本规则和习惯;
3. 学习如何在中国餐厅正确点菜,以及点餐过程中应注意的礼仪;
4. 理解点餐礼仪中的一些禁忌和注意事项。

【学习重点】

中国的点餐礼仪及其禁忌。

【关键词】

点餐礼仪;考量因素;菜品选择;点菜方式;禁忌;技巧

【热身】

1. 你了解中国的点餐礼仪吗?
2. 通常在什么情况下会由你进行点餐?
3. 根据你的文化背景,你们有哪些点餐的习惯或规则?它们与中国的点餐习惯有何不同?

一、中国点餐礼仪概述

点餐礼仪在中国餐饮文化中至关重要。它涉及选择菜品、考虑他人需求以及如何恰当点餐等方面,同时需遵循一定规则和习惯。选择合适的菜品、确定点菜顺序及了解点餐禁忌等是必要规则。遵循这些规则,可确保愉快用餐,避免误解和冒犯。

恰当的点餐方式能够表达出对他人的尊重和礼貌。学会如何点餐,可以让我们在餐桌上展现出对他人的尊重，了解和学习点餐礼仪，可以帮助你深入理解中国饮食文化。例如能了解到中国人的饮食习惯、不同地方的烹饪方式和菜系等。而且先让哪些人点餐，是否应该分享食物，这些都可以反映出一个社会中的权力结构，以及如何待客的价值观。

二、点餐的场合

1. 当我们是主人或请客者

当我们主持一个商务宴请或朋友聚会时，通常需要选择菜品。在这种情况下，我们需要考虑到所有人的口味、饮食限制、饮食习惯等因素。不着急的话，我们可以把菜单给客人传阅，并邀请客人进行点餐，以展示我们对客人的尊重和关心。① 我们也需要确保选择的菜品符合场合的形式和主题。

2. 当我们是客人

作为客人，通常我们应遵循主人的引导，不要太主动。太主动的话会被认为是反客为主。但有时主人也可能会让我们选择我们喜欢的菜品，或者在菜单上勾选一些我们特别想尝试的菜品，我们可以先婉拒，假如主人坚持的话，我们再点餐。这时候我们除了考虑自己的喜好外，还要考虑到在场其他人的喜好，表现出对在场其他人的关心和体贴。

3. 当我们辈分较高

在中国，特别是在一些更传统的环境或家庭中，年长者通常会作为主导点餐的人。我们同样需要考虑到每个人的口味和偏好，以确保每个人都能享受到餐食。

总的来说，无论我们是在哪种情况下点餐，无论我们是主人、客人还是辈分较高的人，我们都需要展示出对他人的尊重和理解，考量并尊重他人的口味和饮食习惯。点餐不仅是满足我们自身的口腹之欲，更是一种社交和文化交流的方式。通过恰当地点餐，我们可以为餐桌上的每一位成员创造出愉快的就餐体验，进而增进我们与他人的关系。

---

① 孔凡利：《中西方不同餐桌礼仪折射下的价值观差异》，载《湖北开放职业学院学报》2021年第11期，第186-188页。

三、点餐时的考量因素

以下是一些要考量到的因素。

1. 价格

在点餐时,价格因素不可忽视。首先,考虑到个人或团队的预算限制,选择符合预算的菜品能够避免增加经济压力。其次,在特定社交场合,如商务宴请或约会,选择适当价位的菜品能够体现尊重和礼貌。此外,当与朋友共同承担账单时,应顾及他们的预算,选择性价比高的菜品。在他人请客的情况下,应尽量避免点过贵的菜品,若对方已点,可以选择价格稍低的菜品以展现礼貌和体贴。

2. 点餐顺序

在点餐时,我们应注意点餐人的顺序,因为这涉及礼仪和对他人的尊重。在中国文化中,一般由年龄较大或者地位较高的人先点餐。在商务餐会或正式场合,主人或组织者通常会先点餐或建议菜品,然后询问客人意见或直接让客人点餐。[①] 在较为随意的场合,例如朋友聚会,可能会按照到达的顺序或座位来点餐。这种点餐顺序也能促进餐桌上的交流,避免混乱或尴尬。因此,点餐顺序是餐桌礼仪的重要部分,可以展现出对他人的尊重,有助于给大家带来愉快的就餐体验。

3. 用餐者的饮食习惯

点餐时,考虑用餐者的饮食习惯至关重要。个人饮食习惯因偏好、健康、宗教或文化背景而异。有人是素食或纯素食者,有人对某些食物过敏,有人因宗教或健康原因拒绝食用某些食物。中国南北饮食习惯也不同,北方偏爱小麦制品,如馒头、面条等,南方偏爱稻米制品,如米线、米饭等。应尊重并考虑这些饮食习惯,确保每个人都能享受到适合自己的食物,也是对他们选择的尊重。无论在家中还是餐厅,都需考虑用餐者的饮食习惯。

4. 菜品搭配

用餐时,菜品搭配是关键,会影响口感、营养和宾客体验。通过平衡蛋白质、蔬菜、主食和果汁,可以使用餐者获得更全面的营养,同时要考虑口味和风格的搭配,满足不同需求。在确保肉类、蔬菜和主食齐全的基础上,可选汤品和饭后水果或甜点。上菜顺序通常为凉菜、饮料、酒、热菜、主食、甜点和水果。基本上遵循"先冷后热"的

---

① 阳辉:《餐桌礼仪》,载《湖南农机》2009年第12期,第36页。

传统上菜顺序，我们在点菜时也可以提醒一下服务员。[1]通过为宾客准备考虑周全的菜品搭配，可以表达出我们对他们的尊重和关心，并能增进他们对我们的好感。

四、点餐的禁忌和注意事项

1. 避免只点高价菜品

在中国的餐桌上，如果不是因为特别的场合或者特殊的人物，一般来说，我们应该避免只点昂贵的菜品。只点高价菜品可能给自己和其他用餐者带来经济负担，特别是当账单由一人支付时，可能会让人觉得你在无理地消费或浪费，这也可能让其他用餐者感到不舒服。另外，这样做也反映出你对社交礼仪的不理解和不尊重。

2. 避免过量点菜

避免过量点菜是因为这可能被视为浪费，这是一种社会所不鼓励的行为。适量的点菜能确保每个人都有足够的食物可以享用，同时也避免了食物的浪费，这是对资源的尊重和珍惜。

3. 避免点吃起来"过于复杂"的菜品

在商务聚会等正式场合中，应避免点享用过程"过于复杂"的菜品，主要是因为这可能会影响用餐的流畅性和用餐者的舒适度。如果菜品需要花费大量的时间来剥壳、需要用手吃或是有容易弄脏衣服的酱汁，那么可能会使用餐者感到困扰，并且影响谈话和交流，尤其是在商务聚餐或正式场合，这可能使得用餐的气氛变得尴尬，反映出你对用餐场合的不理解和不用心。

4. 不要忽视季节性

在中国，人们通常会根据季节来选择食物。在夏天，人们倾向于点清淡、寒性的食物，如绿豆汤、西瓜等；而在冬天，人们更倾向于点温热、能补暖的食物，如羊肉、鸡汤等。我们不应点不符合季节的食物，例如冬天点冰冷的食物，夏天点热腾腾、让人冒汗的食物。

5. 避免过于个人化的选择

当你是主人或者负责点菜时，应避免只根据个人的口味来选择菜品。在中国的餐饮礼

---

[1] 李婷婷、冯静：《中西方餐桌上的礼仪差异》，载《边疆经济与文化》2014年第3期，第82—83页。

仪文化中，点菜应该考虑到所有人的口味和饮食需求。如果你只根据个人的口味来选择菜品，可能会让其他的用餐者感到不舒服或被忽视，这可能影响到整个用餐的气氛和体验。

总括而言，正确的点餐方式还体现了个人的社交智慧和礼节。点餐不仅是一种个人行为，也是一种社交行为，所以我们要避开以上禁忌，合理地点餐，这样也可以展示出我们的社交技巧、礼仪意识及对他人的尊重，从而保持良好的人际关系。

五、中国菜系与特色菜品简介

一个菜系的形成会受不同地区的自然地理、气候条件、资源特产、饮食习惯等因素的影响。[1] 下面将介绍中国的八大菜系和一些特色菜品，让大家能在学习后了解各菜系的特点与味道倾向，以便大家在不同场合能更从容地点餐。

1. 粤菜

粤菜菜系基本上由广州菜、潮州菜、客家菜三个菜种构成。[2] 粤菜以调味清醇、食材新鲜著称。其重视原料新鲜度，善用海鲜、禽类、野味等多样化的食材，展现丰富的口感。擅长蒸炖，追求清淡而醇厚的调味，少用辣椒和重口味调料，突显食材天然味道。白切鸡、清蒸东星斑和老火汤是粤菜的代表菜。

2. 川菜

川菜发源于四川地区，其味道十分多变，以麻辣闻名，川菜烹饪善用辣椒和花椒，为菜品注入麻辣魅力。[3] 麻婆豆腐、水煮牛肉、鱼香茄子等是川菜的代表菜。

3. 鲁菜

鲁菜发源于山东，以咸鲜为主。其注重原料质地优良，以盐提鲜、以汤壮鲜，调味追求咸鲜纯正，突出本味。葱、姜、蒜是常用的调味品，而大葱作为山东特产，常用于增香提味。糖醋鲤鱼、一品豆腐和葱烧海参是鲁菜经典菜。

4. 苏菜

苏菜也被称为淮扬菜。因江浙一带水资源丰富的关系，其以江鲜为特色，擅长烹制河鲜、湖蟹、蔬菜类。烹调方法多为炖、焖、蒸、烧、炒等，着重用汤，烹饪上也讲究

---

[1] 钟安妮：《论中国菜名中的文化内涵》，载《探求》2006年第1期，第79-80页。
[2] 林乃燊：《论菜系》，载《农业考古》1997年第1期，第245-253、280页。
[3] 胡梦楠：《论中国饮食文化的传播与认同》（学位论文），郑州大学2015年。

原汁原味。菜品的特点为清鲜、滑嫩、爽脆等,其味道淡而不薄。[①]清炖蟹粉狮子头是苏菜代表,主要原料为猪肋肉、蟹肉、蟹黄和鲜虾,经清炖后肉质鲜嫩、汤汁浓郁,展现了苏菜对原料质地和鲜美口感的重视,以及清淡鲜香的调味风格。松鼠鳜鱼、煮干丝是苏菜的代表菜。

5. 湘菜

湘菜以湖南地方菜为代表,独具特色。湘菜以其辣味突出、口味鲜明而著名,追求多味调和的口感,常使用辣椒等调味品,虽然与川菜同样追求辣,但与常用花椒的川菜不同,湘菜不太用花椒,而是专注于辣椒本身的辣,所以常有人说湘菜比川菜辣。剁椒鱼头、辣椒炒肉、腊味合蒸都是典型的湘菜。

6. 闽菜

闽菜发源于福建,由于福建地理位置靠海,能轻易取得海产,所以烹调材料也多为海鲜。口味方面会偏甜、酸、淡,还有很多特色酱料如沙茶酱、虾酱、红糟等。菜品可能会有比较多汤汁,烹调方式则以煨、糟等方式最为有名。佛跳墙、鸡汤汆海蚌、荔枝肉是闽菜特色的菜品。

7. 浙菜

浙菜来源于浙江,浙江地区天然资源丰富多样,不论是水产还是动植物,应有尽有。这种天然优势使得浙菜能在选料上比较讲究,也让菜式种类更丰富。烹饪方式主要为炒、炸、烩、熘、蒸、烧等。东坡肉是浙菜代表之一,西湖醋鱼也是浙菜传统名品,龙井虾仁是浙菜特色菜品。

8. 徽菜

徽菜来自安徽,烹饪方式主要为烧、蒸、熏、炖、焖等,追求菜品的表面色泽。食材方面,由于安徽多山地,所以有很多特色菜都会用上各种山珍野味。徽菜味道方面则是偏咸鲜。臭鳜鱼是徽菜的代表菜,问政山笋也值得一尝。

生 词

1. 考量 kǎo liáng(动)consider/weigh

[①] 王万里:《中国饮食文化的地区差异》,载《地理教学》2012年第18期,第6—8页。

仔细思考并评估某事物的利弊或可能的结果，以做出决策。

2. 烹饪 pēng rèn（动）cook/culinary

运用各种技法如煮、炒、蒸、烤等进行食物的制作过程。

3. 婉拒 wǎn jù（动）to tactfully decline

以委婉的方式拒绝。

4. 主导 zhǔ dǎo（动）guiding

决定并且引导事物向某方面发展。

5. 口腹之欲 kǒu fù zhī yù（成语）desire for food

饮食的欲望。多指对美食的欲望。

6. 周全 zhōu quán（形）thorough

周到；完备。

7. 清醇 qīng chún（形）rich and mellow（flavor or aroma）

干净纯正。

8. 糟 zāo（动）be pickled with distillers' grains

利用发酵后剩余的酒糟将食物腌制，使之具有特殊风味和保存效果。

9. 烩 huì（动）braise

烹饪方法。菜炒熟后加芡粉拌和，如烩三鲜、烩蟹肉、烩虾仁。

10. 山珍 shān zhēn（名）delicacy from mountain

山野中的各种珍异食品。

11. 野味 yě wèi（名）wild animals and birds hunted for food or sport

供做肉食的野生鸟兽，也指用野生鸟兽做的菜肴。

练习

一、填空题

1. 掌握好点餐礼仪很重要，熟练地运用点餐礼仪可以（　　　　　）和（　　　　　）。

2. 点餐时我们应考虑到（　　　　）、（　　　　）、（　　　　　　）

和（　　　　　　　　），以确保用餐者有一个良好的用餐体验。

二、判断题

1. 掌握中国点餐礼仪可以让我们更深入理解中国饮食文化。　　（　）
2. 在点餐时，按照自己口味点所有的菜是不被鼓励的做法。　　（　）
3. 在点餐时，我们应考虑所有用餐者的口味和饮食需求。　　　（　）

三、问答题

1. 经过学习，你觉得中国的点餐礼仪与其他国家的礼仪有什么共通或差异之处？
2. 点餐礼仪在中国餐饮文化中为什么占有如此重要的地位？
3. 假如你要招待一个广东人吃饭，想为他点一个家乡菜，照顾一下他的口味，你会点什么菜？为什么？

第三节 餐具礼仪

【学习目标】
1. 理解并掌握中国餐具礼仪的重要性和意义;
2. 掌握中国餐具礼仪的基本规则;
3. 学习如何选择和使用合适的餐具;
4. 理解餐具使用的一些禁忌和注意事项。

【学习重点】
中国的餐具礼仪及其禁忌。

【关键词】
餐具礼仪;餐具选择;餐具的使用;禁忌;技巧

【热身】
1. 你知道中国餐饮文化中,平常用餐都会用些什么餐具?
2. 在你的文化背景下,有哪些使用餐具的习惯或规则?它们与中国的餐具使用习惯有何不同?

一、中国餐具礼仪概述

中国的餐具礼仪是其丰富饮食文化中的重要组成部分,体现了尊重、和谐的核心价值。这些礼仪规定了在餐桌上餐具的正确使用和摆放方式,以及如何在公共场合中共享食物,这些都体现了对他人的尊重和对文化传统的维护。这些礼仪不仅有助于维护餐桌上的秩序,而且强化了社交活动中的互动、交流和对彼此的理解。学习和掌握好这些礼仪可以让我们更好地适应中国的生活环境及学习中国文化。

1. 餐具礼仪的重要性

为了在中国更好地生活，我们需要了解并掌握中国的餐饮文化及餐具使用方法。这不仅能帮助我们适应生活，还能帮助我们更深入地体验和理解中国的文化。

掌握餐具使用方法是适应中国生活的关键。首先，要学会使用筷子，筷子是基本的餐具。同时，了解餐桌礼仪，如不在饭中插筷子，能避免文化误解。餐具使用的方法和礼仪对于与中国人建立社交关系至关重要。熟练使用筷子并遵循餐桌礼仪，如避免用筷子指人，可以展现尊重和理解，促进顺畅交流，增进友谊。学习餐具礼仪是学习和理解中国文化的直观方式。通过正确使用餐具和理解相关礼仪，可以深入了解中国的历史传统、社会习俗和价值观念。学习餐桌礼仪有助于理解食物在中国文化中的地位、中国人对食物的珍惜及社交习惯。

2. 中西方使用餐具上的差异

中西方的餐具差异主要体现在使用筷子和刀叉的习惯上，这背后的原因和文化背景很丰富。这些餐具不仅仅是吃饭的工具，也是文化和历史的载体，通过它们，我们可以窥见两种文化的异同。

中国以及很多东亚国家习惯使用筷子。筷子的使用可以追溯到几千年前的古代中国，当时人们发现筷子适合夹取热气腾腾的食物，可以防止烫手。后来，由于烹饪技术的改变，食物被切成小块烹煮，筷子也因此变得非常实用。筷子的使用还反映出中国文化的一些重要元素，例如尊重礼节（如避免用筷子指向他人）和讲卫生（如使用公筷）等。

西方国家通常使用刀叉作为主要餐具。刀叉的起源与西方的烹饪和饮食习惯有关，15世纪左右他们就开始使用叉子作为餐具。[①] 西方烹饪通常将大块的肉类或蔬菜整体烹饪，需要在食用时切割。刀叉的使用也反映了西方文化的一些元素，如尊重个人空间（每个人都有自己的刀叉）等。

二、餐具介绍

以下是一些在中国常见的餐具。

---

① 刘洋：《论跨文化交际中的中西餐桌礼仪》，载《散文百家（新语文活页）》2017年第1期，第240–241页。

1. 筷子

筷子，作为中国主要的餐具之一，起源于古代中国。在《札记》中，郑玄记载："以土涂生物，炮而食之。"这说明古代的人会用树叶包裹谷物，然后涂上泥土，放入火中烘烤。在这个过程中，他们会用树枝不断地翻动食物，以确保均匀加热，然后再进行食用。这个过程可能启发了他们，使得单根的树枝逐渐演变为双根，而后树枝被竹木替代，最初的筷子便因此诞生。① 这种餐具可以让他们不必用手抓热腾腾的食物，操作灵活，采用竹木等原材料是因为这些原料遍地都是，渐渐就推广开来。最早的筷子被发现于殷商时期的考古遗址，这表明筷子的发展和演变历程与华夏民族的文明发展史息息相关。

在筷子的握法方面，首先，你应该让五根手指自然地弯曲并握住筷子。你的手掌和大拇指之间的部分（我们称之为"虎口"）应形成一个"V"字形，这个"V"字形会暂时固定住下面的筷子（如图 6.3.1 所示）。

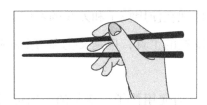

图 6.3.1　握筷子姿势示意

2. 勺子

勺子在中国历史上很早就出现了，在新石器时代就有骨质的勺子。在中国悠久的历史里，勺子还演变出很多不同形态和材质，如青铜勺子、陶瓷勺子等。比较小的也会叫作匙（如图 6.3.2 所示）。现代通常用到勺子的场合主要是用来取或者喝液态的菜品，例如汤、糖水、羹等，还会用来取一些用筷子不方便夹的菜，例如花生、肉碎等。②

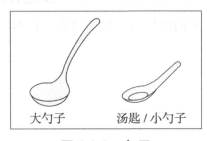

图 6.3.2　勺子

---

① 柳谦、胡洁傲：《透视中美餐具背后的文化和历史》，载《高考》（综合版）201年第6期，第118页。
② 杨洁：《跨文化交际中的餐桌礼仪差异》，载《文教资料》2011年第4期，第74–75页。

3. 碗

在中国餐饮文化中,碗也是十分常见的。从古至今,碗的材质多变,陶、青铜、玉、陶瓷或其他不同金属材质都出现过。碗被用于装盛各种食品,包括但不限于米饭、面条、炖菜和汤品。小的叫作碗,大的叫作盆(如图6.3.3所示)。碗的使用非常普遍,几乎在每个中国家庭的餐桌上都能看到。

碗的形状和大小可以根据其用途的不同而变化,要视装的东西的大小来选择合适的碗或盆。装一些特定菜品时应尽量用新的碗,如汤、羹、糖水等,以避免与残留饭菜的味道混合。

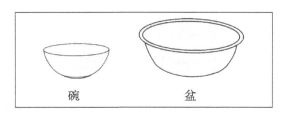

图 6.3.3 碗与盆

4. 碟子

碟子是一种常见的餐具,也可称作盘子,按照可装食物的多少和形状不同而大小形状各异(如图6.3.4所示),其深度比较浅,通常装菜品的分量不多,同样直径下,碗盘的容量较大。装在盘子里的菜品不能叠得太高,不然夹菜时可能会有菜滚落到桌上。碟子的优点是方便我们夹菜,而且也方便摆盘。除此之外,我们自己的座位上通常也会有一个个人用的碟子,根据当地文化不同,这个碟子可能是用来放夹回来的菜品,也有可能是放置骨头、鱼刺等垃圾的骨碟。请观察其他人如何使用或咨询当地朋友,以避免使用错误使场面变得尴尬。

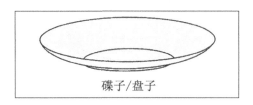

图 6.3.4 碟子/盘子

4. 杯子

经历过不同的演变,出现在中国餐桌上的杯子也有很多种,包括茶杯、饮料杯、酒杯等(如图6.3.5所示)。最常见的是茶杯,茶文化在中国历史上占有重要地位,茶杯是茶道中不可或缺的一部分。茶杯通常小巧精致，有助于品味茶的香气。泡不同种类的茶往往使用不同的杯子，但通常餐桌上的茶杯不会这么讲究，常见为白色陶瓷圆口小杯子，高和直径均约 5 cm，用于喝茶和开水，不能装茶水以外的液体。酒在中国宴会和社交场合中有着重要的地位。不同类型的酒也有各自的酒杯，例如白酒杯、红酒杯等。酒杯的形状和大小有助于释放酒的香气和味道，通常会影响酒的品尝体验，假如我们需要喝酒，可以询问服务员有没有对应的酒杯。除了茶杯和酒杯外，我们还常常可以看到饮料杯，它通常是一个透明玻璃杯，比茶杯大，用于喝饮料，也有的餐馆没有准备茶杯或酒杯，这时候我们就会用它来装茶或酒。

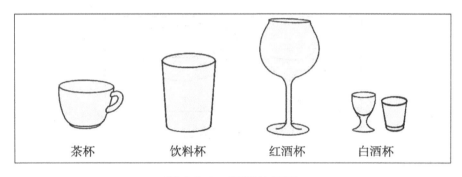

图 6.3.5　不同的杯子

5. 倒水盅

在广东省，当我们去餐馆用餐，刚坐下的时候我们有可能会看到一个空的盆或是盅，常见为透明颜色（如图 6.3.6 所示）。这个盅不是用来装食物，而是用来收集洗餐具后的水。在广东省，人们会在用餐前先用热水清洗餐具消毒。请注意这个习惯在其他省份不常见，假如到其他省份就餐，可以不用特地在用餐前清洗餐具。

图 6.3.6　倒水盅

6. 毛巾

有时候我们在餐桌上也会看到一卷卷毛巾整齐地放在碟子上，而且那些毛巾很有可能是热的（如图 6.3.7 所示）。请注意不要拿它来擦嘴或擦桌子。那个毛巾是用来擦手的，我们会在用餐前使用热毛巾清洁双手，也会在食用虾或蟹等会弄脏手的食物后，使用毛巾清洁双手。

图 6.3.7　毛巾

中国餐桌上的餐具大致就是以上几种，在使用上十分灵活多变，人们会根据菜品和地方饮食习惯上的不同选择不同餐具。其中也有不少用具是因为中国人对餐桌卫生的重视而设立的。我们可以多观察、多实践，以掌握不同餐具的使用方法。

三、使用餐具的礼仪

1. 注意餐具的摆放位置

餐具的搭配和摆放方式有很多种，以下是一些常见餐具摆放的范例（如图 6.3.8 所示）。筷子通常会放在我们的右手边，并放在筷架上，方便我们拿起来。骨碟放正中间，饭碗放左侧，有时候也会放在碟子上。汤碗跟汤匙应放在骨碟左前方，有时候可能会为了节省空间，需要装汤时服务员才会拿出来。味碟通常位于骨碟前方，用于蘸取调味的酱料。饮料杯则放在骨碟右前方。我们在外聚餐招待客人时，应确保餐具摆放安排妥当，以展示我们的重视及礼仪。

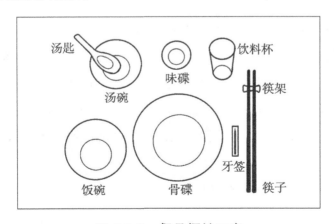

图 6.3.8　餐具摆放示意

2. 按照相应的用途使用餐具

我们应根据菜品选择合适的餐具，在中国的餐桌礼仪中，每一件餐具都有其特定的设计用途和功能。筷子用于夹取菜肴，饭碗用于盛装米饭，汤匙用于舀取汤汁，而个人骨碟则用于装已夹取的菜肴或存放食物残渣。按照餐具的设计用途使用餐具，不仅使餐桌秩序井然，也有助于提升餐饮体验，并显示出我们对于餐桌礼仪的尊重。

3. 使用公用餐具夹菜

中国餐桌礼仪高度重视公用餐具，如公筷和公勺的使用。这是因为在中国，许多菜肴是放在餐桌中央供所有人共享的。在这种情况下，使用公用餐具是为了尊重其他人，维护餐桌的卫生，并显示出良好的餐桌礼仪。公筷和公勺只用于夹取或舀取公共菜肴，不应用于个人进食，以免接触到唾液。[①]这样做的目的是防止个人的唾液间接地接触到公共的食物，从而避免可能引起的卫生问题。

总的来说，使用餐具的礼仪规则是中国餐桌礼仪中的重要组成部分，它们体现了中国人在餐桌上的互相尊重和注重卫生的文化传统。这些礼仪的实践不仅有助于维护餐桌的秩序，还能提升餐饮体验。我们应尽力遵守这些基本的餐桌礼仪，以示尊重和礼貌。

四、餐具使用的一些禁忌和注意点

中国的餐具礼仪是一个丰富而复杂的主题，其中包括对餐具使用的各种规定和禁忌。这些禁忌并非随意制定，而是源于长期以来对文化传统中的礼仪的深刻理解。下面我们将学习中国餐桌上餐具使用的一些主要禁忌。

（1）不要将筷子插在饭碗上。筷子是中国餐桌上最常见的餐具，然而在使用筷子时，有一些明确的禁忌。例如，不应该将筷子竖直地插在饭碗里，因为这样常被联想到对死者的祭奠，筷子就像祭奠时上的香，因此这一行为被视为不吉利。[②]假如与人吃饭时这么做，就有诅咒对方的意思，所以我们应避免这种情况的发生。

（2）不要用筷子指向别人。在中国，用筷子指向他人被认为是一种非常不礼貌的行

[①] 孔凡利：《中西方不同餐桌礼仪折射下的价值观差异》，载《湖北开放职业学院学报》2021年第11期，第186–188页。

[②] 王岩：《中俄餐桌礼仪的异同》，载《科技视界》2015年第23期，第147页。

为。① 这种行为可能被看作对他人的不尊重，甚至有可能被解读为对他人的威胁。同时，这也违反了筷子作为食用工具的基本作用，被视为对文化传统的不尊重。为了展示尊重和礼貌，我们应避免在任何场合用筷子指向他人。

（3）不要敲碗。在中国文化中，用筷子敲击饭碗被视为一种极度不礼貌的行为。在过去，乞丐为了引起人们的注意并乞求食物或钱财，会用筷子敲击他们的碗。② 因此，敲击饭碗在中国文化中被视为一种贫穷和落魄的象征，是对餐桌礼仪的严重冒犯。此外，这种行为也可能打扰到他人并产生不必要的噪音，影响他人的用餐体验。因此，为了尊重他人和保持餐桌上的和谐，应避免敲击饭碗。

遵守这些餐具使用上的禁忌不仅是对中国文化的尊重，还是在尊重与自己共享餐桌的人。这提醒我们，餐桌上的行为远不仅仅关于食物，更体现了人与人之间的交往和尊重。

生 词

1. 窥见 kuī jiàn（动）get a glimpse of

看破；觉察。

2. 追溯 zhuī sù（动）trace back to

追求根源。比喻回首往事、探寻渊源。

3. 演变 yǎn biàn（动）develop

变化发展。

4. 匙 chí（名）spoon

舀汤用的小勺子。

5. 羹 gēng（名）tick soup

汤或用肉或菜调和五味做成的带汁的食物。

6. 盅 zhōng（名）small cup or bowl

饮酒或喝茶用的没有把的杯子。

7. 蘸取 zhàn qǔ（动）dip

---

① 阳辉：《餐桌礼仪》，载《湖南农机》2009年第12期，第36页。
② 王子辉：《筷子支起的文明》，载《国学》2011年第9期，第46—48页。

在液体、粉末或糊状的物质中沾取。

8. 唾液 tuò yè（名）saliva

口水。

9. 祭奠 jì diàn（动）hold a memorial ceremony for

为死去的人举行仪式，表示追念。

10. 诅咒 zǔ zhòu（动）curse

祈求鬼神加祸于所恨的人。

11. 落魄 luò pò（形）be in dire straits

穷困不得意。

练 习

一、填空题

1. （　　）、（　　）、（　　）、（　　）、（　　）、（　　）和（　　）是中国餐桌上常见的餐具。

2. 我们在中国用餐时应注重餐具方面的礼仪，例如（　　　　）、（　　　　）、（　　　　）。

二、判断题

1. 学习中国餐具礼仪可以让我们在用餐时更得体。（　）

2. 掌握餐具使用方式可以让我们知道如何烹饪中国菜。（　）

3. 在中国，筷子是最常用的餐具。（　）

三、问答题

1. 从你的角度论述，为什么理解和掌握中国餐具礼仪有助于更好地融入中国社会和文化。

2. 你比较喜欢叉子还是筷子？请说说原因。

3. 据你观察，除了以上所述的餐具礼仪外，还有什么餐具方面的礼仪和文化反映了中国人注重餐桌卫生？

第四节 用餐礼仪

【学习目标】

1. 理解并掌握中国用餐礼仪的重要性和意义；
2. 掌握中国用餐礼仪的基本规则和习惯；
3. 学习如何在餐桌上表现得体，以及用餐中的适当行为；
4. 理解用餐礼仪中的一些禁忌和注意事项。

【学习重点】

中国的用餐礼仪及其禁忌。

【关键词】

用餐礼仪；餐桌礼仪；行为；禁忌；技巧

【热身】

1. 你了解中国的用餐礼仪吗？你平常有遵守这些礼仪吗？
2. 你通常在用餐时会注意什么？
3. 在你的文化背景下，有哪些用餐的习惯或规则？它们与中国的用餐习惯有何不同？

一、中国用餐礼仪概述

在中国文化中，用餐不仅仅是满足生理需求的活动，更是一种社交活动。用餐礼仪是中国丰富多彩的礼仪文化中的重要组成部分，它体现了中国人对礼仪、和谐和尊重的重视。恰当地使用用餐礼仪则是表达尊重、友情、和谐和礼貌的方式。遵守这些礼仪，不仅可以确保用餐愉快，而且可以避免不必要的误解和冒犯。

在中国，用餐场合是社交的场所。餐桌礼仪不仅是一种文化，也是一种社交习俗。在餐桌上，人们分享食物，交流思想，建立和加强人际关系，如果我们能够理解并遵守这些规则，将可以树立良好的个人形象，更容易融入中国的社会生活并与他人建立良好的关系。此外，中国的用餐礼仪是中国文化的重要组成部分，通过学习和实践这些礼仪，我们可以更深入地了解中国人的价值观和生活方式。餐桌上热闹的气氛反映了食客发自内心的开心与满意，这体现了中国文化中的集体主义精神。[①] 在理解这些细节后，我们就能够理解并尊重这些文化。

二、常见用餐礼仪

1. 用餐人员到齐后再开始用餐

在中国的餐桌礼仪中，一个重要的规则是等待所有的人都到齐了才开始吃。这是对他人的一种尊重，也是对食物的一种尊重。如果有人迟到，其他人通常会等待他到达后才开始用餐。这一习惯体现了中国文化中的集体主义精神，即个人的需要和欲望应服从集体的需要和欲望。

2. 等待主人示意后再开始用餐

客人入席后，不要立即开始用餐。我们应该等待主人示意后才开始用餐，抢在主人前面开始吃饭的话会显得不礼貌。[②] 等待主人示意后再开始用餐是一种源自礼仪和社交规则的习俗。首先，这是向主人表示尊重的方式，体现了对他们付出的尊重。其次，这是遵循社交礼节的体现，给主人提供了介绍食物或发言的机会。最后，这可以确保所有人同时开始用餐，避免出现尴尬情况。

3. 在合适时机夹菜

在圆桌上用餐时，食物通常会被放置在转盘上，应等菜肴转到自己面前时，再动筷子，不要抢在邻座前面，每一次夹菜也不宜过多。[③] 这体现了对他人的尊重，保证了每

---

① 张玲：《中西餐桌礼仪文化的差异》，载《校园英语》2017年第22期，第195-196页。
② 阳辉：《餐桌礼仪》，载《湖南农机》2009年第12期，第36页。
③ 孔凡利：《中西方不同餐桌礼仪折射下的价值观差异》，载《湖北开放职业学院学报》2021年第11期，第186-188页。

个人都有平等享受菜肴的权利。同时，这有助于维护餐桌秩序，还能避免食物在夹取过程中由于距离过远而掉落，避免尴尬和浪费食物的情况。

4. 礼让他人

中国的用餐礼仪中，礼让他人的行为表现在各个方面。我们尊老爱幼且好客，会让长辈、小孩和客人先夹取他们喜欢的菜肴。同时，当菜肴转到自己面前时，我们会主动为他们夹菜。此外，当菜肴只剩下最后一块时，我们通常会主动让给他人，尤其是让给长辈或客人。以上表现不仅是一种礼貌地考虑他人的行为，更是一种表现出关心和尊重的方式，也是一种礼让。

5. 不浪费食物

在中国的用餐礼仪中，不浪费食物是一个核心原则。这是因为食物的生产涉及大量的劳动和资源，包括农民的种植收割、厨师的烹饪，以及消耗的水、能源和土地等资源。因此，浪费食物实际上就等于对这些劳动和资源的不尊重。

6. 长辈先动筷

在中国，在餐桌上辈分最高的人未动筷前，我们不应做第一个动筷的人。让辈分高的人先动筷是一种彰显尊重和传承的文化习惯。这体现了对年长者智慧和地位的敬重，强调家族中长辈的重要角色，同时承载着千年的传统价值观。这一行为源自中国古老的家庭观念，将尊敬长辈的教诲融入用餐礼仪，形成一种深刻的文化体现。①

7. 敬酒相关礼仪

喝酒是在中国餐桌文化中比较重要的一环。我们敬酒的时候，应该先从长辈或上司等地位较高的人开始。②在与地位比自己高的人碰杯时，我们应双手托杯，酒杯要处于较下的位置，以示尊敬。敬酒时也应说一些敬酒语，例如"谢谢您的照顾""今天很高兴"等。敬酒时的言辞应当恭敬而真诚，表达对对方健康和幸福的祝福。如果对方因故不能饮酒，应予以理解和尊重。中国文化强调和谐与体贴，不应让敬酒变成不愉快的体验。

8. 饭后感谢

用餐礼仪在中国文化中占据重要地位，特别是在用餐后向主人或请客者表示感谢是不可或缺的。一句"谢谢您的款待"或"这顿饭很好吃"不仅是对食物美味的赞赏，更

---

① 王岩：《中俄餐桌礼仪的异同》，载《科技视界》2015年第23期，第147页。
② 杨洁：《跨文化交际中的餐桌礼仪差异》，载《文教资料》2011年第4期，第74-75页。

是对主人宴请的尊重与感谢。这种感谢不仅体现了基本的礼貌，还传递了对他人的友好与善意，有助于加深主客之间的关系，营造和谐氛围。

三、用餐礼仪的禁忌和注意事项

（1）不要触犯当地的饮食禁忌。在不同地方和文化下，会有不同关于用餐礼仪方面的禁忌，我们应该事先理解并时刻注意。例如在沿海地区的文化中，吃鱼的时候翻鱼会让人联想到船翻了，这是一个不好的象征。了解并尊重这些礼仪和习俗对于建立和维护良好的关系具有重要意义。如果你对这些习俗和禁忌不了解，可能会被认为是无知或对他人不尊重，从而影响你的形象和人际关系。

（2）不要发出不必要的声音。中国的用餐礼仪强调尊重与和谐。发出嘈杂的声音，如喝汤时"咕噜咕噜"的声音或者吃东西时嘴里"叭叭"作响，通常被视为不礼貌的行为。《礼记》中也有说要"毋咤食"，意思是我们吃菜时，舌头不弄出怪声，那样好像是在嫌弃食物做得不够可口。[1]这可能会让周围的人感到不舒服，因为它可能被认为是缺乏教养或者对他人不尊重。[2]

（3）不可翻菜挑选。我们在用餐时需注意不能将菜品翻来翻去挑选，这是很不礼貌的行为。不翻动菜品夹菜的做法是出于对多重因素的考量。有一部分原因是保证食物的卫生和安全，避免用餐工具在不同菜品之间传播细菌。而且避免这一行为有助于维护用餐的和谐氛围，以免干扰其他人的用餐体验。

（4）不要一边咀嚼食物一边与人交谈。用餐时应避免在咀嚼食物时与人交谈，这被视为不尊重他人的表现。咀嚼时嘴巴张开可能被人看到食物，不礼貌。同时，说话时食物可能飞溅出来，弄脏餐桌或衣物，影响整洁。此外，还可能增加噎食风险，威胁个人安全。因此，为保持整洁、确保安全及留下良好印象，用餐时应避免在咀嚼时交谈。

这些禁忌的存在主要是为了保持餐桌上的和谐和尊重。在中国文化中，吃饭不仅仅是为了满足身体的需要，更是社交的一个重要部分。遵守这些礼仪规则，可以显示出你对中国文化的了解和尊重。

---

[1] 彭林：《餐桌礼仪》，载《新湘评论》2012年第22期，第49-50页。
[2] 方碧陶：《中韩饮食文化中的用餐礼仪比较》，载《戏剧之家》2017年第6期，第259-260页。

生 词

1. 收割 shōu gē（动）harvest

泛指收获农作物。

2. 教诲 jiào huì（动）teaching

教导训戒。

3. 教养 jiào yǎng（动）upbringing/education/training

教育培养。

4. 咀嚼 jǔ jué（动）chew

含在嘴里细细嚼以使烂。

5. 噎 yē（动）choke

食物堵住喉咙。

6. 食道 shí dào（名）esophagus

人体器官，是消化系统中连结口腔与胃部，负责传输食物的管状结构。

练 习

一、填空题

1. 学习好中国的用餐礼仪可以协助我们（　　　　　）、（　　　　　）、（　　　　　）。

2. 用餐时，我们应先礼让（　　　）、（　　　）、（　　　）夹菜。

二、判断题

1. 在中国，用餐不仅是进食行为，还是社交活动。（　　）

2. 一边咀嚼食物一边与人交谈在中国用餐礼仪中是不好的行为。（　　）

3. 我们应在用餐后感谢主人。（　　）

三、问答题

1. 为什么说在中国用餐不仅仅是满足生理需求的活动，更是一个重要的社交活动？你对此有什么见解？

2. 假设你被邀请去中国朋友的家中用餐，你会如何注意自己的行为以确保符合中国的用餐礼仪？

3. 敬酒时能说哪些敬酒语？请举例。

第七章 节日礼仪文化

第一节 春节主要习俗礼仪

【学习目标】

1. 理解春节的重要地位，以及与春节有关的历史渊源、传统习俗；
2. 了解春节文化中所凝聚的中华民族的精神内核；
3. 理解春节期间多样的庆祝活动，以及在现代社会中庆祝仪式的变化与发展。

【学习重点】

春节的重要意义；春节的传统；春节的庆祝活动以及节庆饮食。

【关键词】

春节；新年；庆祝；团聚；拜年

【热身】

1. 你有跟家人、朋友一起庆祝过中国的春节吗？
2. 你是否有某些印象深刻的春节庆祝活动？
3. 如果你去拜年，有哪些祝福的话语和礼仪需要掌握？

一、春节的内涵

（一）春节的定义

春节，是中国传统文化中最隆重和热闹的传统节日，日期在农历的正月初一，是农历年的第一天。庆祝春节一般从腊八或者小年开始，持续到正月十五元宵节结束，这期间的日子叫作"过年"。春节对中华民族的意义十分重要，也是数千年来人们传承的优秀文化之一，寄托着人们对新一年生活的美好祝愿。

（二）春节的重要性

春节是中华优秀传统文化的重要组成部分。春节维系了个体、家庭、社会，乃至整个民族的和谐与团结。家家户户欢庆春节，能够增强人们对于中华文化的责任感、获得感、幸福感，使人们主动积极地传播中国特色的节日文化，传承和弘扬祖先留下的丰富文化传统，加深对中华文化的认同。在春节，人们祈求好运、表达希望，祝福他人平安顺利、万事如意、身体健康等，也正因为这些充满温度的祝福，增添了新年的热闹和喜庆之感。此外，春节的习俗有驱邪避灾的吉祥寓意，烟花爆竹的声音被认为可以赶走不祥之物，带来好运。

（三）春节的现实作用

首先，春节期间的商业行为活跃，可推动经济增长。春节是中国人团聚的时刻，家庭通常会增加在食品、礼物、服装等方面的消费。春节期间，各种庙会、文艺演出等文化娱乐活动也增加了人们的文化消费。随着互联网的发展，春节期间的线上购物活动逐渐增多。电商平台推出各种促销活动，满足了人们对年货和礼品的需求。

其次，春节进一步促进了旅游业的发展。春节期间，人们通常会踏上旅途，进行探亲访友、旅游度假等活动。这促进了交通、酒店、餐饮等相关产业的繁荣，使旅游市场在春节期间热闹非凡。近年来也有不少人选择不在家乡过年，一方面可以利用春节假期和家人一起外出旅游，另一方面也可以避免走亲访友等传统习俗活动带来的劳累。

最后，春节是中华文明走向世界的重要代表。在海外的华人社区，春节是一种团结和凝聚力量的媒介。通过共同庆祝春节，华人在海外能够保持对祖国文化的认同感，加强彼此之间的联系。春节的庆祝活动也受到国际媒体的广泛关注，为中国的国际形象塑造提供了积极的作用，有助于国际社会更全面地了解中国民俗文化和历史传统，提升中国在国际舞台上的文化软实力和影响力。

二、春节的历史溯源

春节从古代传承至今，有着丰厚的历史底蕴，下面是有关春节由来的两个传说，了解它们更有利于掌握春节的核心内涵。

1. 年兽传说

关于春节的起源有不同的传说,其中之一与中国古老的怪兽故事有关。传说中,年兽在农历年的时候会出现。人们发现年兽害怕红色、噪音和火光,于是开始挂红灯笼,以此驱赶年兽。因此春节也被看作祈求平安、好运的时候。

2. 求拜太岁

民间有一种说法认为每个人都有一个太岁星君。人们在自己本命年(属相年)的时候要特别小心,以免冲太岁,从而给自己带来不好的事情。因此在本命年,人们通常会更加注意自己的言行举止。在有些地区和家庭,还会举行祭拜仪式,为太岁献上水果、糖果等供品,希望能够得到太岁的保佑,平安顺利度过新的一年,并祈求家庭平安、事业顺利、身体健康等。

三、春节的庆祝仪式

(一)春节常见的节日活动

1. 辞旧迎新,打扫家中卫生

春节前,人们往往会清理家中的各个角落,擦洗家具,清理杂物,更换新的窗帘、床上用品等,让家里的环境变得干净、整洁。人们希望通过打扫卫生来摆脱旧年的坏运气,迎接新一年的好运气;同时也为迎接春节营造一个良好、舒适的环境,为新一年的到来预热节日气氛。

2. 全家团圆,品尝美味年夜饭

对于不方便经常回家的人来说,春节是和家人团聚的宝贵机会,在春节前一天,也就是"除夕",一家人通常会聚在一起享用丰盛的美食,又称"年夜饭"(如图7.1.1所示)。一般来讲,春节年夜饭吃饺子是最常见的,因为饺子的形状像元宝,寓意着财富,吃饺子象征着全家团圆、和睦幸福。在一些地方,吃饺子还有驱赶邪气的寓意。有传说认为饺子的形状类似于古代驱邪的法器"镇邪符",因此吃饺子可以带来平安,祛除厄运。

除了饺子以外,鱼、年糕也是十分常见的年夜饭菜品,这和它们的发音有关。鱼和"余"同音,象征着年年有余、富贵有余的美好寓意。所以人们会选择全鱼上桌,以表示年年都有剩余的富饶。糕因与"高"谐音,意为步步高升、生活越来越好。常见的年糕做法有炸年糕、蒸年糕等,也寓意团团圆圆。

图 7.1.1　年夜饭①

3. 守岁

"守岁"是指在除夕夜整晚都不睡,一直守在家中迎接新年的到来。这一习俗寓意着告别旧的一年,迎接新的一年,守护家庭的平安和幸福。在守岁的过程中,家人通常会一起吃美食、玩游戏、聊天,以欢度新年。这一习俗在多数地区仍然传承至今。

4. 舞龙舞狮,放鞭炮

舞龙和舞狮在中国传统文化中具有赶走危险事物、祝福祝寿的意思。这些表演常在庙会、社区和商业区出现,还成为民众聚会、欢庆的重要方式。舞龙的龙身由多个人负责,龙头部分通常由一个成员控制,通过手中的竹竿或其他工具使龙头上下左右摆动,展示出生动的表情和动作。舞狮通常由两名舞者合作,其中一名举起狮头,用手臂和头部表现出狮子的神态。另一名则控制狮身,维持整体的稳定(如图 7.1.2 所示)。

图 7.1.2　舞龙舞狮②

放鞭炮是春节庆祝的另一传统习俗。燃放爆竹时的巨大声响被认为能够吓跑恶鬼,

---

① 图片来源:网易网https://www.163.com/dy/article/GUI9BEOB0534A4SC.html。
② 图片来源:搜狐网https://www.sohu.com/a/223279695_687240。

消灭灾害；同时也象征着将去年一切不祥之事驱散，医治疾病，让人们顺利进入新的一年。然而，由于鞭炮的噪音和空气污染问题，近年来一些地区对鞭炮的使用进行了限制，鼓励使用环保替代品庆祝。

5. 观看春晚，共享欢声笑语

"看春晚"是过年必不可少的一项娱乐活动。春晚创始于1979年，是为了庆祝改革开放和春节到来而策划的文艺晚会，由中国中央电视台制作，自此成为每年春节的固定节目。经过多年的发展，春晚已经成为世界上观众最多的大型文艺晚会，每年都会邀请各界明星、艺术家与杰出前辈，通过表演歌舞、相声小品等方式与全国人民乃至全球华人共同庆祝新年。

6. 走亲访友，维系亲情

春节期间走亲访友是一种表达祝福和问候的方式。通过亲自拜访亲朋好友，传递最真诚的祝福，表达对对方的关心和美好祝愿。这种传统的问候方式不仅有助于维系人际关系，拉近感情距离，为新一年的开始带来吉祥和热闹；也有利于丰富人们的生活，让人们感受到亲情、友情的温暖。

以上是全国人民共有的春节庆祝活动，而不同地区也会有其独特的庆祝方式，如广州花市。广州花市是广州一年一度的传统年货市场，也是中国南方地区最大的花市。每年农历新年前到正月十五期间，广州花市以赏花，出售鲜花、盆景、年花、年橘等年货为主，还设有各种摊位售卖传统年货、小吃、红包、装饰品等，吸引众多市民前往选购。

（二）拜年的基本礼仪

1. 拜年问好

在拜年时，晚辈会先向长辈行拜年礼，表达对长辈的敬意和祝福，如可以说："恭祝爷爷奶奶/叔叔阿姨新年好，身体健康，万事如意！"表达新春的祝福可以说："新年到，祝您新年快乐，事事如意，心想事成！""新年好！恭喜发财，大吉大利！"如果对方先对你表达了新年祝福，应该及时回应，可以说："谢谢你的祝福，也祝你新年快乐！""同喜同喜，新年一切顺利！"这样的祝福充满了喜庆和美好的期许。如果是上门拜访的话，还应该准备一些礼品赠送给对方，以表对他人的尊重以及美好的祝愿。

2. 拜年红包

压岁钱，作为中国传统新年中重要的文化符号，代表着长辈对晚辈的祝福和关爱。长辈们都会提前准备好红包，金额适中，以便在新年期间分发。红包一般都是红色，因为红色代表着红红火火、充满福气。在分发压岁钱时，长辈常常会说"平平安安""身体健康""学业有成"等祝福语，以传达对晚辈学业顺利、事业有成的美好祝福。晚辈在接红包的时候，通常用双手接过，表现出对长辈的尊重。除此之外还应该对长辈表示感谢，可以说"谢谢爷爷/奶奶！祝您身体健康，长命百岁！"。

四、春节庆祝活动的新形式

（一）春节的海外传播

1. 唐人街活动

舞龙舞狮是海外唐人街活动的亮点。人们穿上龙、狮的服装，在街头、商场等地方表演，以祈求好运。一些唐人街可能会举办书法、绘画、传统手工艺品的文化展览，向当地居民和游客介绍中国的文化遗产。春节期间，唐人街的餐馆通常会推出特色的春节美食，吸引食客前来品尝。除此之外，唐人街可能还会组织一起观看春晚、包饺子、贴春联等活动，或者一起录制春节祝福视频传给国内的伙伴们。

2. 媒体宣传报道

春节期间，中国主流媒体会在对外平台发布春节相关新闻，主要以团聚、喜庆为主题，以具有中国特征的文化符号作为宣传媒介，如春联、舞龙舞狮、年画等都可以作为对外介绍的窗口。国际主流媒体也十分关注中国春节的到来，报道主要集中在除夕和正月初一两天，主要介绍中国春节的喜庆氛围和常见的春节活动等。除此之外，"生肖文化"在国外的关注度也逐渐提高，比如美国迪士尼每逢春节都会举行相关的庆祝和巡游活动，其卡通人物形象就是以每年的生肖属相为参考。

3. 学校组织春节庆祝活动

澳大利亚悉尼华夏文化学校、意大利孟子中文学校等为海外华人子女提供教育的学校，在春节期间通常会组织一系列丰富多彩的活动，旨在弘扬中华传统文化，让学生在异国他乡感受到浓厚的节日氛围。可举办的活动形式多种多样，包括举办歌舞表演、小品、合唱等多种形式的晚会，设置书法、绘画、传统手工艺等各种传统文化的摊位，提供中国的春节美食，如饺子、汤圆等，让学生们感受中国的年味。还可以安排手工制作活动，如制作红包、春联、窗花等传统手工艺品，让学生动手体验传统文化的乐趣。

4. 春晚的海外投放

春晚通过互联网等多种渠道向海外观众传递了中国文化，为全球华人提供了一个共享团圆氛围的平台。一些海外华人社区会组织观看春晚，使得"春晚"这一传统文化活动在国外也得到了积极的反响。外国友人对春晚的评价也好评不断。许多观众欣赏了春晚的高水平表演、丰富多彩的文艺节目以及中国特色传统文化元素，并对此感到惊艳。

（二）部分少数民族的春节庆祝特色

1. 朝鲜族

春节是朝鲜族家庭团聚的重要时刻。人们会回到父母家中，共同庆祝新年。春节期间，朝鲜族人会准备丰盛的新年餐饭，其中必不可少的是传统的年糕汤。年糕汤象征着长寿和新年的开始，寄托着人们对美好未来的期许。朝鲜族在春节时喜欢穿上传统的韩服，展现文化传承。此外，人们还会进行传统的舞蹈表演，其中以"长鼓舞"最为著名。这种表演通过舞蹈和击鼓，祈愿来年粮食丰收、国家和平稳定。

2. 藏族

藏族春节开始时，家庭会进行祈福仪式，求神保佑来年一切顺利，没有洪水、干旱等灾害，国家安定、人民幸福。寺庙也会举行盛大的法会，吸引信徒前来参与。春节期间，大昭寺也会举行各种宗教活动、法会和传统表演，吸引成千上万的信徒和游客前来朝拜。部分藏族地区会有结合音乐、舞蹈和戏剧的传统藏戏表演，传递着宗教和文化的内涵。

3. 壮族

壮族春节是壮族传统的盛大节日。春节期间，壮族人会祭拜祖先，献上鲜花、鸡、米酒等供品，以感恩祖先的关爱，祈求祖先的保护。除此之外，壮族的歌舞表演是壮族民族文化的重要组成部分。在春节，人们会穿上传统的节日服装，进行激情四溢的歌唱和舞蹈表演，以表达对美好生活的向往和对家庭的祝福。壮族春节表演的歌舞形式独特，充满了浓厚的地方风情。

4. 蒙古族

古代蒙古族的春节又被称为"白节",是一个庆祝新年的盛大节日。蒙古族春节时,人们会向长辈敬酒,祈求来年粮食丰收、家庭幸福。敬酒是表达感恩和祝愿的一种方式。蒙古族地区的春节,还常常伴随着传统的赛马比赛。这是一项古老而受欢迎的活动,展现了蒙古族对马匹的热爱和精湛的马术技艺。蒙古族还会有献"哈达"等活动,展示了浓厚的民族文化(如图 7.1.3 所示)。

图 7.1.3 蒙古族人民传统礼节"献哈达"[①]

生 词

1. 农历 nóng lì(名）lunar calendar

中国传统的农业立法,通常所说的阴历即指农历。

2. 腊八 là bā（名）Laba Festival

农历十二月(腊月)初八日。民间在这一天有喝腊八粥的习俗。

3. 小年 xiǎo nián（名）Little New Year

小年是民间祭灶的日子,意味着人们开始准备过年。北方大部分地区小年是在腊月二十三,南方大部分地区是在腊月二十四。

4. 驱邪 qū xié（动）exorcize

(用符咒等)驱走邪恶(迷信)。

5. 避灾 bì zāi（动）take shelter

---

① 图片来源:百度经验https://jingyan.baidu.com/article/6dad5075321925e023e36ea9.html。

远离、躲避灾害。

6．烟花 yān huā（名）firework

焰火，以烟火药为原料配制的工艺美术品。

7．爆竹 bào zhú（名）firecracker

一种用纸卷裹火药制成的爆炸物，常在喜庆时燃放，发出巨大声响。

8．溯源 sù yuán（动）trace to the source

往上游寻找发源地，比喻向上寻求历史根源。

9．祭拜 jì bài（动）worship

指在特定时候朝拜一些人物神明。

10．厄运 è yùn（名）bad luck

形容困苦的遭遇，不幸的命运。

11．富饶 fù ráo（形）rich

物产多，财富多。

12．竹竿 zhú gān（名）Bamboo pole

砍下来削去枝叶的竹子。

13．神态 shén tài（名）expression/demeanor

人的表情或神情。

14．摊位 tān wèi（名）stall

摊贩的经营场所。

15．遗产 yí chǎn（名）heritage

被传承或遗留下来的物品、文化或传统。

16．生肖 shēng xiào（名）Chinese zodiac

代表十二地支而用来记人的出生年的十二种动物，即鼠、牛、虎、兔、龙、蛇、马、羊、猴、鸡、狗、猪。

17．悉尼 xī ní（名）Sydney

澳大利亚的一个知名城市。

18．大昭寺 dà zhāo sì（名）Jokhang Temple

是西藏最辉煌的一座佛教寺院。

19．四溢 sì yì（动）spread in all directions

形容某种东西（如香气、光芒、液体等）从中心向四周散发。如"激情四溢"，就是指激动的情感四散飘溢，充满激情。

练 习

一、填空题

1. 春节的前一天被称为（　　　　　），家人共聚一堂等待春节的到来。
2. 辞旧迎新的除夕夜，人们会放鞭炮，传统上是为了驱赶（　　　　）。
3. 春节的庆祝活动通常包括家人团聚、（　　　　）等各种传统仪式。

二、判断题

1. 饺子、年糕都属于春节期间常见的传统食物。（　　）
2. 在春节到来之前，家里面一般会大扫除。（　　）
3. 拜年、看春晚、放烟花、划龙舟都属于春节期间常见的传统活动。（　　）
4. 舞龙舞狮、放风筝、赏月、插柳都属于春节期间常见的庆祝活动。（　　）
5. 春节的庆祝时间通常取决于丰收情况。（　　）

三、问答题

1. 请解释春节的起源和传统意义。
2. 请描述春节期间的舞龙舞狮表演，以及这一表演的文化意义。
3. 为什么春节期间人们喜欢给红包？红包的含义是什么？

第二节　元宵节主要习俗礼仪

【学习目标】

1. 理解元宵节在中国文化中的重要性，以及元宵节的历史起源；
2. 了解元宵节独特的传统庆祝活动以及传统美食；
3. 了解元宵节与农历新年的关系。

【学习重点】

元宵节的重要意义；元宵节的庆祝活动；元宵节的历史由来。

【关键词】

元宵节；灯会；猜谜；赏灯；新年

【热身】

1. 你了解元宵节吗？是否有在中国体验庆祝元宵节的经历？
2. 你知道元宵节的特色美食和庆祝活动有哪些吗？
3. 你知道元宵节都有什么历史由来吗？

一、元宵节的内涵

（一）元宵节的定义

元宵节，又称为"上元节""灯节""元夕"，指每年的农历正月十五，是新年期间最后一个重要节日。元宵节寄托了家人团圆、庆贺新春、消灾除害等美好寓意，是中国特色传统节日。俗语说"闹元宵"，就是强调一个"闹"字，人们在元宵节会举办"猜灯谜""赏灯""吃汤圆"等各种特色活动。了解元宵节的节日意义和习俗，有利于传承和弘扬中华传统文化。

（二）元宵节的重要意义

元宵节的背后是深厚的历史文化。根据史料可以知道，元宵节与古代的农业祭拜活动"元日祈谷"紧密相关，"元日祈谷"是指天子在新的一年要举办复杂的祭祀开耕典礼，用来祈祷一年风调雨顺、农耕顺利。元宵节时赏花灯、猜灯谜等传统习俗，也体现着中华民族积极向上的生活态度，弘扬了幸福、和谐、向往美好的家庭观念。同时，这些传统活动也是中国非物质文化遗产的重要组成部分，向国内外游客展示了中国丰富的民族文化，共同形成了元宵节活泼热闹的节日气氛。

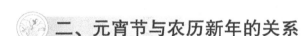

二、元宵节与农历新年的关系

春节是中国传统节日中时间最长的节日，元宵节则是该节庆的重要组成部分。在春节庆祝活动的延续中，元宵节作为独特的传统节日，使整个春节的庆祝活动更加丰富多彩。同时，农历新年是中国传统农历计时方式中的新年，通常从农历正月初一开始，而元宵节则标志着农历新年的结束，是新年期间的最后一个重要节日，过完元宵节，基本上大家就会认为过年活动结束了。

总而言之，农历新年和元宵节都承载着丰富的文化内涵，是中国传统文化的重要组成部分。春节代表着人们对新生活的期盼，元宵节则体现了人们对团圆和家庭幸福的向往。这两个节日反映了中国人追求美好生活、珍惜家庭团圆的价值观和情感表达。

三、元宵节不同的庆祝内容

（一）庆祝活动

1. 赏灯活动

元宵节的赏灯活动是节日庆祝中独特而重要的组成部分，因此元宵节又叫"灯节"。赏灯活动自古以来就是欢庆、祈福文化的体现，核心是各种精美的灯饰，包括花灯、彩灯、艺术灯等，它们的制作工艺复杂，充分展现了传统文化和现代创意的结合（如图7.2.1所示）。赏灯地点一般分布在城市的主要公共场所和风景名胜区，如公园、广场、古迹等。一些特色小镇和传统文化街区也会打造精美的赏灯场所，吸引游客和当地居民前往感受节日的喜庆氛围，这些地方都成为人们赏灯的热门去处。

图 7.2.1　元宵节花灯 [①]

2. 猜灯谜

猜灯谜是中国传统元宵节的一项重要活动。在元宵节的灯展、灯会等场所，人们会挂起写有灯谜的灯笼，让游客和居民猜谜。猜谜者可以自由选择一盏灯笼，或者由主持人指定。猜中谜底的人有机会获得小奖品，以此增加活动的趣味性和互动性。

下面是几个有趣的灯谜，请尝试猜一下吧！

灯谜一：一家兄弟多，上下并排坐。谁要进门来，绝不请放过。（打一人体器官）

谜底：牙齿

灯谜二：兄弟两个一般长，我们吃饭它们忙。
　　　　酸甜苦辣好滋味，它们都要先尝尝。（打一用具）

谜底：筷子

灯谜三：手持单刀一口。（打一字）

谜底：招

[①] 图片来源：网易网https://www.163.com/dy/article/IRF8RVNJ05561JF1.html。

3. 民俗表演

在元宵节期间，一些地方会表演传统的民间戏曲，如花灯戏、黄梅戏、越剧等。这些戏曲表演既是对传统文化的传承，也为人们提供了欣赏经典艺术形式的机会。同时不同地方也会有舞龙舞狮、踩高跷、扭秧歌等不同的民间特色表演（如图 7.2.2 所示）。

图 7.2.2　踩高跷①

4. 点灯仪式

正月十五元宵节中，除了"赏灯"活动，还有"送灯"活动。送灯是指在元宵节前，娘家给新出嫁的女儿送灯，因为"灯"与"丁"读音接近。在中华传统文化中，"丁"也用来表示人口，俗语"人丁兴旺"的意思就是家庭成员多。因此，送灯意味着希望女儿一家能早日顺利迎接新生命。求灯（求丁）、送灯（送丁）、点灯（添丁）这些习俗深深反映着中国人对子孙传承的追求。

（二）元宵节美食

1. 元宵/汤圆

元宵象征着团圆和幸福，是元宵节的传统食品，也叫汤圆（如图 7.2.3 所示）。汤圆煮熟后即可食用，通常由糯米制成，有各种馅料，如花生、豆沙等。在现代，元宵馅料的选择也在不断增加，甚至有蓝莓、草莓等各种水果口味可以挑选。在各地元宵节庆祝活动中，也有组织学生、员工、社区居民、游客等共同动手体验制作元宵的创意安排。

---

① 图片来源：新浪网 https://k.sina.cn/article_5901594174_15fc32e3e001005d2z.html?from=travel。

图 7.2.3　元宵/汤圆[①]

2. 龙须糖和花生糖

在元宵节时，人们也常常喜欢准备一些其他美食，比如龙须糖和花生糖等。在元宵节、春节等热闹的节日吃糖，也是一种传统习俗，更能够增添节日的"甜蜜"气氛。龙须糖是一种用麦芽糖加工制成的传统糖果，形状呈丝状，像龙须，口感甜软（如图 7.2.4 所示）。花生糖是一种由糖和花生制成的糖果，香甜可口（如图 7.2.5 所示）。花生糖的制作非常简单：将炒好的花生倒入煮好的糖浆中，不断搅拌，使花生均匀沾上糖浆。再将裹好糖浆的花生放入烤箱，烤好冷却后，用刀将其切成块状即可。

图 7.2.4　龙须糖[②]　　　　图 7.2.5　花生糖[③]

3. 桂花糕

桂花糕是以桂花为原料的糕点，也是一道传统的中国甜点，它通常呈扁平的圆形或方形，表面光滑，外观精美（如图 7.2.6 所示）。桂花糕的主要原料是糯米粉、白糖和桂花，有时还会加入一些水果或坚果。制作桂花糕的过程中，桂花香气浸润其中，使得桂

[①] 图片来源：搜狐网https://m.sohu.com/a/224757083_/001/0683。

[②] 图片来源：澎湃新闻https://m.thepaper.cn/baijiahao_10026593。

[③] 图片来源：搜狐网https://www.sohu.com/a/543093556_121283323。

花糕具有独特的香甜气味。桂花糕口感软糯，香甜可口。除了在元宵节食用外，在中秋节等其他传统节日也十分常见。

图 7.2.6　桂花糕①

四、常见的元宵节祝福语

在元宵节期间，为亲朋好友、同事、爱人送上祝福是很常见的一件事情。一般来讲，元宵节祝福语与其他节日祝福语一样，都需要以真诚和热情的态度送上，最常用的祝福语多为"元宵节快乐""团团圆圆""幸福美满"这样直接明了的节日话语。但因为中华文化的博大精深，有一些网络祝福语既充满了美好寓意，又有着一定的趣味性，读起来朗朗上口又别出心裁，下面我们一起来欣赏一下吧。

用真心包裹汤圆，用快乐作为调料，用真诚的祝福作为炉火，煮一碗汤圆送到你的嘴边。愿你元宵节乐开怀，生活事业圆圆满满！

元宵节到，烟花更俏，圆月高挂喜上眉梢；水煮元宵，入口露笑，合家团圆万事都好；祝福送到，幸福冒泡，吉祥如意八方齐妙！

元宵节，煮一碗汤圆送给你：平安皮包着祝福馅，用爱心煮熟。吃一个幸福，吃两

---

① 图片来源：图虫创意网https://stock.tuchong.com/image/detail?author_id=tuchongshequ~Dcf4AfhIARPKC~OBKvNL75&entryFrom=%E5%9B%BE%E7%89%87%E5%BC%B9%E7%AA%97&entry_from=%E8%AF%A6%E6%83%85%E5%BC%B9%E6%A1%86&from=modalNewWindow&imageId=728740132106403856&index=29&is_good=&page=1&platform=image&requestId=20240805101528EEB3D5A67CF1EA3FCDF8&searchId=7399473229410189578&search_list_position=29&source=tuchongshequ&term=%20%E6%A1%82%E8%8A%B1%E7%B3%95%EF%BC%8C%E6%BB%A1%E6%BB%A1%E7%9A%84%E5%9B%9E%E5%BF%86&topic_id=。

个温馨，吃三个健康，吃一碗发财，喝汤顺利！

元宵佳节，汤圆月圆，时时团圆；情缘福缘，日日逢缘；心愿意愿，月月兑现；官源财源，年年有缘。祝你心想事成，龙马精神，幸福美满，元宵节快乐！

春节马上去，元宵来收尾。街上灯笼美，桌上汤圆会，亲朋好友聚，开心举杯醉，祝你元宵节快乐！

生词

1. 灯谜 dēng mí（名）lantern riddles

灯会期间人们摆放的带有谜语的灯笼，通过猜谜语来娱乐和增加节日气氛。

2. 开耕 kāi gēng（动）assart

一年中开始耕地的活动，通常标志着农事活动的正式开始。

3. 盏 zhǎn（名）small container

形容浅而小的杯子，形状似杯的容器，或是用于计量饮料或灯的单位。

4. 高跷 gāo qiāo（名）stilt

（支撑建筑物、高出地面或水面的）木桩。踩高跷是一种传统的民间表演艺术，表演者站在高高的木板上行走。

5. 秧歌 yāng·ge（名）yangko

主要流行于北方广大农村的一种民间舞蹈，用锣鼓伴奏，跳这种舞叫扭秧歌或闹秧歌。

6. 糯米 nuò mǐ（名）glutinous rice

一种黏性很强的大米品种，常用于制作粽子等传统美食。

7. 龙须糖 lóng xū táng（名）dragon's beard candy

一种传统的中国糖果，由糖浆拉制而成，形状像龙须。

8. 糖浆 táng jiāng（名）syrup

一种甜味浓稠的液体，通常用于制作甜点或调制饮料。

9. 烤箱 kǎo xiāng（名）oven

一种用于烘烤食物的设备或器具。

10. 浸润 jìn rùn（动）imbue

（液体）渐渐渗入；滋润。

11. 软糯 ruǎn nuò（形）soft and glutinous

软而有黏性。

练习

一、填空题

1. 元宵节在农历正月（　　　　　），是中国传统节日之一。

2. 元宵节也被称为（　　　　　）。

3. 在元宵节，人们通常吃的传统食物是（　　　　　），寓意团圆。

二、判断题

1. 元宵节又称灯节。（　　）

2. 元宵节传统的庆祝活动包括赏花灯、吃汤圆、放鞭炮。（　　）

3. 元宵节的来源最有可能与纪念介子推有关。（　　）

4. 在元宵节不适合猜灯谜。（　　）

5. 粽子、汤圆、桂花年糕、花生糖在元宵节都很常见。（　　）

三、问答题

1. 除了吃元宵，元宵节还有哪些传统的庆祝方式？

2. 请介绍一下元宵节的文化意义。

3. 请简单介绍在元宵节可以怎样为他人送上祝福。

第三节　清明节主要习俗礼仪

【学习目标】

1．了解清明节的传统意义、重要地位和节日起源；

2．掌握清明节期间的重要活动内容和习俗；

3．了解现代清明节的习俗礼仪。

【学习重点】

清明节的重要性和内容；清明节的起源；清明节的节日活动以及习俗。

【关键词】

清明；祭祀；思念；缅怀；踏青

【热身】

1．你知道清明节的日期吗？

2．清明节有很多特色的传统活动流传至今，你是否听说过一些呢？

3．随着时代的发展，清明节逐渐有了一些新的变化，能否简单讲一讲？

一、清明节的内涵

（一）清明节的定义

清明节是中国重要的传统节日之一，通常为每年农历四月四日或四月五日，也是中国的传统节气之一，中国传统文化中最重要的祭祀节日之一。清明节是中国的法定假日，全国放假一天。中国人自古就有在清明节祭祀先祖和扫墓的习俗，清明节有深厚的历史文化内涵。

（二）清明节存在的重要性

在清明节这一天，人们会前往祖先的墓地扫墓，祭拜先人，表达对逝去亲人的思念和尊重，是传统孝道文化的重要体现。清明节也是重要的家庭聚会时刻，家人们团聚在一起，共同祭祖扫墓，可增进家庭成员之间的感情。除了祭祀亲人之外，清明节也有祭拜革命烈士等习俗，这有利于中华民族凝聚感情，增强中华儿女的身份认同感。除此之外，清明节也被称为"踏青节"。这一天人们会暂时放下繁忙的工作，到郊外欣赏春天的美景，感受大自然的生机和活力。

（三）清明节的主要起源

寒食节与清明节密不可分，也可以说清明节的前身就是寒食节。这就要提起关于介子推的历史传说。介子推是晋国时期的大臣，在晋国公重耳在外逃亡时，一直保护着重耳，功劳卓越。但是当重耳重新回到国家，继承王位，成为晋文公后，介子推却和他的母亲一起躲入山中，无论晋文公怎么劝说都不出山。晋文公没有办法，决定放火烧山，想用这种方法让介子推重回朝堂，但是介子推和母亲二人直到死去也并未出山。为纪念介子推，晋文公下令将烧山的这一天定为寒食节，百姓不许生火做饭。在后续发展中，清明节逐渐融合并成为地位重要的民间大节，而寒食节名气则逐渐减弱。

（四）"清明"节气

清明节和其他节日有所不同，"清明"刚好也是我国传统二十四节气中的第五个节气。我国的二十四个节气分别是"立春、雨水、惊蛰、春分、清明、谷雨、立夏、小满、芒种、夏至、小暑、大暑、立秋、处暑、白露、秋分、寒露、霜降、立冬、小雪、大雪、冬至、小寒、大寒"。清明节的天气特点也是影响节日习俗的重要因素，南方清明期间多雨水，空气清新；北方清明期间气候开始回温，并且较为干燥。

二、国外的"清明节"

除中国有祭拜祖先的清明节外，不同国家也有类似的纪念活动和传统节日。

1. 德国

德国的万灵节是基督教、天主教的传统节日，通常为每年的 11 月 2 日。这一天被用来纪念亡者，特别是纪念已故的亲人和朋友。人们会去教堂参加弥撒，祈求神赦免已故亲人的罪过，并祈求他们得到安息。许多人也会前往墓地，给已故亲人献上鲜花、点燃蜡烛，并在墓前默默祈祷。有些地区还会举办各种纪念活动，以纪念死去的亲人和朋友。

2. 新加坡

新加坡的中元节，也被称为"鬼节"，是新加坡华人传统节日之一，通常在农历七月初一至七月十五期间举行。这个节日是为了纪念和祭拜祖先，祈求祖先和神灵安息，同时祈求家庭平安、健康和幸福。家庭会在中元节期间设立供奉的桌台，摆放水果、鲜花、糕点、酒等供品，以表达对祖先的敬意。人们会烧纸钱和其他纸制品，供给祖先"使用"。有些地方还会举办戏曲表演和舞台剧，如道教戏曲、京剧、粤剧等。

3. 日本

在日本，盂兰盆节通常被称为"盂兰盆会"，是日本佛教中的一个重要节日，也是日本最古老、最隆重的民俗节日，被认为是表示孝道和怀念祖先的日子。这个节日通常在 7 月或 8 月举行，在盂兰盆节期间，日本人会回到家乡与家人团聚，在家里或寺庙为祖先祭祀，供奉食物、糕点和鲜花，祈求祖先的保佑。有些地方还会举行灯笼流活动，将点亮的灯笼放入河流中，象征着送走祖先的灵魂。人们还会围着舞台或灯笼跳盂兰盆舞，表达对祖先的敬意和怀念。

三、清明节的节日活动和饮食

（一）节日活动

1. 清明插柳

清明节植树、插柳的习俗由来已久。首先因为清明节的节气适宜，柳树发芽、生长迅速。并且"插柳"意味着祈求吉祥，避开鬼魂、凶邪。《齐民要术》记载"取柳枝著户上，百鬼不入家"，意思是"取柳条插在门上，鬼就不会进到家里"。这也证明了人们想通过插柳的方式祈求平安吉祥的美好心愿。柳树生命力顽强，插柳的兴起也使得柳树生长更加蓬勃。

2. 踏青春游

"踏青"的习俗在唐朝和宋朝最为盛行。宋代吴惟（wéi）信在诗中写道"梨花风起正清明，游子寻春半出城"，意思是：风吹梨花的时候正是清明时节，人们为了寻找春天，大多都出城踏青游玩。清明节踏青春游是一个家庭或朋友团聚的好机会，人们可以约上亲朋好友一同外出踏青，共同享受春天的美好，让人们暂时摆脱生活和工作的压力，放松心情，享受大自然的美景，增进彼此之间的感情。

3. 祭拜祖先

清明节是中国传统的祭祀节日，人们在这一天通常会祭拜祖先，表达对先人的思念和尊敬之情。以下是清明节祭拜祖先的一般步骤：首先是上坟扫墓。清明节前，家人会前往祖先的墓地进行清理和整理，清除墓地周围的杂草，清扫墓碑，修整墓地。清扫完毕后，家人们会依次向祖先的墓磕头，表达对逝去的祖先的敬意和思念之情。在祭拜开始后，家人们会点燃香烛，摆放在墓前，然后手持鲜花或纸钱，向祖先行三鞠躬，然后将鲜花或纸钱献上，表示祭奠之意。家人们还会准备一些祭品，如酒、水果、糕点、糖果等，摆放在祭坛上，表示对祖先的供养和敬意。部分家庭在祭拜过程中还会念一些经文（意思是经书或宗教书中的正文），祈求祖先保佑家人平安幸福，祈求子孙众多、家族繁荣。祭拜结束后，家人们会坐在一起用餐，共同回忆和怀念逝去的亲人或者祖辈。

（二）节日饮食

1. 青团

青团（如图 7.3.1 所示）是中国传统的节日美食之一，通常在清明节期间制作和食用。它是一种以糯米粉为主要原料制作而成的圆团，里面包裹着豆沙馅或其他甜馅，形状圆润，颜色呈现出青绿色，因此得名"青团"。青团的特点是口感软糯，外皮有点黏，内馅甜美可口。它的独特之处是外皮通常呈现出翠绿的颜色，给人一种清新、自然的感觉。青团的颜色不仅与清明的时令和自然景色相呼应，也寓意着生命力与春天的到来。

图 7.3.1　青团①

2. 炸馓子

炸馓子（如图 7.3.2 所示）是一种传统的清明节美食，主要流行于中国的北方地区。馓子就是一种寒食节禁火时可食用的食物。炸馓子的口感更加酥脆，更适合作为零食品尝。制作炸馓子的原料主要包括糯米粉、小米粉、白糖和水；外观呈现出金黄色，表面酥脆。它的口感有点类似于炸年糕，但更加爽口，是适合清明节期间家人聚餐或外出郊游时品尝的美味零食，寓意着家庭幸福、团圆和健康。

图 7.3.2　炸馓子②

四、清明节的现代发展

1. 鲜花祭祀

鲜花祭祀是一种代表性的祭祀方式，人们会在特定的节日或纪念日前往纪念场所或墓地，献上鲜花，以表达对逝去亲人或先辈的敬意和怀念之情。鲜花祭祀不仅表达了对逝者的尊重，也包含着对曾经相处日子的怀念。

---

① 图片来源：族谱网https://www.zupu.cn/daodu/acqt。
② 图片来源：网易视频https://m.163.com/v/video/VB14GN7KP.html。

常见用来祭祀的花包括以下几种：白色或黄色菊花象征着纯洁和哀思，最常被用来表达对逝者的哀思和怀念之情；白色百合凭借其花瓣洁白芳香的特点，通常作为悼念和纪念的象征，被用来献给逝去的亲人或朋友；白色康乃馨被用来表达对逝去亲人的思念和怀念之情；白色玫瑰具有高贵典雅和清新芬芳的特点，象征着纯洁、纯真和敬意，同样能够表达对逝者的尊敬。

2. 音乐祭祀

音乐祭祀是一种通过音乐表达哀思和敬意的祭祀方式。在这种祭祀中，人们会通过演奏、唱歌或播放特定的音乐曲目来纪念逝去的人或事。音乐具有独特的魔力，能够触动人心，引发共鸣，让人们在悲伤中感受到力量和希望。因此音乐祭祀不仅可以带来心灵的安慰，也是一种情感的表达。

采用这种方式祭祀时，音乐一般选择悲伤的小提琴曲、吉他弹唱或者钢琴曲等，能够触动人心，引起共鸣，帮助人们释放情感。除此之外，选择一些适合唤起回忆的音乐也很常见。这些音乐可能是逝者生前喜爱的歌曲或者对逝者有特殊意义的音乐，能够让人们在回忆中缅怀逝者的存在和重要性。

3. 网络祭祀

现在网络祭祀成了一种随时随地、成本较低，但是又能充分表达情感的祭祀方式。人们可以在社交媒体上创建专门的纪念页面或纪念账户，在页面上发布文字、图片、视频等内容，来纪念逝去的亲人或朋友。还有一些专门的在线祭祀平台，提供祭祀服务和功能，人们可以在这些平台上传逝者的照片，创建虚拟的纪念空间来祭祀和悼念。有些网站或社交平台还会组织虚拟的祭祀活动，如在线烛光悼念、网络默哀等。参与者可以在网上点燃虚拟蜡烛，也可以通过文字或图像形式参与默哀活动，表达对逝者的哀思和敬意。常见的在线祭祀平台有天堂网（http://www.ttjdw.com），是中国较早的在线祭祀平台之一，提供纪念逝者、悼念活动等服务，用户可以创建逝者纪念空间，发布文字、图片、音频等内容。

4. 社区公祭

社区公祭是指在社区或居民区内举办的一种集体性祭祀活动。通常由社区居委会、村委会或相关组织举办，适用于社区或村庄发生重大事件、居民去世、节日纪念等情况。社区公祭的目的是让居民集体参与，共同纪念逝去的亲人、友人，增强社区凝聚力和团结精神。

社区公祭通常包括以下几个主要环节：先由社区居委会或村委会提前策划和组织社区公祭活动，确定好时间、地点、内容等后，通知居民参加。在公祭活动开始时，通常会有相关负责人或领导代表发表悼词（dào cí），通过文字对死去的人表达哀思和敬意。有些社区公祭活动还会安排文艺表演、演讲或宣传教育活动，通过文艺节目或宣传片等形式，向居民宣传社会主义核心价值观、文明祭祀礼仪等内容。

生 词

1. 扫墓 sǎo mù（动）sweep the tomb

   清理和打扫墓地，以示尊重和纪念逝者。

2. 晋国 jìn guó（名）State of Jin

   中国古代诸侯国之一，其疆域在今天的山西省一带。

3. 逃亡 táo wáng（动）escape

   逃跑在外，出走逃命。

4. 卓越 zhuó yuè（形）outstanding

   杰出的，超出一般的。

5. 朝堂 cháo táng（名）court

   朝廷，指政府或官方机构的办公场所。

6. 基督教 jī dū jiào（名）Christian

   信奉耶稣基督为救世主的所有教派。

7. 弥撒 mí·sa（名）Mass（Christian religious service）

   基督教的礼拜仪式之一，用以纪念耶稣基督的救赎。

8. 赦免 shè miǎn（动）pardon

   以国家命令的方式减轻或免除对罪犯的刑罚。

9. 供奉 gòng fèng（动）enshrine and worship

   供养；奉献。

10. 盂兰盆节 yú lán pén jié（名）Obon

    传统节日，用以慰祭和招待亡灵的节日。

11. 蓬勃 péng bó（形）vigorous

繁荣，旺盛，充满活力的。

12. 墓碑 mù bēi（名）gravestone

立在坟墓前面或后面的，上面刻载死者姓名，经历等文字的石碑。

13. 磕头 kē tóu（动）kowtow

表示尊敬或谦卑的仪式动作，跪在地上，两手扶地，头近地或着地。

14. 黏 nián（形）sticky

能使一个物体附着在另一个物体上的性质，像胶水等所具有的。

15. 炸馓子 zhá sǎn·zi（名）deep-fried Sanzi

一种中国传统的面食，用油炸制成。

16. 酥脆 sū cuì（形）crispy

指食物外表酥脆、易碎的质地。

17. 悼念 dào niàn（动）mourn

对死者悲伤、哀痛地怀念。

18. 康乃馨 kāng nǎi xīn（名）carnation

一种常见的花卉，常用于庆祝活动或作为礼物。

19. 魔力 mó lì（名）magic

指拥有神奇魔法和力量，也指使人爱好、沉迷的吸引力。

20. 虚拟 xū nǐ（形）virtual

不符合或不一定符合事实的，假设的。

21. 默哀 mò āi（动）observe a moment of silence

默默地表示哀悼，通常是在纪念仪式上的一种表达方式。

练 习

一、填空题

1. 清明节的习俗包括扫墓、祭祖、（　　　　）等，是中国传统文化的重要组成部分。

2. 清明节与（　　　　）这一节日联系紧密。

3. 清明节期间，人们会吃一种以糯米和豆沙为主要原料制作的传统食品，这种食品被称为（　　　　）。

二、判断题

1. 清明节是中国传统节日，主要用于庆祝丰收。（　　）
2. 清明节的时间通常在夏季。（　　）
3. 清明节的习俗中，人们最常进行的活动是扫墓、踏青。（　　）
4. "清明时节雨纷纷，路上行人欲断魂"这一诗句与清明节气相关。（　　）
5. 寒食节与屈原这位历史人物有关。（　　）

三、问答题

1. 清明节的主要活动有哪些？这些活动的目的和寓意是什么？
2. 请介绍一下寒食节的历史典故。
3. 请简要介绍清明节扫墓一般会做些什么。

第四节　端午节主要习俗礼仪

【学习目标】

1．了解端午节在中华传统文化中的重要意义和节日地位；

2．掌握端午节的重要民俗活动内容和习俗；

3．了解端午节的起源故事和历史渊源。

【学习重点】

端午节的重要性和内容；端午节的历史；端午节的节日活动以及习俗。

【关键词】

端午；缅怀；龙舟；艾草；屈原

【热身】

1．你知道端午节的由来和传统习俗吗？

2．你看过或者是参加过龙舟比赛吗？体验如何？

3．在端午节该如何向他人送去祝福呢？

一、端午节的内涵

（一）端午节的定义

端午节是中国传统节日之一，又称"端阳节""龙舟节"，日期为农历五月初五，起源于中国古代。端午节不仅被列为国家法定节假日，同时也是中国首个入选世界非物质文化遗产的节日。端午节这天，人们有各种庆祝方式，包括赛龙舟、吃粽子、挂艾草、饮雄黄酒等。了解端午节，有利于我们加深对中华传统文化的理解。

（二）端午节的重要意义

作为中国的传统节日之一，端午节承载着丰富的历史文化内涵。端午节期间，各地都会举办丰富多彩的庆祝活动和民俗表演，展示了中国丰富多彩的民俗文化和风土人情。随着全球化进程的加速，中国的传统节日也逐渐走向世界。端午节作为中国的传统节日之一，促进了不同国家和地区之间的友好交流和文化互动，有助于加强民族团结和文化认同，为人类文明发展提供了重要且优质的内容。

二、端午节的历史起源

端午节的历史起源有许多种传说，其中最主要的一种说法可追至中国古代的战国时期，古人在这一天纪念中国古代爱国诗人屈原。在当时的历史背景下，楚国正处于与秦国激烈对抗的危急局势，楚国的国力受到了严重的削弱，国家内部和外部都有危险。屈原对楚国的命运深感忧虑，并多次劝说楚国君王。

屈原提出反对楚国与秦国联姻。联姻，也就是通过两国代表结婚的方式实现和平。屈原认为秦国是楚国的敌人，与秦国联姻会削弱楚国的国力，使楚国陷入更加危险的境地。他多次请求楚王终止与秦国的联姻，结果都没有被采用。除此之外，屈原建议楚国君主减少大量多余的开支，避免浪费财力和人力，增加军备投入，以应对外敌的威胁。屈原还多次鼓励楚国君王听从大臣的忠言和百姓的意见，可是楚王坚持自己的观点，不听别人劝说。

屈原的建议并没有得到楚国君王的重视和采纳，楚国最后还是陷入了灭亡的命运。屈原感到绝望，最终选择了跳江自尽以表达对国家的忠诚。传说在屈原投江的那一天，人们坐着小船下水，在江面上寻找他的尸体，并将粽子投入江中供鱼虾吃，以防止鱼虾咬食他的身体。人们为了纪念他的忠诚和爱国精神，便在每年五月初五这一天都划着船向江里投粽子。之后，吃粽子和赛龙舟便发展为端午节的传统习俗。

三、端午节的节日传统习俗

1. 吃粽子

粽子（如图 7.4.1 所示）是端午节的传统食品之一。人们会在这一天包裹内夹糯米和各种馅料的粽子，如肉粽、甜粽等。吃粽子代表着希望家庭幸福、平安和团圆。包粽子需要糯米、香料、花生、豆子等材料。在北方，人们较多选择吃甜粽，还会有"粽子蘸白糖"的传统吃法；在南方，人们则较多吃咸粽，里面会放上肉类、咸蛋黄等丰富的配料。

图 7.4.1　粽子①

2. 赛龙舟

赛龙舟（如图 7.4.2 所示）是端午节呼声最高，也是最为热闹的纪念活动。在古代，当地人划船打水，用吵闹声驱走鱼虾，不让它们伤害屈原的身体，以此来纪念屈原的丰功伟绩。同时，龙舟在古代被认为是能够驱赶邪恶和疫病的象征，划龙舟的习俗也具有驱邪避灾的意义。人们相信在端午节划龙舟可以祈求平安健康，驱除疾病和灾祸，保佑家庭安康。除了祈福和纪念屈原外，划龙舟也是一种民间传统的娱乐活动。如今，这一活动逐渐演变成了赛龙舟，每年各地的龙舟比赛都有许多群众围观。龙舟比赛氛围激烈，龙舟队员们边喊口号边有节奏、有规律地划船向前，他们甚至为了龙舟比赛，提前很久就开始练习。赛龙舟活动使节日多了一份欢乐和喜庆，有利于培养人们团结、奋斗

---

① 图片来源：百度https://baijiahao.baidu.com/s?id=1669903490298575104&wfr=spider&for=pc。

的精神品质。

图 7.4.2　赛龙舟[①]

3. 挂艾草

古人认为端午时节是一个疫病流行的时期,同时也是鬼怪干坏事的时候。相传艾草在中国传统文化中具有驱邪的功效,因此人们认为挂艾草(如图 7.4.3 所示)可以赶走恶鬼邪气,保护家庭成员免受疾病和灾祸的侵扰,可以为家庭成员带来平安和健康。除此之外,古人认为端午节期间是蛇虫出来活动的时候,挂艾草可以驱赶蛇虫,保护人们免受蛇虫的威胁。

图 7.4.3　挂艾草[②]

[①] 图片来源:搜狐网https://www.sohu.com/a/688548804_121106832。
[②] 图片来源:搜狐网https://www.sohu.com/a/683931213_99938880。

4. 饮雄黄酒

雄黄酒作为一种中草药酒，在中国古代就已经出现，是以酒精浸泡雄黄和其他中药材制成，常被用于驱邪避疫、保健强身。人们认为在端午节饮雄黄酒和挂艾草一样，可以驱赶邪气，保护身体免受疾病侵害。在一些地方的民间传说中，雄黄酒也被认为有驱赶蛇的作用。同时，喝雄黄酒还被视为一种祈求平安的方式。人们相信雄黄酒的神奇功效可以为家庭带来平安健康，保佑家人远离灾祸和疾病。

四、端午节祝福语

在端午节，应使用正确的方式给他人送上祝福，最常见的祝福语就是祝福对方"端午安康"，比如"祝你端午节安康，好运一直在你身边！"或者是"福粽飘香，祝您端午安康"。

"安康"一词更贴切地表达了人们对健康和平安的重视，体现了中国人民对生活的追求和对幸福的向往。这种祝愿已经成为中国人过端午节时的传统用语，代代相传，表达了对家人、朋友的美好祝福，也体现着彼此之间最真诚的关心。

1. 屈原 qū yuán（名）Qu Yuan

人名，是中国古代爱国诗人，楚国的贵族。

2. 龙舟 lóng zhōu（名）dragon boat

一种中国传统的划船比赛船只，通常装饰有龙头和龙尾。

3. 艾草 ài cǎo（名）mugwort

一种草本植物，用于中药和民间医疗中。

4. 雄黄 xióng huáng（名）realgar

一种矿物，橘黄色，有光泽，可用于中药和传统医学中。

5. 战国 zhàn guó（名）Warring States Period

中国历史上继春秋之后的一个时代，各诸侯国战争激烈。公元前221年秦国统一六国，标志着战国时代的结束。

6. 楚国 chǔ guó（名）State of Chu

春秋战国时期的一个重要诸侯国，位于今天的湖北、湖南等地区。

7. 削弱 xuē ruò（动）weaken

越来越弱，削减，衰弱。

8. 忧虑 yōu lǜ（动）worry

对未来可能发生的事情感到担忧或忧虑。

9. 联姻 lián yīn（动）be related by marriage

两家由婚姻关系结成亲戚，也比喻双方或多方联合或合作。

10. 军备 jūn bèi（名）armament

军事装备和军事编制。它不仅包括武器装备，还包括军队人员及其战备程度。

11. 采纳 cǎi nà（动）adopt

听取意见并采取行动。

12. 疫病 yì bìng（名）epidemic disease

流行性的传染病。

练 习

一、填空题

1. 端午节通常在农历的（　　　　）初五这一天开展庆祝活动。

2. 端午节的主要食物是（　　　　），寓意驱邪避疫。

3. 端午节的习俗之一是赛龙舟，这个活动是为了纪念（　　　　）演变而来。

4. 端午节的另一个传统习俗是挂（　　　　），用来驱赶瘟疫。

二、判断题

1. 端午节的习俗中，人们最常进行的活动是放风筝。（　　）

2. 人们在端午节纪念屈原这位古代爱国诗人。（　　）

3. 端午节纪念的历史人物是战国时期秦国的。（　　）

4. 喝雄黄酒、挂对联贴福字、挂艾草、吃粽子都是端午节的传统习俗。（　　）

5. 元宵节、端午节、清明节、圣诞节都是中华民族传统节日。　　　　(　　)

三、问答题

1. 请简要介绍一下端午节的起源和传说。

2. 端午节的传统习俗有哪些？请详细描述一下。

3. 请简单介绍一下屈原这位爱国诗人。

第五节　中秋节主要习俗礼仪

【学习目标】
1. 了解中秋节在中华传统文化中的重要意义和节日地位；
2. 掌握中秋节期间的重要民俗活动内容和习俗；
3. 掌握中秋节常用的祝福用语和礼仪。

【学习重点】
中秋节的重要性和内容；中秋节的历史；中秋的节日活动以及祝福语。

【关键词】
中秋；团圆；传说；家庭；月亮；圆满

【热身】
1. 你了解中国传统节日"中秋节"吗？你知道中秋节是在哪一天吗？
2. 中秋节的来源与中华传统神话故事有关，你是否听说过呢？
3. 在中秋节的时候，你应该如何向别人送上祝福？

一、中秋节的内涵

（一）中秋节的定义

中秋节是中国传统的民俗节日之一，日期是农历八月十五，被列入中国的国家法定假日之一，也被纳入了国家级非物质文化遗产代表性项目名录。中秋节起源于古代的祭月活动，后来逐渐演变为一个家庭团圆、感恩丰收的节日。中秋节是中国人民团聚、感恩、祈福的重要节日之一，也是中国传统文化的重要组成部分。

（二）中秋节的重要意义

相传中秋节源自中国古代的祭月活动。在这一天，人们会祭祀祖先，感谢月亮的光明和所带来的丰收，体现了人们对自然的敬畏。中秋节象征着家庭幸福和睦，是家人团聚的重要日子，寄托着"月圆人团圆"的美好期盼。我国在中秋节举办的庆祝活动有赏月、吃月饼、中秋晚会等，向世界展示了中国的传统文化和民俗习俗。通过这些活动，人们可以更加直观地了解中国的文化魅力和传统习俗风情。

二、中秋节相关的神话故事

中秋节的节日起源，可以追溯到上古时期的月亮崇拜和祭月习俗，这也说明中秋节与月亮密切相关。在民间，与月亮和中秋有密切关系的神话故事主要有两个，分别是"嫦娥奔月"以及"吴刚伐桂"。

1. 嫦娥奔月

传说在古代的中国，十个太阳同时升起，大地酷热无比，植物枯萎，河流都没有了水，人们生存非常危险。为了拯救人类，后羿用神箭射下了九个太阳，使得天地恢复了平静。后羿也成了人们心目中的英雄。后羿的妻子嫦娥，在一次偶然的机会不小心误食了一颗长生不老的药。仙丹的力量使得她感到身体越来越轻，最终她飞升到了月宫成了仙女。

在月宫中，嫦娥过上了幸福的生活，但她却常常思念丈夫后羿和人间的生活。每当中秋之夜，月亮圆满之时，嫦娥便对着人间，思念家人，心生愧疚。为了怀念妻子并祈求平安，后羿在中秋之夜向月亮献上美味的食品，并祈祷妻子平安快乐。在月宫中，嫦娥也会看向人间，默默祝福着家人和人间的平安幸福。故事表达了人们对团圆的向往和思乡之情，也寄托了人们对美好生活的愿望和对亲情的珍视。因此，中秋节也被赋予了团圆、思乡、祈福的深刻文化内涵。

2. 吴刚伐桂

"吴刚伐桂"的故事在古书《酉阳杂俎》中是这样记载的："旧言月中有桂，有蟾蜍，故异书言，月桂高五百丈，下有一人，常斫之，树创随合。人姓吴，名刚，西河人，学仙有过，谪令伐树。"意思是：有个人叫吴刚，跟随仙人修行，结果犯了错误。被仙人贬去去月宫砍树，砍的是一棵高五百丈的桂花树。吴刚每砍一刀，桂花树的伤口就会立马愈合，吴刚只能日复一日地不停砍下去，这个树也被叫作"不死桂树"。吴刚月宫砍树与中秋节圆月的象征相结合，都表达了人们对月亮的崇拜和尊敬，也因此作为中秋节相关的神话故事一直流传下来。

三、中秋节的主要庆祝活动

1. 赏月

赏月是中秋节的主要活动之一。在这一天，人们通常选择在户外场所，如公园、河畔、家中庭院等地，与朋友或亲人一同赏月。赏月时，月亮圆满高悬，月光洒在大地上，给人们带来了一种宁静祥和、温馨浪漫的感觉。一家人能共同坐下来欣赏圆月，是一种充满幸福感的事情。

2. 吃月饼

中秋节的传统美食是月饼。人们在中秋节期间会准备各种口味的月饼，如豆沙味、莲蓉味、五仁味等，并与家人、朋友分享。月饼象征着团圆和幸福。月饼通常为圆形或者方形，外皮金黄色泽，呈现出一种油亮的光泽。月饼的表面常常印有各种花纹、图案或者文字，代表着不同的寓意和祝福。月饼的口感丰富，外皮酥脆，内馅绵软。不同口味的月饼有着不同的口感特点，如豆沙月饼口感细腻、莲蓉月饼口感香甜等。

除月饼外，中秋节还有很多其他美食。比如中秋节正值螃蟹成熟，因此蟹类也成为中秋节的美食之一。人们会准备各种蟹类食品，如大闸蟹、河蟹等，与家人或者朋友一同品尝，增加节日的喜庆气氛。桂花酒也是中秋节期间常见的饮品，桂花酒的酒香与桂花的芬芳相结合，清香怡人，适合与家人、朋友共享。

3. 互动看灯展

中秋节是表达亲情和友情的重要时机，人们会准备各种礼品，如月饼、水果、茶叶等，送给亲友，表达祝福和关怀。人们彼此间联络感情的同时，各地也会在中秋举办一些灯笼展览活动，让人们能够在更多场景中交流互动、分享节日的喜悦。这些灯笼大多颜色鲜艳，形状各异，寓意吉祥和团圆。

四、不同地区的特色中秋节活动

以下是部分地区在中秋节期间的特色活动。

1. 广东

广东地区的中秋节庆祝活动以赏月为主。广东人喜欢在中秋节的晚上，带着月饼、柚子等美食，到户外的公园、海滨或者湖边赏月。有些地方还会举办赏月比赛，选出最美的月景。"竖中秋"是广东省特有的中秋节习俗之一，孩子们用竹纸或者柚子皮做成灯笼，并在灯笼上面加上彩灯，比谁的彩灯最精巧，竖的灯最多。柚子外形圆润，代表着团团圆圆，也与"游子"的读音相近，意思是希望在外工作、生活的亲人能回家团聚。

2. 广西

烧柚子香是广西中秋节的习俗之一。柚子香是用柚子皮、柚子叶等植物原料制成的一种香料，具有清香、令人舒适的气味。人们在中秋节期间会将细香插在柚子上，以祈福家庭平安、健康和幸福。除此之外，待嫁的女子也会将柚子掏空，并在里面放上一支蜡烛，"龙灯"就制成了。将龙灯点亮，也是希望能拥有一段美好的姻缘。

3. 湖南

湖南中秋节的"拜月"习俗是一种浪漫且富有祈福意义的传统习俗。中秋节当晚，人们在户外或者家中院子，仰望月亮，进行祭拜和祈福活动，并准备一些供品，如水果、糕点、茶叶等，摆放在室外或院中。然后，家人们围坐在一起，一同仰望天空中的明月，并向月亮行礼，祈求平安和幸福，祈祷未来的美好生活。但是也有俗语称"男不拜月"，因为月亮是"阴"的象征，被视为女神；未婚少女可以通过拜月祈求获得美好的缘分。

 五、中秋节的祝福语和礼仪

在中秋节期间，人们要注意言行举止，表现出礼貌和尊重。尤其是在赠送礼品和拜访长辈时，要言辞得体，注意礼节。

首先需要注意，在中秋节期间不可以说不吉利的话语，因为中秋节是团圆的日子，应该以喜庆、吉祥的话语交流，不说病痛、死亡等不吉利的话题。而且中秋节是团圆的象征，因此也不宜提及分开、离别等话题，以免给人带来不愉快。

在为他人送上中秋祝福时，可以从团圆、幸福的节日内涵，赏月、吃月饼的节日习俗角度入手，以下是一些常见的中秋祝福语，掌握这些有利于在以后的中秋节带给身边的亲人朋友多一份幸福和温暖。

在中秋佳节团聚之时，祝您和家人团团圆圆，幸福美满！

中秋佳节之际，花好月圆人团圆！祝您中秋快乐，岁岁平安！

逢佳节中秋，明月千里，愿你幸福安康，合家团圆，品饼赏月，共享天伦之乐，祝中秋快乐！

中秋佳节明月圆，良辰佳节月饼甜！祝你中秋节快乐，记得吃月饼呀！

生 词

1. 敬畏 jìng wèi（动）reverence

又敬重，又畏惧（害怕）。

2. 嫦娥 cháng'é（名）Chang'e

中国神话中的月亮女神，与后羿有关。

3. 伐 fá（动）cut down

用工具砍伐或砍伤；击败或征服。

4. 拯救 zhěng jiù（动）rescue

从危险或困境中解救。

5. 后羿 hòu yì（名）Hou Yi

中国神话中的神话人物，传说他射下了九个太阳并救了人类。

6. 恢复 huī fù（动）recover

回复到原来的样子，重新得到。

7. 愧疚 kuì jiù（形）guilty

惭愧不安。

8. 酉阳杂俎 yǒu yáng zá zǔ（名）You Yang Miscellany

是一本唐代段成式创作的笔记小说集的书名。

9. 蟾蜍 chán chú（名）toad

一种两栖动物，身体表面有许多疙瘩。在古代诗文里常用来指代月亮。

10. 斫 zhuó（动）chop

用锋利的工具或武器猛烈地砍伤或砍伐。

11. 谪 zhé（动）disgrace

责备，谴责，处罚。

12. 贬 biǎn（动）demote

降低，减少。

13. 河畔 hé pàn（名）riverside

河流的两边。

14. 莲蓉 lián róng（名）lotus seed paste

用莲子磨碎制成的甜馅料，常用于中秋节的月饼。

15. 螃蟹 páng xiè（名）crab

一种水生动物，被认为是中秋节的传统美食之一。

16. 柚子 yòu·zi（名）Crapefruit

柚树的果实，是一种水果，形状扁圆，颜色为黄色。

练习

一、填空题

1. 中秋节是农历（　　　）月（　　　　）日。
2. 传统的中秋节活动之一是（　　　　　）。
3. 中秋节的代表性美食是（　　　　　）。

二、判断题

1. 中秋节是中国传统的重要节日，通常是在农历六月份庆祝。（　　）
2. 中秋节的传统食品是年糕和月饼。（　　）
3. 中秋节有一个与月亮有关的古老传说，其中一个主要人物是孙悟空。（　　）

4. 中秋节常见的祝福可以这么说："祝您阖家团圆，幸福美满！"　　　　（　　）

5. 桂花酒、月饼、柚子在中秋节都可以经常见到。　　　　　　　　　（　　）

三、问答题

1. 中秋节有哪些传统的庆祝活动？

2. 中秋节有哪些重要意义和价值？

3. 关于中秋节的神话故事，你能讲出哪些？

第八章

校园生活礼仪

第一节　着装礼仪

【学习目标】

1. 理解着装礼仪的重要性；
2. 了解着装礼仪的基本原则；
3. 掌握校园生活中不同场合的着装要求；
4. 了解着装颜色、图案、配饰等细节的选择要求与禁忌。

【学习重点】

着装的重要性和基本原则；不同场合的着装礼仪；着装的细节和禁忌。

【关键词】

着装；场合；得体；细节；禁忌；尊重

【热身】

1. 你现在穿着什么衣服？你平常对自己穿的衣服有什么讲究吗？
2. 当你要去参加学生代表大会，你会穿什么样的衣服出席呢？
3. 如果在校园里遇到了穿着怪异的同学，你会有怎样的感觉？

一、中国着装礼仪概述

"着装"一词可以作动词，意为"穿衣戴帽"，也可以作名词，代表"衣着服饰"，指一个人的穿衣打扮。在日常生活中，着装反映着一个人的衣着品味和生活态度，在特定场合中，得体的服饰穿着有利于反映对场合和他人的尊重。因此，学习日常生活和各种场合的着装礼仪尤为必要。

（一）着装礼仪的重要性

1. 着装是向他人展示自我的一张名片

中国有一句俗语"人靠衣装马靠鞍"，意思是人通过合适的服装打扮可以显得更加精神焕发和美观，马依靠精美的鞍具也能展现出其骏美和威风。这句话强调了服饰和装饰对于展现人的精神和仪表的重要性，以及它们对美化外观所起的关键作用。在社交场合中，我们的穿着往往决定了他人对我们的第一印象。穿着整洁、得体的服装可以展现出我们的个性和魅力，有利于吸引更多人的关注和喜爱。

2. 得体的穿着能够促进社会关系的发展

在正式的场合中，穿正式的职业装可以展现出专业的素养和工作态度，穿过于随意的T恤、卫衣会让人觉得懒散。符合场合规则和惯例的着装可以让他人感到愉悦和舒适，增加彼此之间的亲近感和信任感，有助于建立良好的人际关系。相反，如果穿着随意或不得体，可能会让人产生负面印象。

3. 着装礼仪也是社会文明进步的体现

在公共场合中，穿着得体、遵守礼仪规范是一种基本的素养，也是对他人的尊重。不同的国家和地区有着不同的文化传统和风俗习惯，得体的着装也是对当地文化的尊重和认可。在一个文明的社会中，人们不仅关注自己的穿着，也会尊重他人的着装选择，这种尊重和关注可以促进人际关系的和谐发展，推动社会的文明进步。

（二）着装的得体性

着装的得体性要求我们根据时间、身份、场合、目的等因素，恰当地选择和搭配服装，以达到既不失礼又展现个人风格的目的。

1. 时间的得体性

根据不同的时间节点，选择合适的服装款式。例如，在白天的工作场合，通常需要穿正装或职业装；而在晚宴或派对等正式场合，则需要穿礼服或晚装。季节和气温也是选择服装时需要考虑的因素，反季节的穿搭有可能给他人带来困惑，让人觉得行为怪异。

2. 身份的得体性

根据个人身份、职业和社会地位等因素选择合适的服装。例如，学生可以身穿颜色较为鲜艳活泼的衣服，表现青春活力；在职场中，公司职员穿正式的职业装或制服能够展现出专业和严谨的形象。对于不同职业身份的人，也需要根据其行业特点选择相应的服装，如医生需要穿白大褂、警察需要穿警服等。通过服装，人们能看出对方所属的组织和职业，得体的着装能够更好地维护身份认同，也会影响他人对自己所属群体的看法。

3. 场合的得体性

根据不同的场合选择合适的服装。例如，在办公室、会议室等场所，需要穿正装或职业装；在海滩、公园等休闲场所，则可以选择轻便的休闲装；出入寺庙等宗教场所时，裤子和裙子不能短于膝盖。此外，在参加婚礼、葬礼等特殊活动时，也需要根据习俗穿着相应的服装，如葬礼上应该穿深色衣服，禁止穿颜色鲜艳的衣服等。

4. 目的的得体性

根据不同的着装目的选择合适的服装。例如，在学术会议、商务谈判等正式场合，需要穿正装以展现专业和严谨的形象；在情侣约会、好友聚会等社交场合，可以选择时尚、浪漫的服装以吸引目光，展现个性；在健身、运动等场合，则需要选择相应的运动装备以方便活动。

二、着装礼仪的基本原则

1. 整洁性原则

第一，着装要整齐。衣服和裤子不要起皱，穿前要烫平，穿后要挂好，要做到上衣平整、裤线笔挺。

第二，着装应当完好，不应残破、掉扣、乱打补丁，领带、领结与衬衫领口要吻合、紧凑，不要系歪。

第三，着装应当干净、卫生，衣裤无污垢、无异味，领口与袖口处尤其要保持干净。对于各类服装，都要勤于换洗，不能存在明显的污渍、油污、汗渍。

2. 协调性原则

选择着装首先应与自身条件相协调。不同的人由于身材、年龄、性别、肤色、性格、职业、文化等不同，会有不同的个性特点。服装的选择首先应考虑自身的特点，根据自己的身材"量体裁衣"，扬长避短。

同时，着装应该注意整体观感的协调。正确的着装，应当基于统筹的考虑和精心的搭配，各部分要相互呼应、配合，在整体上尽可能显得完美、和谐。衣着上要坚持整体性，重点要注意两方面：一是恪守服装本身约定俗成的搭配。例如穿西装时，男性应配皮鞋，女性可穿高跟鞋，而不能穿布鞋、凉鞋、拖鞋、运动鞋。二是要使服装各个部分相互适应，局部服从整体，在整体上尽可能做到完美、和谐，以展现着装的整体之美。

3. 文明性原则

第一，忌穿过露的服装。不得在公共场合裸露上身、穿睡衣。正式场合忌穿袒胸露背，暴露大腿、脚部和腋窝的服装。

第二，忌穿过透的服装。穿深色内衣、内裤时，应防止穿颜色过浅、过透的服装，更忌不穿内衣和内裤。

第三，忌穿过短的衣服。不要为了标新立异而穿小一号的服装，不要在正式场合穿短裤、小背心、露脐装、超短裙等过短的服装，这样不仅会使自己行动不便、易走光，也会使自己和他人感到尴尬。

第四，忌穿过紧的服装。不要为了展示自己的身材或肌肉线条穿过于紧身的衣服，不能使自己的内衣、内裤轮廓在过紧的服装之中若隐若现。

三、校园生活中的着装选择与规范

（一）非正式场合的着装规范

1. 日常休闲场合的着装规范

日常休闲场合是人们穿着选择自由度最高的场合。当你出门逛街、与朋友聚会、去运动场锻炼，这些都是你自由穿搭，通过服装彰显个性的时刻，在不影响他人的前提下，可以选择符合时令、适合自己的衣服。这些场合中，衣着整洁大方是最基本的要求。上身可选择T恤、卫衣、衬衫、运动服等，下身可选择牛仔裤、休闲裤、运动裤等，女性也可以选择连衣裙、长裙进行搭配。鞋子的选择上，运动鞋、皮鞋、凉鞋、高跟鞋均可，只要与自己的服装相配、穿着舒适即可。

在选择衣服的时候请注意，日常休闲场合中也不能穿背心、睡衣、睡裙等居家服装出门。男性在外不可裸露上身，裤子不能过短，以过膝为宜。女性胸部和背部肌肤不能过于暴露，裙子不能过短，开叉不宜过高。不可以穿拖鞋。可以适当佩戴首饰，但是不宜过于张扬和浮夸，首饰不宜过多、过大或过亮。着装整体应简洁美观，不应一味攀比，追求名牌。

2. 课堂着装规范

课堂是校园日常生活的常见场合，也是传授知识的严肃场合，虽然在着装选择上与日常休闲场合比较接近，但是要注意着装要保证对老师的尊重，更不能影响到周围的同学。具体而言，在课堂场合中，除了要遵守上一点中所提到的日常休闲场合的着装规范以外，还要注意衣服色彩不应过于鲜艳和张扬，不穿奇装异服进教室，上课不可穿拖鞋，不可衣衫不整，不可脱鞋，不可戴墨镜。

（二）正式场合的着装规范

1. 严肃性正式场合

正式场合包括会议论坛、面试、答辩等场合，是需要表现尊重的严肃场所，在这类场合中，应该选择穿正装出席。

在中国，西装是男性出席重要场合的主要选择。在选择西装时，要讲究三色原则，即全身颜色不应超过三种。西装、衬衫、领带、皮鞋、袜子的穿着方式应该相互协调，要遵守三点一线原则，即衬衣领开口、皮带扣和裤子前开口外侧应该在一条线上。西装外套应合身，不宜太紧或太大。衬衫选择简单的有领素色衬衫，不要有花纹。领带颜色不能浅于衬衫，领带打法应标准。西装裤应尽量与西装上身成套同色，标准长度为裤长盖住皮鞋，忌过短，不要带条纹。袜子的颜色要与皮鞋一致，穿西装忌穿运动鞋。合身、得体的西装能够凸显男性的沉稳和风度。

对于女性而言，在出席正式场合时可以选择套装、套裙。套裙的选择和西装一样，应该遵循三色原则。套裙的大小应适度合体，上衣最短可以齐腰，袖长应以恰恰盖住着装者的手腕为好。裙子长度应该过膝，最长不能超过小腿中部，否则会给人以勉强或随意的感觉。鞋子可选择皮鞋或鞋面光亮、鞋跟偏细的敞口高跟鞋，鞋跟高度4～5厘米为合适。此外，女性正装场合首饰佩戴不宜超过三件，可以是耳环、戒指、项链等，但造型应以朴素、美观为主，不能过于浮夸和显眼。

2. 娱乐性庆典场合

校园生活中也会有交际晚会、舞会、典礼等娱乐性庆典场合，这一类场合的着装礼仪规范并不像严肃性正式场合一般严格，参加这一类活动时，除了西装、套裙以外，也可以选择更加华丽的礼服。男性可以穿配蝴蝶结的燕尾服、大礼服等，女性可以穿连衣裙式的单色大礼服或小礼服。旗袍作为中国传统正装，也是女性在庆典类的场合中的着装选择之一。在涉及国际交流或民族交流的场合中，也可以选择穿自己的民族服饰，凸显自己民族和个人的风采，同时表达对双方文化的尊重。

四、着装色彩、图案与配饰的选择和禁忌

（一）着装色彩的选择、搭配与禁忌

1. 注意服装色系的视觉搭配

服装的色彩搭配需要考虑服装颜色所反映的直观视觉感受，服装整体颜色协调，既能给人以舒适、和谐的感觉，又能反映穿搭者的个性。在中国文化中，色彩的搭配往往与五行学说相关联，注重平衡与和谐。一般来说，色彩总体可以分为暖色系、冷色系、中性色三种。暖色系，如红色、粉色、黄色，能够给人以热情、活力的感觉，适合喜庆的场合。暖色系是日常与节庆场合活动中备受青睐的色系，如参加校园社团活动或一些聚会时，适当的暖色更能展现出个人的品位和活力。冷色系，如蓝色、绿色给人以冷静、沉稳的感觉，因此也更加适合庄重严肃的场合。中性色，如黑色、白色、灰色则更加常见，无论是非正式场合还是正式场合，都可以作为较稳妥的搭配选择。日常穿着可供选择的颜色更多、更自由，但还是应该避免使用过于刺眼的颜色或大范围的亮色。

2. 注意服装颜色带有的不同文化含义

在中国文化中，不同的服装颜色有着不同的含义，因此，在进行色彩搭配时，也要考虑到其是否符合中国文化中的色彩观，避免令人尴尬的情况发生。

例如，红色被中国人视为喜庆、繁荣和吉祥的象征，也与繁荣、成功和财富有关。在中国春节、婚礼和其他节庆活动场合，人们通常喜欢穿着红色的服装，以祈求好运和幸福。黄色在中国历史中象征皇权、尊贵和奢华，但随着时代发展，其权力意味已经逐渐淡化，因此可以作为日常节庆活动中的选择。但是如果是参加一些正式的学术会议或沉重、严肃的活动，则需避免红色与黄色服饰的搭配和款式选择，避免颜色含义与活动内容上的冲突，给他人带来不悦。

在现代社会中，黑白两色被认为是经典和优雅的颜色搭配，也是西装套装的常见配色，但是并非在任何场合都适用，尤其是全身黑色和白色的搭配。在中国文化中，黑色

和白色与丧葬有关，会给人带来不吉利的感觉，因此在喜庆节日活动场合，应该避免全身都穿黑色或白色。

值得一提的是，在中国文化语境下，"绿帽子"有伴侣出轨、背叛的意思，带有羞辱的含义。因此在中国，绿色的帽子是人们较为忌讳的着装，尤其是在出席婚礼或与恋爱有关的浪漫场合，应避免戴亮绿色帽子或穿大片绿色的衣物，否则容易给他人和伴侣带来尴尬和误解。

（二）着装图案的选择与禁忌

第一，不能穿戴有印花图案和文字图案，尤其是印有大片图案的服装出席正式场合，否则容易影响场合与活动的严肃性。出入民族场所、宗教场所，应当遵守相关规定，避免衣物图案上出现禁忌性的颜色、标志或图腾，以防对他人的习俗和信仰产生冒犯。

第二，衣物上的图案应当简洁明快，健康合法，不应显得过于张扬或充满锐气，不能选择带有低俗、色情、血腥、暴力图案的衣物，不能出现敏感性的标志和符号。文字内容应该积极向上，不能出现带有政治、宗教隐喻或侮辱性的文字标语。

（三）着装配饰的选择与禁忌

首先，服装配饰的选择应当与服饰的整体风格相协调，不要选择与服装风格冲突的配饰，例如深色的服装应避免搭配过于花哨的配饰，以免造成视觉上的混乱。要根据服装的材质、风格和所要展现的氛围来选择相应的配饰，以使整体效果更加和谐。

其次，对于一些特殊的场合，如会议、正式聚会等，选择配饰时更需谨慎。过于华丽或夸张的配饰在这样的场合可能会显得不够得体。相反，简约而精致的配饰更能凸显出个人的品位和气质。

再次，配饰的大小和数量也是需要注意的。过大的配饰可能会喧宾夺主，而过于繁复的配饰则可能使整体看起来杂乱无章，有些衣物带有大而重的配饰，走路的时候会发出声音，这一类配饰和服装也应谨慎选择。恰到好处的配饰不仅能突出服饰的特点，更能起到画龙点睛的作用。

最后，无论是首饰还是服装配饰，图案和形状都必须健康、合法、安全，不能带有不良的政治或宗教隐喻，不能佩戴刀刃、匕首等形状尖锐的首饰，以免对自身和他人造成伤害。

生 词

1. 品味 pǐn wèi（名）taste

品尝滋味。后引申成对事物具高度品鉴能力。

2. 严谨 yán jǐn（形）strict/rigorous

态度认真细致，对待工作、学习等方面有着严格的要求和谨慎的态度。

3. 皱 zhòu（名）fold

衣、物等经折叠而显出痕迹。

4. 裸露 luǒ lù（动）bare

让事物不被覆盖或遮蔽。

5. 腋窝 yè wō（名）armpit

上肢和肩膀连接处靠底下的部分。

6. 轮廓 lún kuò（名）outline

构成图形或物体的外缘的线条。

7. 时令 shí lìng（名）season

季节性的时间或天气变化。

8. 卫衣 wèi yī（名）hoodie

一种带帽子的宽松上衣。

9. 首饰 shǒu shì（名）jewelry

原指戴在头上的装饰品，今指头饰、耳环以及项链、戒指、手镯等。

10. 张扬 zhāng yáng（动）make widely known

声张宣扬。

11. 浮夸 fú kuā（动）exaggerate

虚浮的夸张，不切实。

12. 攀比 pān bǐ（动）compare unrealistically

不顾实际地与他人比较的行为。

13. 燕尾服 yàn wěi fú（名）swallow-tailed coat

一种男性正式礼服，其后摆形似燕尾。

14. 青睐 qīng lài（动）favour

用正眼相看，指特别欣赏或偏爱。

15. 出轨 chū guǐ（动）be derailed

行为偏离正常轨道或常规，在情感上也用来比喻伴侣的背叛。

16. 图腾 tú téng（名）totem

人们以某种动物、植物或其他物体作为家族或部族的标志。

17. 隐喻 yǐn yù（名）metaphor

一种修辞手段，用一个词或短语指出常见的一种物体或概念以代替另一种物体或概念，从而暗示它们之间的相似之处。

18. 花哨 huā shào（形）gaudy

过于艳丽的色彩。

练习

一、填空题

1. 着装的得体性指的是要根据（　　　　）、（　　　　）、（　　　　）、（　　　　）四个方面的因素选择合适的着装。

2. 在正式场合中，穿西装或套裙应该遵守三色原则。三色原则的意思是（　　　　　　　　　　）。

3. 着装礼仪的三个基本原则包括（　　　　）原则、（　　　　）原则和（　　　　）原则。

二、判断题

1. 小明经常穿很久没洗的衣服出门，他违反了着装礼仪的整洁性原则。（　　）

2. 小美经常穿紧身衣、超短裙出门，她违反了着装礼仪的协调性原则。（　　）

3. 小丁受邀参加一场学术会议，他身上穿着西装，脚上却穿着运动鞋，他这样做违反了着装礼仪的文明性原则。（　　）

4．正式场合中，西装的上衣应当与西装裤颜色一致。（   ）

5．中国人喜欢在春节、婚礼等喜庆场合穿红色的衣服，原因是穿红色的衣服能让自己看起来更显眼。（   ）

6．在会议上穿金黄色西服是符合着装规范的。（   ）

三、问答题

1．为什么说着装礼仪在我们的日常生活中非常重要？

2．在中国，不同的颜色有不同的含义。请列举你所知道的颜色及其所代表的含义，并谈谈这些颜色的着装所适用的场合与禁忌。

3．如果你被邀请担任当地春节联欢晚会的主持人，请问你会如何选择服装？有哪些应该注意的事项？

第二节 课堂礼仪

【学习目标】

1. 了解课堂礼仪的重要性；
2. 了解课堂的基本原则；
3. 了解课堂礼仪的具体规范。

【学习重点】

课堂礼仪的重要性；课堂礼仪的基本原则；课堂礼仪的具体规范。

【关键词】

课堂；教学；回答；提问；礼貌；尊重

【热身】

1. 你在上课前都会做哪些准备？
2. 你认为上课时应该遵守哪些礼仪规范？
3. 假如上课时，你突然感觉身体不适，想要暂时离开教室，你会如何向老师请示？

一、中国课堂礼仪概述

课堂是学生学习和成长的重要场所，而课堂礼仪则是维护课堂秩序、提高学习效果的重要保障。课堂礼仪对于学生的学习和成长具有重要意义，它不仅体现了老师和同学间的相互尊重，也有助于营造积极向上的学习氛围，促进学生的全面发展。遵守课堂礼仪不仅能够帮助学生取得更好的成绩和发展，还能够培养学生在社会交往中所应具备的良好素养和品质。因此，我们应该充分认识到课堂礼仪的重要性，从而自觉遵守和维护课堂秩序。

二、课堂礼仪的重要性

1. 课堂礼仪是构建良好师生关系的重要前提

当学生遵守课堂礼仪时，能够表现出对课堂和老师的尊重和认可，这有助于建立老师的威信，使老师更有信心和动力去传授知识，也愿意与学生进行更深入的交流和互动。

2. 遵守课堂礼仪是促进同学关系、构建良好班集体的重要保障

若每个学生都遵守课堂礼仪、尊重他人的权利和感受，则有助于减少冲突和矛盾，增强班级凝聚力，使班级氛围变得更加融洽。

3. 遵守课堂礼仪有利于提高课堂学习效果，营造良好学习环境

课堂礼仪能够促进师生之间的互动与沟通。当学生遵守课堂礼仪时，他们表现出对老师的尊重和对学习的热情，将激发老师的积极性，使其更愿意与学生交流和互动，从而提高教学质量。

三、课堂礼仪的基本原则

1. 尊重老师和同学

尊重是课堂礼仪的第一条基本原则。在中国文化中，"尊师重道"被视为一种传统美德，它的意思是"学生应该尊重、敬爱老师，重视应遵循的道德规范"。老师的职责是传授知识，而学生要尊重老师的劳动成果。同时，学生之间也应该相互尊重，避免在课堂上吵闹、随意打断别人的发言或使用不礼貌的语言。当遇到不同文化背景的同学，也应尊重对方的文化习惯，不能歧视或攻击其他同学。

2. 遵守课堂纪律

课堂中，如在考试、授课等的时候，学生应保持安静，避免影响他人。当老师在进行授课时，学生应认真听讲，集中注意力，积极参与课堂讨论，并做好笔记。上课时应遵守课堂纪律，按时上课、不迟到、不早退、不私自离开座位、不交头接耳、不玩手机等，这将有助于维护课堂秩序。

3. 积极参与课堂活动

当进行课堂讨论或课堂活动环节时,学生应积极参与课堂活动,回答问题、提出疑问或参与讨论,与老师和其他同学互动。积极的课堂互动有助于教学的顺利开展,能够提高学习效率,也有利于培养学生的表达能力和合作精神。同时,积极回应老师提出的问题也是对老师的一种尊重。

四、课堂具体礼仪规范

(一)上课礼仪

1. 做好课前准备、课前预习

为了保证良好的课堂学习效果,学生应当提前预习老师指定的上课内容,阅读课程教材,总结自己不懂的地方和问题,并做好笔记。预习不仅能够提高听课效率,带着问题上课也能够实现有目的性的学习,增强对知识点的记忆。

2. 遵守课堂着装礼仪

遵守着装礼仪也是课堂礼仪的一个环节,穿着得体与否能够体现学生对课堂和教师的尊重与否。课堂上要注意仪表形象,进教室应穿着整洁,不穿奇装异服,不穿背心、拖鞋、裤衩,不能敞胸露背,听讲时不扇扇子。进入特殊教室,例如实验教室时,应当按照规定穿戴好实验服。

3. 进入教室应守时

学生应当提前至少五分钟进入教室,在座位上准备好上课所需的课本、材料和文具,如发现黑板上有上一堂课其他老师留下的板书,可以主动上去将黑板擦干净。如果出现迟到情况,进入教室前应向老师打报告说明迟到原因,如教室门关着,应先轻轻叩门,经老师允许后从教室靠近黑板的前门迅速入座或从教室后门进入。入座后,在放书包和课本时,动作幅度要小,尽量不要发出太大的响声。不能无故迟到、旷课、早退。

4. 特殊情况离席应讲礼貌

在上课的过程中,难免会遇到特殊情况需要临时离开。这种时候,应当先举手向老师示意,说明理由,经老师允许后再离开教室,不能未经允许直接起身离开教室。

（二）听讲礼仪

1. 坐姿端正，认真听讲

课堂上认真听老师讲课，根据老师的要求做出相应的行动。如当老师要求阅读课本内容时，应当迅速翻到相应页面并开始阅读。应当集中精神，对老师讲的重点内容做好笔记。当不需要低头阅读课本或做笔记时，学生应当抬头与老师保持适当的眼神交流，忌坐姿东倒西歪，不能全程低头，不能趴在课桌上或用手撑住头部听讲。

2. 严守课堂纪律

上课过程中应当严格遵守课堂纪律，课程途中不随意更换座位，不交头接耳、东张西望，不打哈欠，不睡觉。不能做与课堂无关的事情，包括不看课外书，不做其他课程的作业等。上课期间，手机应当调整为静音模式，防止来电铃声打扰课堂。上课时要认真听讲，不玩手机，不吃东西，不戴耳机，如需使用电子设备做笔记，则应将屏幕保持在笔记页面，不能随意切换到其他无关页面。

（三）问答礼仪

1. 积极主动回答课堂问题

老师上课的提问模式一般分为指定提问和自由提问。指定提问是指由老师直接指定某个学生对其进行提问。当被老师指定回答问题时，应当从座位上站起来，根据问题做出回答。回答的声音应当清晰响亮，能够让教室内的老师和同学都听到。如果老师提的问题自己回答不出来，可以礼貌地、实事求是地向老师表明自己暂时回答不出来这个问题，不能自作聪明地胡说乱扯，也不应该吞吞吐吐地耽误时间。

自由提问指的是老师对全体学生提出问题，由学生自由举手回答。当老师自由提问时，学生如果觉得自己能够回答，应当积极回应并向老师举手示意，经老师点名同意后站起来回答。不能坐在位置上七嘴八舌地发言，也不能在老师未点到自己的名字时就抢先站起来回答。回答内容应当和问题紧密相关，不能跑题或回答和问题无关的内容，不能不懂装懂。

2. 他人回答时保持安静

当其他同学起来回答问题时，应当坐在座位上保持安静，认真听同学回答，不应当随便插话，他人回答错误或者回答不出时，切不可在旁边讥（jī）笑。如果自己想要回答这个问题，应当在该同学发言完毕，老师示意其坐下并询问还有没有其他人能回答这个问题的时候，再举手回答。

（四）提问礼仪

1. 讲究内容和时机恰当

在课堂进行的过程中如有疑问，可以根据问题的内容选择适当的时机向老师提问。首先，提问的内容应当与当堂课程内容紧密相关。不能提与课程内容无关的问题，打乱课堂节奏。其次，提问要讲究时机，不能随意打断老师的讲话，可以在老师讲授的知识点告一段落时举手，经老师同意后向老师提问。最后，当对老师讲述的内容有异议时，最好下课后单独找老师交换意见，共同探讨，不可当堂无礼冲撞，扰乱课堂秩序，影响老师的教学计划。

2. 注意提问的语气措辞

提问时，应当保持礼貌、诚恳、恭谨的请教态度，不能使用过于随意或命令式的语气，这可能会让老师感到不舒服或受到冒犯。同时，学生在提问前应当想清楚自己想要提问的内容，提问时应简明、清晰地表述自己的问题，这有助于老师更好地理解问题所在，并给出准确的回答。

（五）下课礼仪

1. 下课铃响后，经老师允许方能离开教室

下课铃响后，如果老师还未宣布下课，学生应当安心听讲，不要忙着收拾课本，不能交头接耳，不能催促老师下课，不得擅自离开教室。老师宣布下课后，才能开始收拾自己的东西，再有序地离开教室。离开教室时应检查好东西是否带齐，保持座位整洁干净，不能在课桌和墙壁上乱涂乱画，不影响下一堂课的学生，垃圾应带出教室或扔到垃圾桶，不能留在座位上。

2. 教室外遇到老师时保持礼貌

当在教室外遇到老师时，应当保持礼貌，面带微笑，眼睛看着老师，轻轻鞠躬，说"老师好"。遇见老师要礼让，在校内行走，特别是进出教室、上下楼梯，或在人多的地方遇到老师，应当主动停下并侧身，给老师让道，不应和老师抢道，更不能碰撞老师。

3. 及时复习，并做好下一轮预习

下课后，应当在空闲时间及时复习老师上课所讲的内容，整理好课程笔记，对仍然不懂的问题，应当做好标记，以便在课后及时向同学或老师请教。课后做好复习巩固，是保证下一堂课教学顺利进行的重要基础，也是对老师教学成果的尊重。在复习完毕后，也应根据老师的指引，做好下一堂课的预习工作。

生 词

1. 氛围 fēn wéi（名）atmosphere
周围的环境和气氛。

2. 凝聚力 níng jù lì（名）cohesion
比喻使人或事物聚合到一起的力量。

3. 营造 yíng zào（动）build
经营建造。

4. 吞吞吐吐 tūn tūn tǔ tǔ（成语）speak hesitantly or with difficulty
形容说话不直接，要说不说的样子。

5. 七嘴八舌 qī zuǐ bā shé（成语）lively discussion with everybody talking at once
人多口杂，你一言，我一语，说个不停。

6. 异议 yì yì（名）objection
不同的意见。

7. 恭谨 gōng jǐn（形）be respectful and cautious
态度恭敬而有礼貌，做事小心谨慎。

8. 措辞 cuò cí（名）phraseology
说话或写文章选用的词句及其组织方式。

9. 交头接耳 jiāo tóu jiē ěr（成语）speak in each other's ears
彼此在耳朵边低声说话。

10. 巩固 gǒng gù（动）consolidate
加强某种事物的基础或地位使其更加稳固。

练 习

一、填空题

1. 课堂礼仪的基本原则是（　　　　）、（　　　　　　）、（　　　　　　）。

2. 具体而言，课堂礼仪包括（　　　　）、（　　　　　）、（　　　　　）、（　　　　）、（　　　　　）五个部分。

二、判断题

1. 课上嘲笑其他同学是不符合课堂礼仪的。（　　）

2. 学生上课迟到时，可以从教室后门进入教室并入座。（　　）

3. 当你在上课时觉得身体不适，可以在桌上趴一会，等身体恢复后继续上课。（　　）

4. 上课时被老师点名回答问题但不知道如何回答时，应向老师诚实表明自己不会。（　　）

5. 在上课的过程中，如果对老师讲课的内容产生了异议，应打断老师讲话，当堂无礼冲撞。（　　）

6. 下课铃响后，老师仍然在讲课，应当继续听讲，等待老师下课。（　　）

三、问答题

1. 请你谈谈为什么要遵守课堂礼仪，遵守课堂礼仪能带来哪些好处。

2. 请你谈谈你的国家的课堂礼仪和中国的课堂礼仪有哪些区别。

第九章 职场商务礼仪

第一节 求职面试礼仪

【学习目标】

1. 理解求职面试礼仪的重要性和意义；
2. 了解各种不同面试形式的特点；
3. 掌握求职面试礼仪的基本规则和习惯；
4. 掌握面试时的一些禁忌和注意事项。

【学习重点】

求职面试的礼仪与禁忌。

【关键词】

求职；面试；工作；职场

【热身】

1. 你在你的国家工作过吗？你们那里的面试有什么要求？
2. 你有过什么样的面试经历呢？
3. 面试前你会做什么准备？

一、中国求职面试礼仪概述

中国职场礼仪中的求职面试礼仪是一套在面试过程中应遵循的规则和惯例，这些礼仪的目的是确保面试过程的顺畅和有效，表达对面试官和公司的尊重。正确的求职面试礼仪不仅能给面试官留下良好的第一印象，甚至可能决定求职者是否能获得工作机会。

留学生踏入职场，除专业知识和技能外，面试礼仪也至关重要。正确的礼仪能给人留下良好的印象，体现求职者对工作的重视，提升面试成功率。掌握中国面试礼仪可增强职场竞争力，展现对中国文化和职场规范的尊重与理解，体现求职者的适应能力和职业素养。良好的第一印象和易于融入中国工作环境的证明，有助于让求职者在众多候选人中脱颖而出。熟练运用中国面试礼仪，如恰当地自我介绍和清晰地回答问题，展现沟通能力和适应能力，可以帮助我们争取更好的待遇并完善人际关系网。在面试时准确表达职业目标和期望，则能方便公司了解你的职业发展规划，为寻找到匹配的工作提供有力支持。

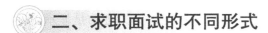

二、求职面试的不同形式

1. 传统面试

传统面试通常是面试官与应聘者在办公室进行面对面交流，以此来评估应聘者的资历、经验和技能，同时也注重对其综合素质、沟通能力和适应性进行评判。在这种面试中，第一印象至关重要，求职者的着装、仪态、语言表达和到达时间以及展现出的态度都被视为其专业性和对职业的重视程度的评判标准。

求职者还需充分准备可能涉及的问题的回答，从专业技能到个人经历，以及对行业发展的看法，清晰表达自身的适合性和价值所在。此外，应准备好有关公司和职位的问题，展示出积极主动和对未来工作的热情。切记要复习专业技能，以应对可能的技能测试环节。

2. 视频面试

视频面试在中国也是很常见的，基本上就是通过视频通话软件连接求职者和雇主或面试官进行面试。这种形式允许双方在不必亲自到场的情况下进行交流，为地理位置带来的限制提供了便利的解决方案。

尽管视频面试在形式上与传统的线下面试有所不同，但在许多方面，它仍然要求求职者遵守相似的准则和标准。即便是在虚拟环境中，第一印象仍然至关重要。求职者需要确保自己的着装职业化、得体，还需要寻找一个安静且光线充足的地点进行视频通话。而且，求职者最好提前测试自己的设备，确保网络连接稳定、摄像头和麦克风工作正常，避免在面试过程中出现技术故障，影响面试过程的进行，给面试官留下不好的印象。熟练使用视频通话软件和其功能，包括如何静音、开启视频等，也是必要的准备工作。同时，面对突然出现的技术问题应保持镇定，如果发生连接中断或其他问题，应迅速采取补救措施并与面试官沟通解决方案，展现出应变能力和解决突发问题的能力。

3. 群组面试

在中国的求职面试过程中，群组面试是一种常见于大型公司招聘的面试形式，它涉及多个求职者同时参与面试。这种方式主要用于评估求职者之间的互动能力、团队合作能力、领导能力以及如何在竞争和合作中平衡自己的能力。群组面试通常由面试官提出一个或多个讨论题目，要求求职者在有限的时间内展开集体讨论，并在讨论结束时提出解决方案或建议。

在群组面试中，重要的不仅是展示个人的专业知识和技能，更关键的是显示出能够在团队环境中开展有效沟通和协作的能力。求职者需要在表达自己的观点和解决方案时，展现出对他人意见的尊重和倾听，同时也要能在适当的时候引导讨论向前推进。

需要注意的是，面试官通常会观察求职者如何在展现个人能力的同时，促进团队合作和达成共识。因此，展现出良好的团队精神和合作态度是至关重要的。此外，群组面试也考验求职者的应变能力和创新思维。在面对突发情况或复杂问题时，能够迅速思考并提出创新解决方案的求职者，会给面试官留下深刻印象。因此，求职者应该准备好在不同的情境下灵活应对，并展现出自己的应变能力。

4. 电话面试

在中国的求职过程中，电话面试通常作为初步筛选阶段，用以评估候选人是否适合进入下一轮面试。这种形式能让雇主在实际见面之前快速了解应聘者的基本资料、沟通能力以及对职位的兴趣程度。虽然相对正式面试来说，电话面试较为简短，但同样重要，因为这是留下第一印象的关键时刻。

在进行电话面试时，有几个方面需要特别注意。首先，保证通话环境安静、没有干扰，这样可以帮助你更好地集中注意力，同时也传达出你对面试的重视。其次，提前准备自己的简历和职位描述，这样在电话中提到相关经历或技能时，能够流畅地对答。即使对方看不到你，良好的语言表达和积极的态度也是非常关键的，因为这些可以通过你的声音和语调传达给面试官。再次，要做好充分的准备，比如对公司的了解、对职位的理解以及如何给出自己最适合这个职位的理由。最后，面试结束时，可以适当询问下一步的流程或时间安排，这不仅能表现出你的积极性，也能帮助你更好地准备后续的面试。

三、求职面试的基本规则及习惯

面试是求职者必须经历的挑战，无论你是新人还是经验丰富的求职者。对于留学生来说，面试更具挑战性，因为他们需要适应新环境和跨越文化差异。掌握基本的面试技巧和规则对留学生至关重要，从着装选择到语言沟通，每个细节都可能影响面试结果。接下来，我们将探索这些基本规则，让你为即将到来的面试做好充分准备。

1. 准备充分

在求职面试前做好充分的事前准备，当中涉及几个关键步骤。首先，深入研究应聘公司的背景、文化、业务领域以及市场地位。这意味着不仅要浏览公司的官方网站，还要查看相关新闻报道、行业分析报告以及社交媒体上的讨论，以获得对公司当前状况和未来发展方向的全面了解。其次，详细了解职位描述和要求，思考自己的技能和经验如何与之匹配，准备具体的例子和成就来展示你与这个职位的适配度。[①] 再次，通过模拟面试练习常见的面试问题，可以提高自信心并磨炼回答技巧。还应该考虑面试官可能提出的问题并准备相应的答案，比如你的职业目标、为何离开前一份工作等。最后，规划面试当天的细节，包括服装选择、路线规划以及必要文件的准备，确保一切都在掌控之中。通过这些综合性的准备，你可以在面试中展示出最佳状态，增加获得工作机会的可能性。

2. 着装得体

在求职面试的场合下，我们应根据行业标准、公司文化以及职位级别去挑选我们的着装。首先，了解应聘公司的行业是传统还是创新领域，因为这将直接影响着装的正式程度。例如，金融或法律行业倾向于更正式的着装，而技术或创意产业可能对休闲风格更加宽容。其次，研究公司文化，可以通过访问公司网站、社交媒体平台或者询问已经在该公司工作的人来获取线索。如果公司倾向于保守的职业形象，那么选择传统的商务服装会更为合适；反之，则可以适当放松，但仍需保持专业。最后，考虑面试的职位级别也至关重要，高级职位可能需要更正式的着装以展现出你对这份工作的尊重和认真的态度。

选择服装时还需要注意细节。确保衣物干净、整洁且合身，避免过分花哨或夸张的

---

① 李瑞瑞：《大学生就业面试技巧研究》，载《才智》2018年第31期，第235页。

图案和颜色，保持简洁大方。①鞋子应该保持干净且与整体风格相匹配。佩戴适量的首饰或配件可以增加个人魅力，但应避免过多或过亮的选择。

3. 准时到达

面试时，准时到达是尊重雇主和展现职业素养的重要一环。为确保准时，需提前调研面试地点、交通路线和所需时间，并考虑额外时间缓冲以应对不可预见的情况。②前一晚确认闹钟定好和物品准备齐全，面试当天早起检查着装和文件，享用早餐，保持最佳状态。准时不仅体现尊重和重视，还展示良好的时间管理能力和责任感，给雇主留下积极印象。相反，迟到会给人不专业、不可靠的印象。因此，事先规划和充分准备是确保准时到达的关键，能让你更从容地面对面试。

4. 掌握沟通技巧

在求职面试中，良好的沟通技巧是很重要的，这可以协助我们简洁明了地表达自己的想法，并呈现自己的优点。通过积极倾听面试官的问题和评论，我们可以更准确地理解他们所关心的重点，并据此调整回答或提问。同时，对话时要保持敏感，这可以帮助我们避免误解。另一个重要方面是非言语沟通，包括眼神交流、肢体语言和面部表情等。这些信号能够强化口头表达的真诚和热情，增加信息传递的效果。例如，在回答问题时保持眼神交流可以展示自信与专注，眼神停留在对方脸上的时间建议占面试时间的30%～60%。③最后，最好用实际经历来说明自己在过去如何有效地解决问题或成功完成任务，这会更具说服力。

5. 保持后续跟进

求职面试的后续跟进也是很重要的，它不仅展示了你对这个职位的兴趣，也能让你了解招聘的最新进度。在适当的时间询问面试结果是必要的，如果在面试结束时没有被明确告知何时会有结果，那么等待一周左右再进行询问通常是合理的。这种随访表明了你对结果的关心和主动。即使结果未能如愿，保持礼貌也很重要。可以请求反馈以了解自己在哪些方面需要提升，并表示希望将来能有机会再次申请该公司的职位。这样不仅有助于个人成长，还能为未来可能出现的机会打下基础。

---

① 施蓉：《大学生求职面试礼仪赢得好感的三个关键点》，载《才智》2019年第9期，第70页。
② 唐安妮：《求职面试时的礼仪》，载《成才与就业》2023年第10期，第21页。
③ 陈致雅：《这些面试礼仪 你知道吗》，载《成才与就业》2018年第11期，第18-19页。

四、求职面试中的禁忌与注意事项

首先，避免抱怨过去的工作环境。避免在面试时抱怨过去的工作环境，因为这会给面试官留下负面印象，损害个人职业形象。抱怨可能让面试官怀疑你的职业素养和团队合作能力，担心你在未来遇到挑战时也会持消极态度。此外，这也可能被解读为缺乏解决问题和应对困难的能力，以及缺乏积极主动寻找解决方案的态度。每个组织都希望营造正面、支持性强的工作氛围，因此，在面试中保持正面态度，专注于成长和未来目标，更有助于展现自身积极向上、适应性强的特质。

其次，不要分散注意力。在求职面试时，保持专注至关重要，因为这是展示自己能力、经验和适合该职位的机会。分散注意力可能导致你无法有效地回答面试官的问题，错过展现自己最佳一面的时机。此外，不专注可能被解读为对职位或公司不够感兴趣，甚至可能被看作缺乏职业素养。面试中的每一个细节都可能影响到最终的录用决定，因此全神贯注地参与每一刻对于给招聘团队留下积极印象至关重要。

再次，避免在面试中使用手机。在求职面试中使用手机是一种非常不专业的行为，这可能给面试官留下对面试不认真、不尊重或者缺乏专注力的印象。面试是一个展示自身能力和性格的机会，这需要全神贯注地参与进去。如果你在面试过程中分心去看手机，这可能会让面试官怀疑你是否真的对这份工作感兴趣，或者是否有能力处理工作中的任务。此外，这也可能让人们觉得你缺乏基本的职业素养和礼貌。因此，在任何形式的面试中，我们都应该避免使用手机，以展现出我们对职位的热情和专业素养。

最后，不要对薪酬和福利条件过早提问。求职面试中过早询问薪酬和福利条件，可能让招聘方认为你只关心报酬而非工作本身或公司文化。面试是双向选择的过程，初期目的是双方了解以及面试者是否适合这份工作及其环境。过早关注薪酬和福利可能让招聘方感觉你对个人成长、团队合作及为公司贡献价值的兴趣不足。这种印象可能影响招聘方对你的整体评价，导致失去录用机会。理想情况下，应在面试中自然等待招聘方提出薪资和福利话题，或在双方兴趣浓厚时咨询。这既展现出你对工作本身的重视，也体现了你对招聘流程的尊重和理解。

生 词

1. 素养 sù yǎng（名）competence

一个人所具备的综合能力，包括知识、技能和品质等方面。

2. 脱颖而出 tuō yǐng ér chū（成语）a talent shows itself

比喻有才能的人遇时机而显露本领，超越众人。

3. 筛选 shāi xuǎn（动）sieving

泛指在同类事物中去掉不需要的，留下需要的。

4. 磨炼 mó liàn（动）temper oneself

锻炼、考验。

5. 线索 xiàn suǒ（名）clue

事情可寻的端绪，路径；隐密的消息；思路，脉络。

6. 福利 fú lì（名）welfare

生活上的利益，特指照顾职工生活利益。

练 习

一、填空题

1. 学习好求职面试礼仪很重要，可以在面试时体现我们（　　　　），从而提升（　　　　）。

2. 我们在面试时有一些禁忌与注意事项，例如（　　　　）、（　　　　）、（　　　　）、（　　　　）等，我们应多加留意。

二、判断题

1. 我们应在面试前了解岗位需求。（　　）

2. 拖鞋等过于随意的着装是适合面试的着装。（　　）

3. 视频面试前，我们应下载好需要的视频通话软件。（　　）

三、问答题

1. 你有没有求职经历？求职过程中遇到过哪些困难？
2. 求职中应该注意避免做哪些方面的事情？

第二节 会谈座次安排礼仪

【学习目标】

1. 理解会谈中座次安排礼仪的重要性和意义;
2. 掌握中国会谈礼仪中座次安排的基本规则和习惯;
3. 学习如何在各种会谈场合下礼貌地安排座次;
4. 了解会谈礼仪中座次安排相关的注意事项。

【学习重点】

中国会谈座次安排的基本规则礼仪及其注意事项。

【关键词】

会谈礼仪;座次安排;场合

【热身】

1. 你了解中国的会谈礼仪吗?
2. 你在中国参加会谈时都是如何安排座次的?
3. 说一说你们国家的会谈座次安排和中国的会谈座次安排有什么不同之处?

一、中国会谈座次安排礼仪概述

在中国的会谈中,座次安排至关重要。它不仅体现了对参与者的尊重和对其地位的认可,还反映了中国深厚的文化底蕴和对等级秩序的重视。通常,座次要根据职务、资历和与会议主题相关性来安排。无论是商务会谈还是职场接待,恰当的座次安排都能促进会议的顺利进行,避免尴尬或误解,为双方建立良好的沟通基础和合作氛围。总的来说,座次安排在中国会谈中体现了礼仪和等级秩序,为成功会谈创造了和谐、有效的沟通环境。同时，它也反映了中国独特的文化特质和价值观，包括等级观念、儒家文化影响，对和谐、平衡的追求。

 二、会谈座次安排的基本原则

中国会谈座次安排的基本原则是一种深植于中国文化传统的礼仪实践，它体现了对等级、地位、和谐以及风水等方面的尊重与重视。这些原则不仅仅是形式上的安排，更是对与会者尊重和礼遇的文化表达。以下是中国会谈座次安排的基本原则。

1. 尊重等级和资历

在中国，由于深受儒家文化的影响，社会关系和组织结构往往呈现出明显的等级化特征。这种对等级的敬重和遵守，不仅贯穿日常生活的方方面面，而且在商务会谈和官方会议的座次安排上也有着清晰的体现。在这样的文化背景下，公司的 CEO 或政府的高级官员，作为组织或机构中的核心人物，通常会被安排在会议桌的主位，即位于中央并且最引人注目的位置。这一位置，不仅因其在空间上的中心地位而显得尤为重要，更因为它象征着权力和地位的核心，是会议室中地位最显赫的座位。座位安排的设计，使得核心决策者处于一个便于观察全场、主导讨论和决策过程的有利位置，从而更好地引领会谈的方向，确保会议能够按照既定的议程高效、有序地进行。

2. 主宾位置安排得当

在涉及外宾或特殊客人的正式会谈中，主宾的座次安排显得尤为关键，这不仅是一种礼仪上的考量，更是文化交流中的一种特殊的文化。按照礼仪，主宾通常会被安排在进门方向右侧，紧邻主位。以图 9.2.1 为例，当会议桌竖向于门的情况下，1 号是主人的位置，2 号则是主宾的位置。这一位置不仅方便交流，也便于主宾发挥其在会议中的特殊作用。这种座次安排深刻体现了对来宾的极高尊重和重视，传递出一种诚挚的欢迎和对国际友好关系的重视。

当使用长条会议桌，而会议桌纵向于门时，宾客会被安排坐在门的右侧一方，主人一方会在左侧。以图 9.2.2 为例，A 是主人一侧，B 是客人一侧，而主客两方则安排最重要的人坐在两边的中间位置，即 A1、B1，其余人按重要性坐在所属方的身旁，以右一左一的顺序入座，如主方人员以 A2、A3 等顺序而客方以 B2、B3 等顺序入座。安排座位的过程涉及对每一位贵宾背景、地位和在会议中角色的深思熟虑，确保每个人的座位

都恰如其分地体现了他们的重要性，这将促进会议效率的最大化。这样的安排既展现了东道主的细致周到，也为会议的顺利进行创造了有利条件，使每位参与者都能在最合适的位置上发挥其最大的作用。

图 9.2.1　竖向小会议桌座椅安排

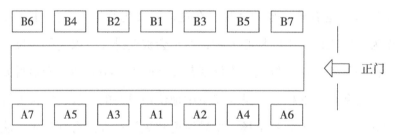

图 9.2.2　长条会议桌纵向于门的座椅安排

3. 重要人物面向门

在中国的风水学说中，面对门的位置被认为是能够汇聚吉祥和积极能量的地方。[①] 坐在这个位置上的人，不仅能够享受到更好的风水气场，还象征着拥有良好的运势和成功的可能性。因此，在重要的商务或政治会议中，通常会把最重要的人物，如公司的高层领导或者客人，安排在这个位置上。这样的安排不仅是对他们身份和地位的一种肯定，也暗含期望他们能够带来好运和成功的一种美好寓意。以图 9.2.3 为例，A 排坐的就是客人或领导，而 B 排则是主方的位置。此外，面对门的座位还具有一种心理学上的优势。坐在这个位置上的人通常能够感到更加自信和安全，因为他们能够第一时间看到进入会议室的任何人或事，这种不背后受惊吓的感觉使他们在会谈中更加从容不迫。这

---

① 佚名：《给领导安排座次的学问》，载《领导之友》2016年第10期，第44—45页。

一点在商务谈判或重要决策会议中尤为重要,因为它有助于提高决策者的心理优势,从而更好地推动会议的进程。

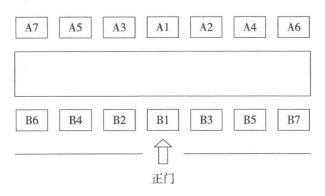

图 9.2.3　长条会议桌横向于门的座椅安排

4. 避免正面冲突

中国文化高度重视和谐,这一点在座次安排中同样可以体现出来。会议组织者会事先了解与会者之间的关系,如果存在潜在的不和或竞争关系,会谨慎地将他们安排在不会直接对视或相对较远的位置,以减少出现直接对抗情况的可能性。这样的考虑有助于维护会议的和谐氛围,促进积极的交流与合作。

总的来说,中国会谈座次安排的基本原则是与会者和组织者必须了解和遵守的礼仪规则。这些原则不仅体现了对与会者地位的尊重,也反映了对文化传统的继承和发扬。通过恰当的座位安排,可以营造出一个顺畅、和谐的会谈氛围,为双方的有效沟通和合作打下坚实基础。在跨文化交流中尤其需要注意这些细节,以确保会谈顺利进行,达成预期目标。

三、不同会谈场合中的座次安排

1. 官方会议的座次安排

在官方会议中,座次安排的精确性和严格性凸显了中国文化中对于礼仪和规矩的尊崇,是融合了文化传统、社会结构及人际关系学的综合考量。每一个座位的分配都不是随意的,而是经过细致考虑,旨在体现个体在组织或社会中的地位,以及他们在会议中的作用和责任。

会议主持人或最高级别的官员被安排在会议室中央最引人注目的位置,这一安排既是对其权威地位的体现，也是为了确保会议能够高效有序地进行。坐在这个位置的领导者，不仅能够全面掌握会议室内的动态，更能够直接主导会议的进程，确保讨论和交流能围绕核心议题有效展开。参与者根据其在组织或政府中的职务高低，分别在会议主持人的左右两侧依次就座，形成了一种清晰的视觉等级秩序。这种明确的座位排序，不仅体现了对每位参会者职务的尊重，也有助于维持会议的正式性和严肃性，促进会议讨论的有序进行。

当会议涉及外宾时，对他们的座位安排更是体现了中国人对于国际交流的重视和对外宾的尊敬。外宾通常会被安排在会议主持人右侧的显要位置，这一位置的选择不仅是对外宾尊贵身份的认可，更是展现中国文化礼仪和对国际友人欢迎之情的重要表达。这样的座次安排，有助于营造出友好、相互尊重的国际交流氛围，为双方的沟通与合作奠定良好基础。

2. 商务谈判的座次安排

在典型的商务谈判场景中，双方代表通常采用对坐的方式，这种布局有利于直接面对面交流，可以减少误解和沟通障碍，使双方能够更直接地表达意见和反馈。此外，这种安排也便于双方观察对方的非语言信号，如肢体语言和面部表情，这些都是沟通中不可忽视的重要元素。在每个团队内部，领导者通常被安排在中心位置，这不仅体现了其在团队中的核心地位，也便于他们对谈判过程进行有效的控制和协调。

在追求更加平等和开放的商务会谈中，圆桌会议的座位布局尤为普遍。这种安排摒弃了传统的对峙式布局，通过圆桌让每位参与者都处于等距离的位置，从而消除了等级感，营造了一个更加民主和包容的讨论环境。在圆桌上，每个人都有机会平等发言，分享观点，这种环境鼓励了创意的碰撞和解决方案的产生，有助于促进会谈的进展和谈判的成功。

3. 宴会和社交聚会的座次安排

在宴会和社交聚会这类较为非正式的场合，座次安排虽然显得较为灵活和随意，但其背后实际上遵循着一系列精细的礼仪规则，这些规则旨在体现对每一位嘉宾个体及其所代表团体的尊重。

由于中国传统的礼仪认为右侧更为尊贵，主宾的位置同样被安排在主人的右侧，这样的座位安排彰显了中华文化中的礼仪精神和对嘉宾的高度敬意。[①] 当聚会中有多位重

---

① 王芬：《商务活动中不可小视的方位次序礼仪》，载《商场现代化》2008年第15期，第316–317页。

要嘉宾出席时,他们的座位需要综合考虑与主人的关系亲疏、社会地位的高低以及在该聚会中的作用等多个因素。每位嘉宾的座位不仅要考虑到与主人的互动便利性,也要确保嘉宾间的交流自然顺畅,避免因座位安排不当而引起尴尬或不便。例如,将可能存在矛盾的嘉宾安排得较远,而将有共同话题的人安排得较靠近,以促进积极的交流和互动。这种座次安排策略旨在预防和减少冲突,营造轻松愉悦的氛围,提高社交活动的和谐度和成功率。

四、会谈座次安排中的注意事项

1. 了解参与者的职务和社会地位

在安排座位之前,主办方需要对每位参与者的职务、社会地位、角色以及在会谈中的职责有一个全面而深入的了解。这一步骤涉及对参与者所属组织、他们的文化背景,以及他们之间可能存在的复杂关系网络的认知。这样做的目的是确保座次安排能够准确地反映出参与者在各自领域或组织中的重要性,同时考虑他们之间的相对关系,从而避免会谈中可能出现的不必要的尴尬或误解。

2. 考虑文化差异的影响

不同文化对座次安排有着各自的规则和偏好。比如,在一些文化中,坐在主陪右侧可能被视作一种尊荣,而在另一些文化中,更倾向于采用圆桌会议方式来强调团队的平等和团结。因此,主办方在安排座次时需要深入考虑参与者的文化背景,并尽可能地尊重这些文化习俗,以体现对所有参与者的欢迎和对其文化的尊重。

3. 精心安排主宾的位置

主宾的座次安排在会谈中至关重要,需要将其安排在既能体现其重要性又便于参与会谈的位置。通常情况下,主宾被安排在主持人的近旁,以便于沟通和交流。特别是当会谈中涉及外国嘉宾时,更需要特别注意将他们安排在体现尊敬的位置,同时确保他们能够轻松地与其他参与者进行有效互动。

4. 促进有效沟通的座位布局设计

座位布局的设计应是为了促进会谈中的有效沟通。避免将可能存在潜在利益冲突的参与者安排在相对立的位置,确保每位参与者都能够轻松地看到会谈中的每个人并听到他们的声音。在一些特定情况下,采用圆桌或U型桌布局不仅可以鼓励更加开放和平的交流，还能增强参与者之间的团队协作感。

5. 灵活应对突发情况

即使是最周密的座次安排计划也可能面临参与者的临时变动、特殊需求或其他意外情况的发生。因此，我们在安排座次时需要具备灵活调整的能力和应急准备，无论出现何种情况都能迅速做出有效应对，以确保会谈的顺利进行。

6. 关注参与者的特殊需求

在座次安排过程中，还需特别关注那些有特殊需求的参与者，如行动不便的人士可能需要更便捷的座次安排，或某些参与者因健康问题需要坐在特定位置。对这些特殊需求的关注和考虑，不仅体现了主办方的细心和周到，也是对参与者尊重和包容的具体体现。

中国会谈座次安排礼仪映射出中国深厚的文化传统和对和谐社交关系的追求。恰当的座次安排能够促进会谈的顺畅进行，避免不必要的尴尬或误解，同时为建立良好的沟通基础和合作关系提供支撑。这种礼仪展现了中华文化中对礼貌、尊重与和谐的高度重视，是商务和职场等官方会谈成功的关键环节，对于跨文化交流尤为重要，反映了中国社会对等级秩序的尊重及对人际关系细致入微的考量。

生 词

1. 显赫 xiǎn hè（形）illustrious

权势、名声等盛大显著的。

2. 吉祥 jí xiáng（形）good fortune

预示好运和幸福的征兆或象征。

3. 奠定 diàn dìng（动）establish

建立；安置使稳固。

4. 摒弃 bìng qì（动）throw away

排除，抛弃。

5. 尊荣 zūn róng（名）honor and glory

尊贵与荣耀。

6. 细致入微 xì zhì rù wēi（成语）meticulous

对人体贴关心无微不至。

练 习

一、填空题

1. 会谈座次安排的基本原则有：（　　　　）、（　　　　）、（　　　　）、（　　　　）。

2. 在中国，会谈场合中的座次安排不仅仅是一种空间位置的分配，更是一种深植于文化传统、礼仪习惯和沟通策略中的艺术，在中国有很多不同的会谈场合都会用到它，例如（　　　　）、（　　　　）、（　　　　）等。

二、判断题

1. 掌握会谈座次安排礼仪可以促进会谈的顺利进行。　　　　（　　）

2. 中国会谈座位安排的基本原则是一种深植于中国文化传统的礼仪实践，它体现了对多种方面的尊重与重视，其中包括参与者的地位。　　　　（　　）

3. 按照中国悠久的传统礼仪，主宾通常会被安排在会议主持人的右侧，紧邻主位。
　　　　（　　）

三、问答题

1. 你在中国参与过哪种场合的会谈？它们有什么不同的特点？

2. 假设你的上司让你组织一场商务会谈，你会如何安排座次？

第十章 民俗礼仪

第一节　诞生礼

【学习目标】

1. 理解诞生礼的重要性及现实意义；
2. 了解诞生礼的三大特征：祝福性、庄重性、社交性；
3. 了解不同少数民族独具特色的诞生礼仪。

【学习重点】

诞生礼的重要性；诞生礼的特征；不同民族的诞生礼仪。

【关键词】

出生；仪式；祈福；生命；家庭

【热身】

1. 你了解出生的庆祝仪式吗？你出生时家人是如何为你庆祝的？
2. 你是否看过自己出生礼时的照片或视频？
3. 不同民族有不同的诞生礼，你对此掌握多少呢？

一、诞生礼的内涵

（一）诞生礼的定义

诞生礼，是中国传统的生命礼俗之一，一般是为庆祝新生儿的到来而举办的活动或仪式。诞生礼寄托着人们对新生命到来的喜悦与祝福，体现着对新成员的珍惜与疼爱。不同地区、民族的诞生礼因为文化和习俗差别，有不同的表现形式和活动内容。但无论哪种诞生礼仪，都是人们美好情感的表达，也是人类文明传承的重要载体。

(二)诞生礼的重要性

诞生礼是增强家庭凝聚力的重要方式。在以家庭为单位的团体中,新成员的到来是一件意义重大的喜事。一方面,家庭成员通过为新生儿举办诞生礼,表达对新成员的欢迎和认同,使家人之间的联系更加紧密。另一方面,现在举办诞生礼也成为人们维系关系、结交人脉、开拓社交圈的重要手段。除此之外,诞生礼还是一种文化符号,既能向外传播中华民族"和谐"的文化价值观,又能体现出各民族、地区不同的特色文化。

二、诞生礼的特征

1. 祝福性

诞生礼具有更多的祝福色彩,美好寓意是贯穿诞生礼始终的重要元素。这些祝福既包括对新生儿的祝愿:比如希望小生命茁壮健康地成长,或者是祈求新成员平平安安、未来前途一片光明,成长为一个对社会有用的人才;也包括对家庭的祝福,如希望家庭和谐、生活幸福等。可以说祝福性就是诞生礼的出发点和根本价值。

2. 庄重性

无论是古代的出生礼还是如今的诞生礼,"庄重"都是重要的特点之一,体现在诞生礼活动具有一定的仪式感。从发出邀请、确定宴会场合、提供礼仪服务等多项准备工作中都可以看出诞生礼是在精心的准备中进行的,这一过程中人们的行为不可过于随意,要以一种敬重的方式表达对生命的尊重。

3. 社交性

诞生礼如今已经成为一种社交活动,参与者不仅是新生儿及其家庭成员,也包括家人的其他社交关系,比如双方家长的朋友、同事、亲戚等。一方面,祝愿的人越多,新生儿收到的祝福就越多,越能使诞生礼更加热闹;另一方面,也有助于建立和巩固社会关系,人们通过送礼、送祝福等方式在社交层面进行有效互动。

三、诞生礼的布置设计

（一）主题布置

1. 确定诞生礼主题

一般来讲，父母会根据自身喜好、家庭特色、文化传统、新生儿性别等因素来确定诞生礼的主题。比如以迪士尼卡通人物为主题，选择某一个迪士尼故事作为灵感来源布置场地，甚至还可以请宾客朋友们装扮成卡通人物的角色前来赴宴。一方面，这更符合小孩天真、童趣的身份特点，使得整个活动主题明确、富有意义。另一方面，也为诞生礼增加了趣味性和独特性，让参与的亲友能共同感受欢乐的气氛。

2. 准备诞生礼素材

诞生礼的时间在不同文化中可能有所差别，通常在满月后举办百天或周岁。当天一般需要为新生儿换上全套新衣服，主人也应换上干净、得体的衣服迎接宾客。为更好地完成诞生礼，许多家庭会通过制作照片墙或者播放视频等方式分享新生命到来的幸福时刻，向亲友传递这份喜悦。照片或者视频可以让亲友更多地了解新生命的降生过程，也直观记录着整个家庭数月的努力付出。还有些家庭会用自己拍摄或者请专业团队拍摄的方式记录下诞生礼的整个过程，为新生儿的成长留下宝贵纪念。

3. 提供合理的礼仪招待

一般来说，应该提前向宾客发出邀请，说明宴会举办的时间、地点、主题，如果对宾客着装有另外要求还需及时补充说明。在确定完宾客人数后，应当确定好宴会的菜单，保证照顾不同宾客的饮食偏好，同时安排好宾客的座位。还可以准备一些特别的小礼物、纪念品，在宴会结束后送给宾客。诞生礼往往还会安排一个庆生蛋糕，蛋糕设计与宴会主题一致，分量还要足够分给不同的宾客。也可以在宴会中准备音乐、舞蹈、游戏互动等节目。

（二）活动环节

1. 赠送红包和礼物

在诞生礼中，亲友和宾客往往会送红包或礼物表示恭喜，对新生儿的到来表示祝福。根据关系亲疏、经济水平高低、地区不同等情况,红包数额的多少并不固定。婴儿衣物、毛绒玩具、学前书籍、婴儿床等相关用品也是亲友送礼的常见选择。除此之外,还有不少人喜欢送金、银饰品,如金锁、金项链、金手镯等,上面还可以刻上婴儿的名字和生日,既有赠送价值,又有美好寓意。

2. 书写留言册

在部分诞生礼的纪念活动中,还有手写留言册的活动环节。这一环节主要是将笔交给宾客,邀请他们亲手为新生儿写下祝福,并留下自己的名字。此活动在精神层面上的意义是非同寻常的,这些话寄托着亲朋好友对婴儿未来成长的美好祝愿,既让新生命感受到来自亲友们的温暖,也成为家庭中所有人的美好回忆。

3. 举办儿童游戏

在诞生礼中,最常见也最有代表性的就是"抓周"。抓周是指让婴儿自己用手选择面前的众多物品,物品范围较广,包括但不限于笔、书、天平、钱、玩具、汽车等。每种物品都代表着相应的职业发展方向,婴儿的选择有可能会预示他(她)以后的人生道路。比如抓到"笔",以后的职业可能就与写作有关,抓到"钱"可能就与金融、经济有关……因此在抓周活动上,婴儿用手抓了什么将会是所有人关注的焦点,这也体现出人们对婴儿未来发展的关注与关心。

四、不同民族的诞生礼仪

受到地域差异等多个因素影响,很多民族的诞生礼都非常具有特色,了解这些更有利于体会中国丰富多彩的民族文化。

1. 土家族

"逢生"就是土家族非常具有代表性的诞生礼习俗,是指听见婴儿刚出生的第一声啼哭。听见这一声音的人会被看作"逢生人"。在土家族人眼中,这个人将与婴儿产生某种无法言说的联系,在冥冥之中通过听见啼哭将两人联系起来。"逢生人"的身份也是越优秀,寓意越好,一般家庭都希望富贵、优秀的人来做自己孩子的"逢生人",以此来接收好运和福气。但是有的"逢生人"认为这样容易使自己遭受厄运,带来负面影响,因此不同的人对"逢生"的看法也存在一定区别。

2. 回族

回族在出生礼节上具有一定的宗教色彩。回族新生儿的名字常常根据经文里的词语或寓意决定，多倾向和伊斯兰教历史上的圣贤名字相同，希望小孩也能成长为与其一样杰出的人才。取名后，家中还会杀牛、羊，炸油香来招待亲朋好友。同时在回族的满月礼上，有些家庭还会邀请有经验的理发师给新生儿进行剃头仪式，寓意健康长寿。

3. 哈尼族

取名仪式是哈尼族的一个重要环节，一般在新生儿出生后3天举行，宴请长辈。哈尼族认为名字相当于新生儿的护身符，一般来讲，命名需要遵从父子联名制：父亲名字的最后一个字应该是男孩名字的第一个字。在哈尼族的诞生礼中，主要以鸡蛋和鸡作为宴席的核心，不仅因为二者富有营养，还因为这两样食物被认为有消灾辟邪之效，能够为新生儿带来好运。

4. 维吾尔族

在出生几天后的命名仪式上，婴儿需要按照辈分依次经过所有在场的家庭成员之手，这代表婴儿获得了家族的认可和祝福。维吾尔族特色的摇床礼则是在婴儿出生第40天的时候举办。需要准备好一盆温水，让40个未满7岁的小孩，每人拿一个木勺取水浇在婴儿身上，并且浇的时候还要对婴儿说一些祝福的话。主人还会准备40个小油馕分给这40个小孩子们，油馕上会沾上一些甜面糊或者果酱。

生 词

1. 茁壮 zhuó zhuàng（形）robust

（动植物、年轻人、孩子）强壮、强健。

2. 赴宴 fù yàn（动）attend a banquet

前往、参加宴会。

3. 手镯 shǒu zhuó（名）bracelet

穿戴在手腕上的装饰性首饰。

4. 冥冥 míng míng（名）sheol

指阴间。"冥冥之中"释义为命中注定，也指潜意识里不知不觉中（便发生了某事）。

5. 剃头 tì tóu（动）shave head

剃去头发。

6. 圣贤 shèng xián（名）sage

指在道德和智慧上有卓越表现的人。

7. 馕 náng（名）Naan

一种烤制的面饼。

练习

一、填空题

1. 在中国的传统文化中，为新生儿举行诞生礼的时间和方式可能因地域和（　　　　）的不同而有所差异。

2. 诞生礼的特征是（　　　　）、（　　　　）、（　　　　），通过特定的仪式和习俗传递祝愿和祝福。

3. 在一些地方的诞生礼中，亲朋好友会给新生儿送上（　　　　　　），表示对新生命的祝贺。

二、判断题

1. 诞生礼的时间点主要取决于宝宝的星座。　　　　　　　　　　（　　）

2. 诞生礼在中国不同地区可能有不同的习俗，这主要受到宗教信仰、文化传统等因素的影响。　　　　　　　　　　　　　　　　　　　　　　（　　）

3. 诞生礼的主要目的之一是祈求新生儿健康成长。　　　　　　　（　　）

4. 诞生礼的具体内容可能包括祈福仪式、宴席、赠送礼物。　　　（　　）

5. 诞生礼必须场面隆重，布置奢华。　　　　　　　　　　　　　（　　）

三、问答题

1. 诞生礼的意义是什么？为新生儿举行诞生礼有哪些祝福和祈愿的寓意？

2. 诞生礼类型丰富，不同的诞生礼通常受到哪些因素的影响？

3. 描述一下诞生礼的典型仪式和流程。

第二节　婚礼

【学习目标】

1. 理解婚礼文化的意义，介绍婚礼在文化传承中的重要性；
2. 了解中国古代传统婚礼以及现代婚礼的基本知识；
3. 了解中国婚礼中的仪式和习俗，了解不同地区特色的婚礼文化。

【学习重点】

婚礼的重要意义；婚礼的基本流程和礼仪知识；中国传统的婚礼习俗。

【关键词】

婚礼；仪式；家庭；誓言；幸福

【热身】

1. 你了解婚礼的流程吗？你参加过的婚礼都是什么样子的？
2. 你是否知道中国古代传统婚礼的相关知识？
3. 你知道现在流行的婚礼趋势有哪些？

一、婚礼的内涵

（一）婚礼的定义

婚礼，意思是通过举办仪式来庆贺双方婚姻关系的建立，新人通过婚礼当众宣告婚姻关系并且与大家分享喜悦。不同地区的婚礼形式不同，但无论是哪个地方的婚礼，都是值得祝福、恭贺的好事，因为这是一对新人爱情生活中非常重要的一个时刻。

（二）婚礼的重要性

婚礼是人生路上的重要节点，这表明人们将正式拥有"丈夫"和"妻子"的新身份。婚礼上的宣誓和承诺，强化了新郎新娘共同的责任感和使命感。当举行婚礼时，许多朋友都会放下手中事情前来祝贺，只为见证新人一生中最重要的时刻。除此之外，婚礼也是两个家庭的事情。婚礼的布置、规模、主题等都与双方的家庭密切相关，仪式上也会安排双方家长上台发言，婚礼由此成为展示家族文化和价值观的直接方式。

二、传统婚礼文化基本知识

1. 婚姻决策

在古代，婚姻一般由父母或长者包办，有这样一句俗语："父母之命，媒妁之言"，儿女婚姻须由父母作主，并经媒人介绍。父母在儿女的婚姻决策上拥有极大的权利。个人的意愿相比父母为家族整体的规划显得更为次要。参考因素通常与家世、人品、才干等有关。除此之外，还需要看双方的生辰八字（指出生的日期和时刻）、脾气性格、才貌等是否合适。如果合适，男方父母会派人上门求娶或提亲。

2. 婚礼日期

婚礼日期自古以来都受到传统思想的影响，有一定的说法。中国作为农业国，自古以来，对天文历法等日期的计算和思考都较为成熟，因此人们普遍对婚礼日期的确定极为看重。首先婚礼举行的日期必须是良辰吉日，要在具有福气吉祥特征的喜庆之日举办，人们认为这有利于夫妻生活从今往后幸福顺利。如今，婚礼除了选择农历的好日子外，还会考虑尽量选择法定节假日如国庆等，以便亲朋好友有时间前来观礼。会避开在不吉利的日子结婚，如亲属忌日等。另外，也有家庭根据双方生辰八字来推断婚礼的日期。

3. 婚礼颜色

在中国传统文化中，红色被视为吉祥、热闹的颜色，这与婚礼喜庆、欢乐的主题十分一致，因此古代婚礼多使用红色作为主色，比如在府上悬挂红色绸带，新郎、新娘穿红色礼服等。这都是为了营造出热闹、吉祥的美好氛围。而且红色也被认为是能躲避鬼神、诸事顺利的象征，代表着生活红火、未来富贵。时至今日，中式婚礼依旧多选用红色作为主色。黑色被认为是和丧葬有关的颜色，多代表悲痛，因此婚礼颜色一般不选黑色。

4. 婚礼服饰

中国传统婚礼的礼服设计非常精妙，最有代表性的就是女性的"婚纱"——凤冠霞帔。"凤冠"是一种非常华丽的头饰，往往用黄金和珠宝制成，设计非常精巧，代表着新娘的高贵。"霞帔"则相当于新娘的婚纱，一般用红色或其他鲜艳的布料制成，上面通常会配上经典的刺绣图案，如凤凰等。新郎则往往穿着官服、状元服等，表现身份的荣耀。图10.2.1中"头戴凤冠，身着红色大衫，深青色霞帔"为明太祖朱元璋二姐朱佛女出嫁时的着装，其后被追封为曹国长公主。

图10.2.1 孝亲曹国长公主凤冠霞帔像[①]

5. 过门礼

"过门礼"是指新娘离开自己的家庭，进入到男方家庭当中的一种仪式，意味着新娘此后融入新的家庭中，开启新的生活。在过门礼中，新娘会在男方长辈的陪同和搀扶下跨过门槛，象征着新娘离开原生家庭，成为新郎家庭的一员。之后，新娘和新郎会依次向新郎家的长辈敬茶，表达对长辈的敬意和尊重。一般来讲，"过门礼"往往还伴随

[①] 图片来源：百度百科https://baike.baidu.com/item/%E6%9C%B1%E4%BD%9B%E5%A5%B3/16321983。

着称呼的变化，比如新娘在敬茶时应正式地称男方的家长为父亲、母亲等。

6. 拜堂和三拜九叩

拜堂是婚礼中的重要环节，三拜九叩是指婚礼上的一种仪式。这个仪式通常包括新娘和新郎三次深深鞠躬（拜）和九次磕头（叩），表达了对父母、祖先和天地的尊敬和感恩之情。在古代，拜堂常有"一拜天地，二拜高堂，夫妻对拜"的礼俗。这三拜分别表示对天地、父母长辈以及伴侣的尊敬。传统的拜礼也表现出婚礼的庄重以及新郎新娘敬畏天地、尊敬父母的优秀礼仪传统。

三、现代婚礼中的仪式

婚礼中通常包含许多不同的仪式，这些仪式因文化、宗教和地域的不同而有所差异。以下是一些举办婚礼中常见的操作流程。

（一）仪式开始前

1. 场地布置

一般来讲，新郎、新娘在确定婚礼日期后应当及时选定合适的婚礼场地，有时候好的日期往往难以预定场地，因此需要新郎、新娘尽早提前规划。在确定场地后，应当及时确定婚礼的主题，包括舞台搭建、座椅摆放、音响布置等，确保场地能够容纳足够的宾客。及时向宾客发放请柬，确认人数后安排好宾客的座位。

2. 婚礼道具

新娘、新郎应当提前去婚纱店试妆、选婚服，确保新娘、新郎的造型与会场主题一致，并且尽可能美丽。除此之外，新娘的捧花、新人的婚车、二人的婚戒等都要提前准备好。可以提前与摄影师进行沟通，说明自己想要的记录效果或者拍照需求。

3. 婚礼流程

在道具准备好之后，为避免婚礼上意外情况的发生，需要在婚礼前与主持人或者牧师统一流程，确认彼此熟悉婚礼流程、发言内容无误。如果有才艺表演环节，内容应当提前彩排。在接亲过程中，如果一些趣味活动需要伴郎、伴娘的参与，也需要提前与他们进行对接，告知相关的注意事项，确保婚礼的顺利进行。

（二）仪式开始后

1. 主持热场

在常见的婚礼现场中，往往采用主持人热场或是播放情侣相识、相知、相恋的视频等方式，向宾客简单介绍今天婚礼的主人公，调动现场热闹、喜庆的氛围。

2. 新人入场

在主持人先邀请新郎上台后，以新娘入场作为婚礼仪式的开始。一般来讲，新娘会挽着父亲走上主席台，父亲把新娘的手交给新郎。随后，新郎、新娘需要在公众面前互相宣读誓言，表达对对方想说的话。

3. 交换婚戒

新人需要为对方带上有仪式感的婚戒，并由主持人或者牧师宣布二人正式结为夫妻，这也是婚礼当中最重要的时刻，标志着婚礼宣誓仪式的结束。新人还会在亲朋好友的鼓掌祝福中亲吻对方，以表达激动和幸福的情绪。在这一环节后，往往会由新郎、新娘的父母，以及新郎、新娘的朋友发言，表达对他们的祝福。

4. 宴席开始

婚礼仪式结束意味着宴席马上开始，此时，宴会厅将会陆续为宾客提供之前定好的宴席菜品，如有才艺表演，也会在这一环节进行。在客人用餐的过程中，新婚夫妇需要向所有前来的宾客敬酒表示感谢。部分婚礼中也有在仪式结束后扔捧花的小活动，代表将结婚的好运传给接到捧花的单身宾客。宴席结束后，新人送别宾客离开婚礼场地，婚礼流程宣告结束。

（三）人员参与礼仪

1. 新郎、新娘

新郎、新娘需要准时到达婚礼现场，并与婚礼准备人员协调好时间，与牧师或主持人商议好相关流程，如交换戒指、宣誓等。新郎、新娘应穿整洁、合适的礼服，搭配合适的饰品和发型，展现出最佳的状态。在仪式开始前进行迎宾，与来宾互动。在仪式进行时，要清楚地表达自己的承诺，表现出对婚姻的真诚和坚定。

2. 伴郎、伴娘

伴郎、伴娘需要准时到达婚礼现场，并提前与新郎、新娘协调好流程和任务分配。

伴郎、伴娘应穿整洁、合适的服装，一般需要和新郎、新娘的着装相协调。伴郎、伴娘要帮助处理仪式开始前的各种细节，如准备婚礼道具、安排座位等。在仪式中，伴郎、伴娘要分别站在新郎、新娘身旁支持和陪伴他们，做好必要的协助工作。有些伴郎、伴娘还会在宴会上致辞或者表演才艺，积极参与庆祝活动，为新人营造愉快的氛围。

3. 花童

花童通常由年幼的男孩或女孩担任。花童需要遵从主持人的指示，按时完成自己的任务，在新郎和新娘入场时用手扔撒鲜花的花瓣、在交换对戒时送上戒指等。花童跟随新人入场时需要保持礼貌和安静。

4. 来宾

来宾应该准时到达婚礼场地，尽量不要迟到。并且来宾的着装应该合适得体，与婚礼的形式和主题相符合。最重要的一点是，来宾应该尊重新郎和新娘，对他们表示祝福，如对新人说"祝你们白头偕老"（意思是夫妻相亲相爱，共同生活到老），"百年好合"（祝福两人一辈子情投意合），"新婚快乐，幸福长长久久！"等。不要在婚礼上表达负面、消极的情绪，更不能破坏婚礼。

五、现代流行的婚礼趋势

1. 简约风

旅行婚礼和集体婚礼都是绿色婚礼、简约婚礼的体现。由于科技发展和人们思想观念的变化，有许多年轻人选择不办婚礼，他们通过旅游结婚的方式，在探索不同城市的过程中完成婚礼仪式。他们既不必经历复杂的结婚流程，也不必辛苦招待往来宾客，两个人自由出行即可。

集体婚礼也是当下越来越多年轻人选择的婚礼方式。集体婚礼，就是几对或者数十对新婚夫妇在同一场仪式上完成各自的婚礼。一方面能够降低婚礼花费的时间和成本，另一方面集体婚礼参与人数多、规模大，也能让同事们、朋友们共同见证幸福时刻，是具有纪念意义、性价比高的婚礼方式之一。

2. 中式风

当下许多新人不采用婚纱、誓词等的西式婚礼，而是选择中式婚礼的形式。新人身穿古代婚礼文化的服饰，新娘手握团扇、佩戴发钗，按照汉式婚礼的仪式完成婚礼流程。这既体现了年轻人对中华传统文化的热爱，也满足了长辈对传统仪式的期待。在西式婚礼流行的当下，新的中式婚礼反而成了独具创意、富有内涵的婚礼仪式。

3. 创意风

在婚礼上进行才艺展示或者婚礼结束后举办晚宴都是如今常见的婚礼形式。越来越多的年轻人选择按照个人喜好来安排结婚仪式，比如在婚礼上展示街舞、摇滚、歌唱等才艺活动，以营造轻松愉快的婚礼氛围，打破传统婚礼一成不变的流程。在创意婚礼中，减少繁文缛节、显示新婚夫妇个性、留下与众不同的婚礼纪念才是最重要的。

生 词

1. 媒妁之言 méi shuò zhī yán（成语）words of matchmakers

指媒人或长辈的言辞，推荐或撮合两家之间的婚姻。

2. 生辰 shēng chén（名）birthday

一个人的出生日期，即生日。

3. 八字 bā zì（名）eight characters

即生辰八字，指每个人出生的具体时间；将年、月、日、时四个时间点用天干地支的组合方式来进行表示。

4. 历法 lì fǎ（名）calendar system

制定和使用的计时法，通常包括年、月、日的排列。

5. 绸带 chóu dài（名）ribbon

丝绸制成的布带。

6. 凤冠 fèng guān（名）phoenix coronet

古代后妃或贵族妇女所戴的帽子，上面有用贵金属和宝石等做成凤凰形状的装饰，旧时妇女出嫁也用作礼帽。

7. 霞帔 xiá pèi（名）a scarf over ceremonial robe for ladies of nobles

我国古时贵族妇女礼服的一部分，类似披肩。

8. 刺绣 cì xiù（动）embroidery

用针线在织物上绣出花纹、图案等。

9. 凤凰 fèng huáng（名）phoenix

中国古代传说中的长生鸟，百鸟之王。

10. 彩排 cǎi pái（动）rehearse

事先模拟演练，尤指演出前的排练。

11. 白头偕老 bái tóu xié lǎo（成语）reach old age together

形容夫妻恩爱到老。

12. 发钗 fà chāi（名）hairpin

是一种由两股簪子交叉组合而成的发饰，通常用于固定和装饰头发。

13. 繁文缛节 fán wén rù jié（成语）complicated rites and formalities

过于复杂、烦琐的礼仪和规定，也比喻多余的事项。

练习

一、填空题

1. 在中国传统婚礼中，新娘通常会穿戴华丽的衣服与头饰，这整套装扮称为（　　　　）。

2. 拜堂仪式中新人通常向谁表示敬意和感恩:（　　　　）、（　　　　）和（　　　　）。

3. 在中国传统婚礼中，（　　　　）色被认为是吉祥瑞和的象征。

二、判断题

1. "媒妁之言"是指亲友的祝福。　　　　　　　　　　　　　　（　　）

2. 中国传统婚礼中，新郎通常会穿布衫表示庄重和尊贵。　　　（　　）

3. "过门礼"仪式代表新娘离开新郎的家庭。　　　　　　　　　（　　）

4. 古代婚礼多会在府上悬挂红色绸带。　　　　　　　　　　　（　　）

5. 中国传统婚礼常用的颜色是白色。　　　　　　　　　　　　（　　）

三、问答题

1. 请简要描述"三拜"在传统婚礼中的过程和意义。
2. 请你说一下在中国举行婚礼的基本流程。
3. 请你说一下在中国现代婚礼的流行趋势有哪些。

第三节 寿礼

【学习目标】

1. 了解中国寿礼的起源和背景,明白寿礼在中国文化中的重要性。
2. 理解寿礼的基本流程和仪式,包括前期准备、主要环节以及后续活动。
3. 掌握参与寿礼时的礼仪准则,包括着装、言谈举止等方面。

【学习重点】

寿礼的历史;寿礼的基本流程;参与寿礼的礼仪准则。

【关键词】

寿礼;祝寿;礼仪;象征;尊敬

【热身】

1. 你知道什么是寿礼吗?
2. 寿礼中有哪些基本的流程和仪式?你了解哪些参与寿礼的礼仪准则?
3. 如果让你举办一场现代的寿礼,你会怎么做?

一、寿礼的内涵

(一)寿礼的定义

寿礼,是生日当天举行的人生礼仪。在古代,民间举行寿礼大多只限于老人和小孩,给老人举行寿礼称"做寿",为小孩举行寿礼称"过生日"。寿礼通常包括祝寿仪式、拜寿活动、亲朋好友祝贺和宴席等。寿礼具有浓厚的文化内涵,参与者需遵守一定的礼仪规范,以示对长者的敬意和对传统文化的尊重。做寿礼,也是祈福求祥,盼望生命长久。

（二）寿礼的历史

祝寿礼仪是中华民族的优良传统，一直以来都受到各朝各代的推崇。《尚书》记载："五福，一曰（yuē）寿，二曰富，三曰康宁，四曰攸（yōu）好德，五曰考终命。"意思是人有五种幸福，一是长寿，二是富贵，三是健康安宁，四是遵守美德，五是寿终正寝。"寿"居五福之首，可见古人对寿是非常重视的。在中国的清代，皇帝的生日都被称为"万寿节"。万寿节与每年的元旦、冬至为清朝三大节庆，节庆日前后7天，紫禁城皇宫里都要举行隆重的朝贺仪式，民间也要舞狮放炮，载歌载舞，全民欢庆。

自古以来，我国民间一直弘扬着尊老敬老的美德，向老人进行祝寿则是这一美德的主要表现方式之一。在古代，寿礼一般从40岁才开始举行，但如果父母仍在世，则不可做寿，并且40岁过的寿只能称为"小寿"，60岁以后才能称为"大寿"。现在大多数地方都是从60岁开始祝寿的。祝寿一旦开始应保持连续，以示对长寿的期望。传统上，祝寿时有"庆九不庆十"的说法，如在老人过60岁生辰时，并非整整60岁才庆寿，而是在59岁时，取"九"寓意长长久久。人们认为九是最尊贵、最大的数字，希望老人从祝寿开始过上更长久的岁月。

寿礼仪式通常安排在老人的生日当天举行，亲朋好友们向"寿星"赠送"寿礼"，并进行拜寿等仪式，最后享受寿宴。尽管因家庭经济状况不同，祝寿的规模也不同，但这些都是儿女表达孝心、对老人健康长寿美好愿望的真诚情感。

（三）寿礼的意义

中国古人对寿礼的重视源于其深厚的文化传统、伦理观念以及对长辈、家族和祖先的崇敬。寿礼体现着对长寿的崇拜和对生命的敬畏。在中国古代，人们将长寿视为一种祥瑞，寿命的延续被赋予了深刻的哲学意义。为长寿的家人举行寿礼，是家族兴旺和传统文化传承的一种方式，不仅弘扬了家族文化，也巩固了家族的凝聚力，使家族成为一个稳定、有序的社会单位。在封建社会中，举行寿礼还能起到向社会展示家族繁荣和尊贵地位的作用。此外，寿礼的意义不仅在个体家庭中存在，更在整个社会中形成了一种强烈的文化氛围。通过寿礼，人们形成了对长寿、吉祥和幸福的共同向往，这种共同的价值观在整个社会中产生了强烈的凝聚力。

##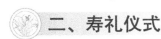

在古代，民间大户人家为老人举办的寿礼要持续三天，分别称为稳寿、庆寿和谢寿。

1. 稳寿

第一天的稳寿仪式通常不邀请外来宾客参与，主要是家人为庆祝和感谢老人长寿而进行的准备工作。首要任务是精心布置寿堂，通常设在家中的大厅，一般会有一面带寿星图案的中堂画轴，两旁悬挂对联，联语多为"福如东海长流水，寿比南山不老松"。此外，还需要摆放寿烛等装饰物品，使整个场所焕然一新。

家人在这一天还需准备后两天宴席所需的各种食材、酒菜，并联系戏班子等。这一天的准备工作为随后的庆寿活动打下了基础，确保了庆祝活动的顺利进行。这时，家庭氛围也逐渐变得热烈而喜庆。这样的仪式凝聚了家人之间的感情，通过共同的庆祝活动传递对老人的美好祝愿和深深的家庭情感。

2. 庆寿

庆寿当天，庆寿的主角被尊称为"寿星"。寿星身穿全新的服饰，庄严地坐在寿堂正中的上座，静静等待着儿孙等晚辈的贺拜。家人按照辈分次序恭敬行礼，表达对长者的敬意。随后，亲朋好友们纷纷前来，依次向"寿星"祝贺。在行礼后，一般会共同享用午宴。宴席丰盛可口，有各种美食，包括鸡、鸭、鱼、肉、海鲜等。

寿星家庭如为大户人家，可能需要摆设几十桌宴席，以款待众多亲友。酒足饭饱，接下来的庆寿活动更加精彩。请来的戏班子在院中或搭建的戏台上表演，为庆寿的家庭增添了欢乐、喜庆的氛围。庆寿的一家会精心安排来宾就座，并用心招待，提供茶水、瓜子、零食、水果等供大家享用。不喜欢看戏的人可以聚在一起打麻将、聊天等。整个庆寿的日子充满了欢声笑语，是一场家庭团聚和欢庆长寿的独特盛会。

3. 谢寿

第三天的谢寿活动，是主家为感谢众多亲友的祝福和关怀而举行的一场感谢礼，形式与庆寿类似，通常会进行摆宴席、演出戏曲、打麻将等多种形式活动，也可以通过用书信或社交媒体发布信息的方式感谢大家的祝福。谢寿主要是主人通过丰富多彩的庆祝方式，向亲友们传递深深的谢意和幸福的心情。

三、寿礼的象征和符号

寿礼在中国文化中包含丰富的象征意义和符号，这些符号和意义反映了对长寿、吉祥和幸福的美好祝愿。以下是一些常见的寿礼象征意义和符号。

1. 寿桃

寿桃象征着长寿，是庆寿礼物中常见的一种。在中国文化中，桃子本身也具有辟邪和吉祥的寓意。

2. 寿烛

寿烛是庆寿时点燃的蜡烛，象征着生命的延续和光明。点燃寿烛时，家人常祝福老人寿比南山、福寿双全。

3. 寿面

寿面是寿礼中不可缺少的食物，面条的形状象征长寿，故又被称为"长寿面"。在煮寿面时，通常要保持面条的完整，寓意长寿。

4. 寿字

寿字是寿礼中最重要的象征之一。寿字常常用于寿桃、寿面等物品的装饰，代表着长寿和幸福。

5. 贺礼

贺礼是为了庆祝寿辰而特别准备的礼物。在贺礼中常见"麻姑献寿""松鹤同春"等代表吉祥的图案。很多家庭都有一本日历，除了记录老人的生日之外，还会将亲友们的寿辰日子都仔细地记载在上面，按照日期准备相应的庆祝礼物。

6. 寿堂

寿堂通常设于家庭正厅，是举行拜寿仪式的主要场所。寿堂的布置精心考虑了各种象征寿福和吉祥的元素。在堂上，横挂着写有寿星姓名和年龄的主题横联，中央高悬着一个巨大的"寿"字或"一笔寿"图案，左右两侧以及下方挂满福字，象征寿福双全。寿堂两旁供奉福、禄、寿三星，有的寿堂还悬挂南极仙翁、麻姑、王母等神仙寿星的画像。

在寿堂上，人们会朗诵祝寿的诗文，这些诗文又被称为寿文、寿诗等，这些诗文通常赞美寿星的长寿、幸福，表达对寿星的敬意和祝福。整个寿堂的布置，不仅烘托出欢庆的氛围，更是通过内涵深厚的符号和装饰，传达出家庭成员对长者长寿、幸福的美好期盼。

四、现代寿礼流程与参加寿礼的礼仪原则

（一）现代寿礼流程

寿礼进行的流程可以因地域和家庭习俗而有所差异，一般寿礼流程如下。

1. 准备阶段

人们在家庭的正厅或特定场地搭建寿堂，进行布置和装饰，包括寿星图案、寿字、福字等的挂饰，以及桌椅等。主人需要准备并发送寿柬，即邀请别人前来参加寿礼的请帖，邀请亲友参与庆寿活动，寿柬上面注明庆寿时间、地点等信息。并在寿礼现场设立接待区域，热情接待来宾。

2. 庆寿仪式

庆典开始时，在寿堂内进行拜寿仪式，老人身着新的衣服坐于寿堂之上，由晚辈依照长幼顺序向长者行拜寿礼，表达尊敬之情。亲朋好友携带贺礼前来祝贺，共同参与这一隆重的庆典。

现代许多庆寿仪式有所简化，仪式主要有三个部分：首先，安排寿星进场，可以加上鼓乐、舞蹈或歌曲表演，迎合热闹、喜庆的活动气氛。同时来宾用掌声欢迎寿星登场。其次，设立寿星座位，让寿星坐在一个特殊的位置，接受来宾的关注和祝福。最后，安排家庭成员或朋友为寿星送上祝福，表达对寿星的敬意和祝愿。

在比较隆重的庆寿仪式中，六亲长辈需按照尊卑次序，男左女右，坐于寿星老人的

旁席。一般来讲，儿子和儿媳率先上前叩拜，接着是女儿和女婿，然后是侄儿、侄媳、侄女、侄女婿、孙子、孙媳等，依次向寿星行拜寿之礼。至于尚未成婚的孙子、孙女和重孙辈，他们会进行团拜。在叩拜的过程中，寿星为每位参拜者赠送小礼品，这一过程被称为"回礼"。

3. 庆寿宴席

拜寿礼之后，家人为庆寿准备了丰盛的宴席，并在宴席上用酒祝寿。寿星老人这时会品尝寿面。寿面的制作讲究工艺，丝细而长，象征着生命长久，幸福不断。随后，隆重的寿宴开始，寿星老人坐上主席位，与亲友和晚辈共同品尝美味饭菜，喝祝寿的喜酒。

（二）参加他人寿礼的礼仪原则

（1）准时与得体。参加寿礼的来宾应该尽量准时到达寿宴场地，以示对主人的尊重和礼貌。并且在参加寿礼时，穿整洁、得体的服装，以示对寿星和其他来宾的尊重。

（2）用心与真诚。带上一份用心挑选、寓意吉祥的礼物，如鲜花、茶叶、寿桃等，表达对寿星的祝福和关爱。并在到达寿宴现场后，向寿星和家人表示热情的祝贺和祝福，让他们感受到来宾的关怀和喜悦，比如"祝您如福东海，寿比南山！"。

（3）礼貌与热情。在主人敬酒时，应该积极参与，表达对寿星和家人的祝福和感谢。在寿宴期间，应该保持礼貌和谦逊，尊重寿星和其他来宾，注意自己的言行举止，不能炫耀自己，要尽量满足寿星的愿望。

（4）感谢与祝福。在寿宴结束后，应该适时离开，并向主人表示感谢和道别，不要太过拖延。在离开寿宴后，还可以通过电话、短信或书信等方式再次向寿星表示祝福和问候，维持彼此的情谊和联系。

五、禁忌和注意事项

在寿礼上，尤其是祝寿的过程中，有一些禁忌和事项需要注意，以尊重传统文化和维护庆典的祥和氛围。

1. 悲哭过多

寿辰是庆祝长寿的时刻，应保持欢乐的氛围，流泪哭泣可能会破坏庆典的愉快气氛。人们在庆寿时更应以喜庆、开心的心态参与，表达对长者的尊敬和祝愿。

2. 礼物颜色

白色与黑色在中国文化中通常与哀悼、丧礼有关，因此送此类颜色的礼物可能被视为不吉利。在寿礼中，尽量选择色彩鲜艳、寓意吉祥的礼物，以表达对长者的美好祝愿。并且在着装上也尽量避免穿黑色或白色衣物。

3. 送钟表

钟表在寿礼中被视为不吉利的礼物，因为钟表象征时间的流逝，更主要是因为送钟表与"送终"发音相近，"送终"又与死亡相关，因此，钟表不适合作为寿礼。可以选择其他更符合吉祥寓意的礼物。

4. 提及病痛或灾祸

庆寿时避免谈论老人的病痛或者负面的话题，也要避免提及灾祸和不幸的事情，以维持庆典的积极氛围。

生 词

1. 推崇 tuī chóng（动）admire

表示对某人或某事物抱有高度敬意和尊崇，通常体现在言语、行为或态度上。

2. 寿终正寝 shòu zhōng zhèng qǐn（成语）die a natural death/die in one's bed

老年人在家里自然死亡，现比喻事物的自然灭亡。

3. 朝贺 cháo hè（动）meet a sovereign and express good wishes

旧指臣子朝见君主并致祝贺。

4. 祥瑞 xiáng ruì（名）auspicious signs

预示着好运和吉祥的迹象。

5. 福如东海 fú rú dōng hǎi（成语）blessed as the East Sea

比喻人福气像东海一样浩大，是对长辈的祝福语。

6. 寿比南山 shòu bǐ nán shān（成语）may you live as long as the Southern Mountains

比喻寿命如终南山一般长久，是对长辈的祝福语。

7. 松鹤 sōng hè（名）pine crane

表示寿辰庆典中的吉祥图案，常常用于寿画等装饰品中。

8. 禄 lù（名）luck, wealth

本义是指福气、福运。引申为古代官吏的俸给（薪水）。

9. 寿柬 shòu jiǎn（名）birthday invitation

是专门用于邀请亲友前来参加自己或自己长辈寿辰的请帖。

10. 叩拜 kòu bài（动）kowtow/bow down in respect

表示一种向长辈或尊者表示敬意的仪式，通常包括跪下并低头至地，以示恭敬和顺从。

练习

一、填空题

1. 在中国寿礼文化中，被祝寿的老人通常被称为（　　　　）。

2. 寿礼习俗中，第一天的活动主要是（　　　　），是家里人为庆寿和谢寿做准备工作。

3. 宴席中常食用的面条，寓意长寿，被称为（　　　　）。

二、判断题

1. 寿礼中，寿堂上挂横联的中堂画轴通常展示的是花鸟图案。（　　）

2. 寿礼中，给长辈赠送的礼物通常被称为贺礼。（　　）

3. 寿礼中要以寿星为重，要尽量满足寿星的愿望。（　　）

4. 假如你去参加同学家老人的寿礼，可以送一件制作精美的钟表。（　　）

5. "祝您福如东海，寿比南山！"的问候方式适合在祝寿时使用。（　　）

三、问答题

1. 请简要说一说寿礼中常见的祝寿物品有哪些。

2. 请解释寿礼中"稳寿""庆寿"和"谢寿"各自的含义。

3. 为什么在寿礼中不建议送钟表作为祝寿礼物？

第四节　丧葬礼

【学习目标】

1. 理解丧葬礼的重要性，以及丧葬礼的主要内容；
2. 了解丧葬礼仪的特征：肃穆性、集聚性；
3. 了解中国古代丧葬礼的历史和现代丧葬礼仪。

【学习重点】

丧葬礼的重要性；丧葬礼的特征；丧葬礼的流程与历史。

【关键词】

丧葬；死亡；哀悼；庄重；挽歌；致辞

【热身】

1. 你知道丧葬礼有哪些不同的表达方式吗？
2. 随着时间的推移，你认为丧葬礼的仪式和习俗是否发生了变化？
3. 在丧葬礼上，气氛一般是什么样的呢？

一、丧葬礼的内涵

（一）丧葬礼的定义

丧葬礼是一种庄重而仪式感强烈的礼仪，是为已故者提供一个合适的告别平台，同时为亲友表达哀思、敬意和悼念提供场合。送别仪式标志着亲友对逝者的最后告别。

（二）丧葬礼的重要性

丧葬礼是致敬、缅怀逝者的一种方式。人们通过丧葬礼，追忆逝者的生平，表达对逝者的思念之情。丧葬礼的参与者，不仅有逝者的家人，也有逝者的同事、朋友等。对于逝者家属来说，做好丧葬礼仪是能为逝者所做的最后一件事情，通过悼词、演讲等方式表达对逝者的怀念和尊敬。这种集体的悼念仪式有助于缓解大家的痛苦，帮助亲人减轻悲伤的情绪。在一些宗教信仰中，人的灵魂被认为在死后会经历一种"超度"的过程，就是通过祈祷仪式引导逝者的灵魂走向更好的地方。这种信仰和仪式在不同文化和宗教中有着丰富的表达方式。

二、现代丧葬礼的主要内容和注意事项

（一）现代丧葬礼的主要内容

1. 告别仪式

在由医务人员或者亲属确认其离世后，应该妥善处理逝者的遗体，为其准备入殓仪式，包括洗净遗体、穿戴丧服、联系律师事务所等。然后确定好丧葬礼举行的时间、地点并告知亲友。联系丧葬礼主持场地的布置，有需要还可以提前联系哀乐演奏团队。

2. 悼词和挽歌

悼词是在丧葬礼上由亲友或主持人发表的一种致辞，主要是回顾逝者的生平，表达对其怀念和尊敬之情。悼词承载了亲友对逝者深深的感情和思念，通常包括对逝者个性、品德、成就等方面的赞美，同时分享与逝者在一起的美好回忆。而挽歌是一种在丧葬仪式上播放的悲哀音乐，目的是为逝者送别，表达对逝者的思念之情。挽歌的歌词通常表达了对逝者生命的尊敬和对生离死别的哀伤，旋律往往悠扬而忧郁。

3. 丧葬后安排

在丧葬礼正式结束后，应该由家属安排好后事，如墓地安排、骨灰存放方式等。如果逝者在生前有表达过希望如何处理，应当尊重逝者的个人意愿进行安排。如果逝者或者家属信奉宗教，还可能会进行一些宗教仪式，如灵魂超度、祭祀等，以确保逝者得到应有的安宁。在所有仪式及安排结束后，通常有一段悼念期，其间亲友、家庭

成员会避免参与社交活动，以表达对逝者的敬意和悼念之情。部分家庭还会要求只穿黑色或白色的衣服，以表哀伤。

（二）现代丧葬礼的注意事项

（1）避免娱乐活动。在一些地方文化中，悼念期间可能禁止逝者家属参与娱乐活动，以示对逝者的尊重。

（2）避免穿着鲜艳的服饰。以此来表达悲伤的态度，以及对逝者的敬重。

（3）避免提及逝者名字。人们在悼念期内可能避免直接提及逝者的名字，以免触动亲友的情感。

（4）避免大声喧哗。尽量避免在悼念期间大声喧哗，以维护丧葬的肃穆氛围。

（5）避免争吵和冲突。亲友可能努力避免在悼念期间产生争吵和冲突，以维持家庭和睦。

三、丧葬礼的特征

办丧葬礼的目的是给予逝者合适的告别仪式，并为亲友提供一个共同的场合来悼念、安慰和支持彼此。丧葬礼大致有如下特征。

1. 肃穆性

丧葬礼的肃穆性体现在其庄重、肃静、沉痛的氛围中。这种特征反映了对逝者的敬意和对生命的敬畏。仪式中常有庄严的礼仪、低缓的哀乐，亲友们以默哀、祈祷的方式表达哀思，整个仪式充满悲伤的氛围。肃穆性使得丧葬礼成为一个神圣而庄重的场合，需要认真对待各项仪式以示对逝者的尊重。

2. 集聚性

丧葬礼具有强烈的集聚性，邀请了逝者的亲友、同事和社区成员聚在一起，共同表达哀思。这种集体性为亲友提供了能够一起化解悲伤情绪、安慰和支持彼此的机会。亲友们经过整个仪式过程，增加了彼此之间的团结感和凝聚力。集聚性使得丧葬礼不仅是告别逝者的场合，更是聚集某类社会共同体的一种仪式，加强了人与人之间的情感连接。

四、中国古代丧葬礼的历史

祭祀活动是为了安抚逝者的灵魂，祈求祖先的保护。每个时期的丧葬礼仪都反映了当时社会、文化和宗教的特点，是人们对死者的敬意和纪念的方式。下面简单介绍一下商周、秦汉和唐宋这三个比较具有特色的历史时期的丧葬礼仪。

1. 商周时期的丧葬礼仪

殉葬制度在殷商时期达到顶峰，是一种较为残忍的丧葬制度。到周朝时，普遍的丧葬方式还是土葬与火葬，但是丧葬礼仪有了极大发展，进一步强化了宗族血缘关系、等级关系在礼仪上的严格秩序，体现了古代社会对祖先和死者的崇敬与尊重。贵族阶层的墓葬规模宏大，陪葬品丰富，也反映了社会等级制度的存在。此时的丧葬礼仪也成为后来封建社会中祭祀祖先的基础。

2. 秦汉时期的丧葬礼仪

秦汉时期，丧葬礼仪受到法家思想的影响，注重礼法制度。统一标准的墓葬形式成为常态，墓室内的陪葬品主要以实用品为主。祭祀形式变得更加规范，继承和完善了国家对丧葬礼仪的控制，需经过招魂、沐浴饭含（沐浴指为死者洗身，饭含指亲属不忍死者口中无物，将珠、玉、米等物放在死者口中）、小殓（为死者穿上寿衣）、大殓（正式将死者放入棺材内）的葬前之礼，以及发引（出殡）、送丧（指将棺材送到墓地的过程）、路祭（在出殡时，亲友们在丧车经过的路上奉上供品进行祭拜）等正式流程。

3. 唐宋时期的丧葬礼仪

唐宋时期，丧葬礼仪呈现出一定的宗教色彩，佛教和道教的传入使得丧葬礼仪更加庄重。陪葬品中出现了佛经、经幡等宗教用品，墓葬形式逐渐注重艺术性。社会上流行的祭祀活动多与宗教仪式相结合，形成了一套复杂而庄重的丧葬礼仪体系。如果是重臣下葬，其规模和配置十分隆重，甚至会引起百姓围观。由于唐宋时期经济发达，丧葬礼仪走向成熟，丧葬租赁行业形成一定规模，这些店又被称为"凶肆"。

五、常见的现代丧葬礼仪

（一）参加他人丧葬的礼仪原则

1. 衣着、举止得体

参加葬礼时，穿着应该庄重得体，以表达对逝者和家庭的尊重。通常选择黑色或其他深色服装，避免穿着过于鲜艳或花哨的衣物。进入葬礼现场时，应该保持安静，避免大声讲话或闲聊，以免打扰到其他来宾和逝者的家庭成员。

2. 真诚参与各项仪式

在葬礼仪式期间，应该认真参与各项仪式，如祈祷、致辞或悼词等，以表达对逝者的哀思和尊敬。在葬礼仪式中，应该遵守主持人或家庭成员的指示，不要随意行动或打断仪式进行。

3. 表达对逝者的怀念

在参加他人葬礼时，可以送上花圈或花束，作为对逝者的哀悼和最后的告别之意。花圈通常摆放在逝者的灵柩旁，表示对逝者的纪念和怀念。同时，还可以向家庭成员表示哀悼和慰问，可以通过握手、拥抱或轻轻地拍肩膀来表达安慰和支持之情。

（二）主持葬礼的礼仪原则

1. 精心布置葬礼环境

葬礼通常在殡仪馆进行，场所的布置应该庄重肃穆，避免过于花哨的装饰。并且通常会在现场摆放花圈和挽联，花圈一般摆放在逝者的灵柩旁，挽联则悬挂在墙壁或门口，表示对逝者的哀悼和怀念之情。

2. 安排好葬礼流程时间

在葬礼现场设置告别厅，供亲友们送别逝者、表达哀思。告别厅可以摆放逝者的遗照和遗像，让来宾们可以在安静的环境中与逝者告别。在葬礼现场安排好时间，让亲友们可以依次向逝者告别，并表达最后的祝福和悼念。其间要注重维护现场秩序。

3. 准备好葬礼发言致辞

主持人会向来宾致辞，简要介绍葬礼的目的和流程，并提醒来宾保持安静和肃穆。

随后简要介绍逝者的生平和重要经历，表达对逝者的尊重和怀念，并让来宾更加了解逝者的一生。最重要的是根据之前协定好的流程，引导仪式的进行，包括祈祷、致辞、悼词或其他仪式环节，给予逝者合适的送别和纪念。最后，在葬礼结束前发表结束致辞，感谢来宾的出席和支持，希望大家能够携手渡过难关，共同祭奠逝者。

4. 提供慰问和支持帮助

向家庭成员、亲友、来宾提供温暖安慰，如有需要还会提供茶水、食品等尽可能减轻参与者的悲伤情绪。

六、现代丧葬礼的新趋势

绿色环保墓葬是选择对自然负面影响小、消耗资源少、墓葬成本低的方式进行葬礼安排，更注重生态和谐和可持续发展。现代葬礼一般包括以下几种：

1. 海葬

海葬是一种将逝者骨灰撒入大海或深海中的葬礼方式，也被称为"海上安葬"。在进行海葬之前，逝者的遗体通常会被火化，存为骨灰。下一步往往是选择远离陆地的海葬区域，有些地区可能有法律法规对海葬的海域进行限制，需要严格遵守相关规定。在进行简短的告别仪式或祈祷后，逝者的骨灰将被撒入大海或深海中，这一过程常常伴随祈祷或朗诵悼念词语。有些海葬仪式会记录逝者的名字和海葬的时间、地点，以便亲友们纪念和追忆逝者。海葬被视为一种将逝者与大自然融合的方式，具有一种回归自然、解脱肉体的寓意。

2. 电子祭奠

在网络科技日益发展的当下，人们的哀悼行为和思想正不断发生转变。电子哀悼不占用现实生活中的土地资源，对环境破坏程度较小，不仅具有隔空哀祭的功能，而且还能降低祭奠成本。目前，中国天堂网等虚拟祭祀平台逐渐丰富，为在线纪念提供了多样途径。

整体而言，绿色环保墓葬是针对火葬对环境污染严重、传统丧葬资源损害程度大等现实问题而提出的有效解决措施，是在可持续发展与技术理念倡导下的新型墓葬方式，在尊重死者的前提下，为人们能够更好地与自然共生，为未来创造更健康、可持续的葬礼环境而做出努力。

> 生 词

1. 肃穆 sù mù（形）solemn

（气氛、表情等）严肃而恭敬，通常与葬礼、宗教仪式等有关。

2. 挽歌 wǎn gē（名）funeral dirge

哀悼死者的歌，表达对逝者的怀念、悼念之情。

3. 超度 chāo dù（动）offer prayers for the deceased

佛教和道教用语，指念经或做法事使鬼魂脱离苦难。

4. 殓 liàn（动）prepare a corpse for burial

装殓，即给尸体穿衣装进棺材。

5. 忧郁 yōu yù（形）melancholy

悲伤的，低落的。

6. 殉葬 xùn zàng（动）be buried with the dead

古代的一种风俗，逼迫死者的妻妾、奴隶等随同埋葬，也指用俑和财务、器具随葬。

7. 殷商 yīn shāng（名）Yin Shang

一般指商朝，中国古代的一个朝代。

8. 陪葬品 péi zàng pǐn（名）burial accessories

在古代或某些文化中，随同死者一起安葬的物品。

9. 招魂 zhāo hún（动）summon the soul

在宗教仪式中，试图呼唤或招引逝者的灵魂。

10. 经幡 jīng fān（名）prayer flag

在佛教中用于祈祷和超度的一种五彩经文旗帜。

11. 租赁 zū lìn（动）lease

指一方（出租者）收取一定代价，将资产（如房屋、汽车、设备等）的使用权在一定期限内转让给另一方。

12. 凶肆 xiōng sì（名）refers to merchants used to operate the sacrificial industry

指用来经营祭奠行业的商家。

13. 灵柩 líng jiù（名）coffin

用于安放逝者遗体的棺材。

14. 挽联 wǎn lián（名）elegiac couplet

挽联是哀悼死者、祭祀时专用的对联。

练 习

一、填空题

1. 丧葬礼的主要目的是为逝者提供一个合适的告别平台，并为亲友表达哀思、敬意和悼念提供场合，以缓解对逝者的离世所带来的（　　　　）。

2. 悼词是在丧葬礼上由亲友或主持人发表的一种（　　　　），旨在回顾逝者的生平，表达对其的怀念和尊敬。

3. 挽歌是在丧葬仪式上播放的悲哀音乐，旨在为逝者送别、表达对逝者的思念和（　　　　）之情。

二、判断题

1. 丧葬礼中的悼词通常由逝者的医生发表。（　　）
2. 挽歌的目的是表达对逝者的思念和悼念之情。（　　）
3. 丧葬礼的肃穆性体现庄重、肃静、沉痛的氛围。（　　）
4. 现在的丧葬文化中已经禁止火葬。（　　）
5. 葬礼上一般不会介绍逝者的生平事迹。（　　）

三、问答题

1. 请解释悼词和挽歌在丧葬礼中的作用及意义。
2. 请说说丧葬礼的肃穆性和集聚性分别体现在哪些方面。
3. 请简要描述丧葬礼的主要内容，并说明这些内容如何体现对逝者的敬意和悼念。

参考答案

第一章

第一节

一、填空题

1. 规范人们言谈举止等行为的准则或规定
2. 礼貌 礼节 礼俗 仪容 仪态 仪式
3. 原始祭祀活动 人类的社会化进程 文化传统

二、判断题

1. × 2. √ 3. √ 4. × 5. ×
6. √ 7. √

三、问答题

略

第二节

一、填空题

1. 尊重 平等 真诚 适度 宽容 自律
2. 尊重自己 尊重他人 尊重自己
3. 儒家 理论基础 实践指导

二、判断题

1. √ 2. √ 3. √ 4. × 5. ×
6. √ 7. √ 8. × 9. √

三、问答题

略

第三节

一、填空题

1. 一个人经过学习、锻炼,得以提高,从而养成的正确的为人处世的态度
2. 道德 文化 艺术

二、判断题

1. √ 2. √ 3. × 4. √ 5. √
6. × 7. √ 8. ×

三、问答题

略

第二章

第一节

一、填空题

1. 文化适应 职业发展 应对突发情况
2. 谈及私人问题 不合适的时间和场合 通话时长过长

二、判断题

1. √ 2. × 3. √

三、问答题

略

· 第二节 ·

一、填空题

1. 退群先告知 注重回复的时效性 注重文件的大小和格式 注重礼貌用语

2. 职场沟通 日常社交 教育学习 生活服务

二、判断题

1. × 2. √ 3. √

三、问答题

略

· 第三节 ·

一、填空题

1. 职场沟通 学术 私人事务

2. 使用空白标题 使用过分随意的语言 忽视中国的文化和节日

二、判断题

1. × 2. × 3. √ 4. √

三、问答题

略

· 第四节 ·

一、填空题

1. 地址 名字 邮政编码

2. 注意言语的使用 注意文化敏感性 避免提及礼物与金钱 避免提及敏感话题

二、判断题

1. × 2. √ 3. ×

三、问答题

略

第三章

· 第一节 ·

一、填空题

1. 先长后幼 先上后下 先近后远 先女后男 先疏后亲

2. 年龄 性别 职业 地位 身份 辈分

3. 尊称 贬称 爱称 泛称

二、判断题

1. √ 2. √ 3. × 4. √ 5. × 6. ×

三、问答题

略

· 第二节 ·

一、填空题

1. 地位（身份）较低者 地位（身份）较高者

2. 正式场合

3. 差异性 时代性

二、判断题

1. × 2. × 3. √ 4. √ 5. √

三、问答题

略

· 第三节 ·

一、填空题

1. 地位（身份）较高者　地位（身份）较低者

2. 先　后

3. 双向性　世界性　主动性

二、判断题

1. √　2. √　3. ×　4. √　5. √

三、问答题

略

· 第四节 ·

一、填空题

1. 男士　女士

2. 不能过长　自信大方

3. 征得他人的同意

二、判断题

1. ×　2. ×　3. ×　4. √

三、问答题

略

· 第五节 ·

一、填空题

1. 地位（身份）较低者　地位（身份）较高者

2. 交换性　动机性　时代性

3. 随意涂改　提供私人电话　提供两个以上的头衔

二、判断题

1. ×　2. √　3. √　4. ×　5. ×

三、问答题

略

第四章

· 第一节 ·

一、填空题

1. 身份的不固定性　准备的提前性　备案的细节性　场合的多样性

2. 迎接人员和迎接时间　迎接的合适场合　提前到达迎接地点

3. 真实准确

二、判断题

1. ×　2. √　3. ×　4. ×　5. √

三、问答题

略

· 第二节 ·

一、填空题

1. 长辈　客人　女士

2. 重复道歉

3. 真诚道歉，表示招待不周　及时采取措施改正

二、判断题

1. √　2. √　3. ×　4. ×　5. ×

三、问答题

略

· 第三节 ·

一、填空题

1. 离主桌位置远近

2. 以远为上 面门为上 以右为上 以中为上 前排为上

3. 右

二、判断题

1. √ 2. × 3. × 4. √ 5. ×

三、问答题

略

· 第四节 ·

一、填空题

1. 适当挽留

2. 折柳送别 饮酒送别 奏乐送别 车站送别

3. 轻声

二、判断题

1. √ 2. × 3. × 4. √ 5. √

三、问答题

略

第五章

· 第一节 ·

一、填空题

1. 对方有兴趣时 对方有空闲时 对方情绪良好时 对方干扰少时

2. 握手礼 问候 介绍 致意 鞠躬礼 赠送礼物

二、判断题

1. × 2. × 3. √

三、问答题

略

· 第二节 ·

一、填空题

1. 食品和饮料 茶叶和烟 艺术品

2. 避免送不吉利的礼物 避免送过于昂贵的礼物 注意礼物的包装 接受礼物的礼仪

二、判断题

1. √ 2. √ 3. √ 4. ×

三、问答题

略

· 第三节 ·

一、填空题

1. 过度的礼让 忽视他人的感受 忽视文化差异 强加自己的想法

2. 言语礼让 行为礼让

二、判断题

1. × 2. √ 3. √

三、问答题

略

第六章

·第一节·

一、填空题

1. 桌型选择 主桌的安排 主人就座位置 客人就座位置 上座的安排 按指示就座 入席顺序

2. 随意更改席位 占用或挪动他人席位 过早就座 过早离席 主人的席位安排

二、判断题

1. √ 2. √ 3. ×

三、问答题

略

·第二节·

一、填空题

1. 表达尊重和礼貌 促进文化理解

2. 价格 点餐顺序 用餐者的饮食习惯 菜品搭配

二、判断题

1. √ 2. √ 3. √

三、问答题

略

·第三节·

一、填空题

1. 筷子 勺子 碗 碟子 杯子 倒水盅 毛巾

2. 注意餐具的摆放位置 按照相应的用途使用餐具 使用公用餐具夹菜

二、判断题

1. √ 2. × 3. √

三、问答题

略

·第四节·

一、填空题

1. 更好地融入社会生活 增进人际关系 深入理解和尊重中华文化

2. 老人 小孩 客人

二、判断题

1. √ 2. √ 3. √

三、问答题

略

第七章

·第一节·

一、填空题

1. 除夕

2. 年兽

3. 拜年（看春晚、放烟花等，答案不唯一）

二、判断题

1. √ 2. √ 3. × 4. × 5. ×

三、问答题

略

·第二节·

一、填空题

1. 十五

2. 上元节/灯节/元夕

3. 元宵/汤圆

二、判断题

1. √ 2. √ 3. × 4. × 5. ×

三、问答题

略

·第三节·

一、填空题

1. 踏青

2. 寒食节

3. 青团

二、判断题

1. × 2. × 3. √ 4. √ 5. ×

三、问答题

略

·第四节·

一、填空题

1. 五月

2. 粽子

3. 屈原

4. 艾草

二、判断题

1. × 2. √ 3. × 4. × 5. ×

三、问答题

略

·第五节·

一、填空题

1. 八 十五

2. 赏月（赏灯、吃月饼等，答案不唯一）

3. 月饼

二、判断题

1. × 2. × 3. × 4. √ 5. √

三、问答题

略

第八章

·第一节·

一、填空题

1. 时间 身份 场合 目的

2. 全身颜色不应超过三种

3. 整洁性 协调性 文明性

二、判断题

1. √ 2. × 3. × 4. √ 5. ×

6. ×

三、问答题

略

·第二节·

一、填空题

1. 尊重老师和同学 遵守课堂纪律

积极参与课堂活动

2. 上课礼仪　听讲礼仪　回答礼仪　提问礼仪　下课礼仪

二、判断题

1. √　2. √　3. ×　4. √　5. ×　6. √

三、问答题

略

第九章

·第一节·

一、填空题

1. 对工作的重视　面试成功率

2. 避免抱怨过去的工作环境　不要分散注意力　避免面试中使用手机　不要对薪酬和福利条件过早提问

二、判断题

1. √　2. ×　3. √

三、问答题

略

·第二节·

一、填空题

1. 尊重等级和资历　主宾位置安排得当　重要人物面向门　避免正面冲突

2. 官方会议　商务谈判　宴会和社交聚会

二、判断题

1. √　2. √　3. √

三、问答题

略

第十章

·第一节·

一、填空题

1. 民族

2. 祝福性　庄重性　社交性

3. 红包或礼物

二、判断题

1. ×　2. √　3. √　4. √　5. ×

三、问答题

略

·第二节·

一、填空题

1. 凤冠霞帔

2. 父母　祖先　天地

3. 红

二、判断题

1. ×　2. ×　3. ×　4. √　5. ×

三、问答题

略

·第三节·

一、填空题

1. 寿星

2. 稳寿

3. 长寿面

二、判断题

1. × 2. √ 3. √ 4. × 5. √

三、问答题

略

2. 致辞

3. 悼念之情（意思对即可）

二、判断题

1. × 2. √ 3. √ 4. × 5. ×

三、问答题

略

· 第四节 ·

一、填空题

1. 痛苦

【参考文献】

[1] 安俐. 他们，为何选择极简风婚礼[N]. 中国青年报，2023-06-12（4）.

[2] 巴斯. 白月之节：蒙古族的"春节"[J]. 实践（思想理论版），2018（2）：56.

[3] 鲍跃华. 汉语问候语语用及文化特色研究[J]. 科教文汇（上旬刊），2014（10）.

[4] 毕若旭，杨紫琳，罗希. 这届年轻人用创意婚礼宣誓爱[N]. 中国青年报，2023-05-26（7）.

[5] 边国强. 论盛唐送别诗酒意象的突破[J]. 中北大学学报（社会科学版），2022，38（5）.

[6] 曹华. 社交礼仪[M]. 北京：清华大学出版社，2019.

[7] 辰瑜. 服装礼仪教学及实训方法研究[J]. 教育现代化，2018（8）.

[8] 陈道兰. 本科毕业论文的文献综述写作[J]. 中国西部科技，2010（10）.

[9] 陈志新. 论文答辩不踩雷[J]. 中国研究生，2023（5）.

[10] 陈致雅. 面对面沟通时的常用礼仪[J]. 成才与就业，2019，550（6）.

[11] 陈致雅. 这些面试礼仪你知道吗[J]. 成才与就业，2018（11）.

[12] 程家文. 当代礼仪研究：以电话礼仪为例谈礼仪的原则[J]. 群文天地，2011（22）.

[13] 佚名. 从古代邮驿到现代邮政[J]. 标准生活，2014（3）.

[14] 董建春. 中秋文化探究[D]. 北京：中央民族大学，2007.

[15] 杜晶鑫. 从送礼看中西方礼仪的文化差异[J]. 现代交际，2012，326（1）.

[16] 方碧陶. 中韩饮食文化中的用餐礼仪比较[J]. 戏剧之家，2017（6）.

[17] 付秋婷. 清明节的民俗文化研究[D]. 哈尔滨：哈尔滨师范大学，2013.

[18] 佚名. 给领导安排座次的学问[J]. 领导之友，2016（10）.

[19] 佚名. 古代待客的礼仪 [J]. 文史天地, 2016 (12).

[20] 韩江峰. 秘书手机微信礼仪 [J]. 秘书之友, 2018 (7).

[21] 韩梅. 元宵节起源新论 [J]. 浙江大学学报（人文社会科学版）, 2010, 40 (4).

[22] 何婧云. 维吾尔族"馕"文化及其当代转型 [J]. 农业考古, 2006 (4).

[23] 何小平. 从商务电子邮件看"人际"交流 [J]. 商场现代化, 2006 (28).

[24] 贺雪娇. 宋代官员迎接制度及其实施研究 [D]. 保定：河北大学, 2022.

[25] 胡匡迪. 中英商务信函文体对比研究及其在对外汉语教学中的应用 [J]. 英语广场, 2019 (1).

[26] 胡梦楠. 论中国饮食文化的传播与认同 [D]. 郑州：郑州大学, 2015.

[27] 贾旭东. 专业学位论文开题、写作与答辩 [M]. 北京：中国人民大学出版社, 2022.

[28] 江红英. 如何把握好政务礼仪顺序 [J]. 中国人才, 2006 (1).

[29] 蒋泓伶. 中国礼让文化与英国绅士文化中"让"的异同探析 [D]. 重庆：重庆师范大学, 2014.

[30] 蒋永福. 图书馆学简明基础教程 [M]. 北京：知识产权出版社, 2012.

[31] 金正昆. 名片礼仪重在细节 [J]. 理财, 2009 (9).

[32] 康磊. 浅析传统文化中端午节的文化内涵及当代价值 [J]. 汉字文化, 2023 (20).

[33] 孔凡利. 中西方不同餐桌礼仪折射下的价值观差异 [J]. 湖北开放职业学院学报, 2021, 34 (11).

[34] 孔令刚. "修齐治平"思想源流及解析 [EB/OL]. (2020-02-17) http://www.kongjia.org.cn/web/ah/20200217/1532.html.

[35] 郎群秀. 手机礼仪的"PCRS原则" [J]. 公关世界, 2021 (3).

[36] 李芳. 生命礼仪变迁研究：以朝阳区常营回族为例 [J]. 牡丹江大学学报, 2012, 21 (6).

[37] 李力群. 中英送礼习俗比较研究 [J]. 大众文艺, 2012, 299 (17).

[38] 李梅英. 古代的寿礼 [J]. 青苹果, 2009 (Z1).

[39] 李旻. 嘉绒藏族春节活动中的猪膘与共餐行为 [J]. 四川旅游学院学报, 2021 (2).

［40］李明佳. 中西方用餐礼仪及其差异：评《优雅得体中西餐礼仪》［J］. 中国酿造，2021，40（7）.

［41］李群. 浅谈宴会礼仪［J］. 才智，2008（5）.

［42］李瑞瑞. 大学生就业面试技巧研究［J］. 才智，2018（31）.

［43］李婷婷，冯静. 中西方餐桌上的礼仪差异［J］. 边疆经济与文化，2014（3）.

［44］李文福. 长白朝鲜族自治县朝鲜族春节习俗与文化变迁研究［D］. 北京：中央民族大学，2019.

［45］李业杰，马健斌. 礼让是一种道德行为规则［J］. 传媒与教育，2018（Z1）.

［46］梁家萃. 从中西餐桌座序看中西礼仪的跨文化交际［J］. 文化创新比较研究，2022，6（18）.

［47］林乃燊. 论菜系［J］. 农业考古，1997（1）.

［48］刘白玉. 国际商务活动中的握手礼仪［J］. 中外企业文化，2008（2）.

［49］刘萌萌. 浅析人生礼仪中的吉祥图像：以河南汝南县为例［J］. 西安文理学院学报（社会科学版），2015，18（2）.

［50］刘术人. 论嫦娥奔月神话的文本流变［D］. 长春：东北师范大学，2009.

［51］刘洋. 论跨文化交际中的中西餐桌礼仪［J］. 散文百家（新语文活页），2017（1）.

［52］刘玉婷. 高职院校实训课程信息化教学设计与实践：以课程《国际礼仪交往－见面礼仪模块》为例［J］. 现代经济信息，2018（23）.

［53］刘忠良. 中秋节起源及形成时间研究综述［J］. 攀枝花学院学报，2020，37（6）.

［54］柳谦，胡洁傲. 透视中美餐具背后的文化和历史［J］. 高考（综合版），2015（6）.

［55］龙倮贵. 哈尼族人生礼仪中的食俗文化内涵［J］. 楚雄师范学院学报，2018，33（2）.

［56］龙又珍. 现代汉语寒暄系统研究［D］. 武汉：武汉大学，2009.

［57］罗南，周晓涛. 浅析春节文化的传承与发展路径［J］. 汉字文化，2023（16）.

［58］《绿色未来丛书》编委会. 公共道德：知识与责任［M］广州：广东世界图书出版公司，2009.

［59］马春庚，梁琳. 大学生礼仪与修养［M］. 北京：北京理工大学出版社，2018.

[60] 马静. 正月十五闹元宵：潍坊元宵节习俗考述[J]. 走向世界, 2020 (5).

[61] 孟兆芬. 浅谈中英文化禁忌[J]. 赤峰学院学报 (汉文哲学社会科学版), 2006 (6).

[62] 牛马. 办公室图书馆课堂礼仪[M]. 成都：四川文轩在线电子商务有限公司, 2021.

[63] 彭林. 餐桌礼仪[J]. 新湘评论, 2012 (22).

[64] 钱耀鹏, 李娜. 先秦"不封不树"葬仪的考古学辨析[J]. 西北大学学报 (哲学社会科学版), 2022, 52 (5).

[65] 青叶. 商务谈判须知：宴会和餐饮礼仪[J]. 机电国际市场, 1995 (4).

[66] 邵君. 不可不知的职场礼仪[J]. 劳动保障世界, 2009, 231 (1).

[67] 佚名. 涉外排序礼仪[J]. 当代学生, 2006 (Z3).

[68] 贵州省外事办. 涉外升挂和使用国旗的注意事项[J]. 当代贵州, 2004 (13).

[69] 盛羽. 旗袍的历史演变及社会价值初探[J]. 宁波大学学报 (人文科学版), 2003 (3).

[70] 施蓉. 大学生求职面试礼仪赢得好感的三个关键点[J]. 才智, 2019 (9).

[71] 佚名. 手机使用礼仪[J]. 职业, 2005 (10).

[72] 孙民立. 古代待客礼仪八种[J]. 道德与文明, 1991 (3).

[73] 覃圣敏. 壮族春节习俗研究[J]. 广西民族研究, 1989 (3).

[74] 覃伟伟. 新疆维吾尔族摇床工艺研究[J]. 大众文艺, 2011 (18).

[75] 唐安妮. 求职面试时的礼仪[J]. 成才与就业, 2023 (10).

[76] 滕美文, 顾超. 文书礼仪见修养[J]. 成才与就业, 2009 (Z2).

[77] 汪连天. 职场礼仪心得（之二十二）：结婚礼仪[J]. 工友, 2010 (10).

[78] 汪连天. 职场礼仪心得（之九）：职场距离礼仪与电话礼仪[J]. 工友, 2009 (9).

[79] 汪连天. 职场礼仪心得（之四）：职场迎接礼仪[J]. 工友, 2009 (4).

[80] 王飞. 商务礼仪：名片篇[J]. 金融管理与研究, 2007 (3).

[81] 王芬. 商务活动中不可小视的方位次序礼仪[J]. 商场现代化, 2008 (15).

[82] 王建容. 电话礼仪的"四要"与"四不要"[J]. 秘书, 2001 (5).

[83] 王靖雯. 浅谈中西方餐桌文化差异[J]. 佳木斯教育学院学报, 2013 (5).

[84] 王琳. 介绍礼仪之浅见[J]. 中国校外教育, 2014（15）.

[85] 王铭. 辇舆威仪：唐宋葬礼车舆仪制的等级性与世俗化[J]. 民俗研究, 2013（5）.

[86] 王平. 万家灯火, 共庆良宵, 恩施元宵节习俗初探[J]. 中国民族, 2024（2）.

[87] 王万里. 中国饮食文化的地区差异[J]. 地理教学, 2012（18）.

[88] 王岩. 中俄餐桌礼仪的异同[J]. 科技视界, 2015（23）.

[89] 王业. 职场礼仪知多少[J]. 成才与就业, 2014（Z3）.

[90] 王又昀. 常见会议的位次礼仪[J]. 办公室业务, 2011（12）.

[91] 王雨磊. 学术论文写作与发表指引[M]. 2版. 北京：文化发展出版社, 2022.

[92] 王子辉. 筷子支起的文明[J]. 国学, 2011（9）.

[93] 魏凯林. 实用商务礼仪[M]. 北京：清华大学出版社, 2017.

[94] 吴青. 特殊的寿礼：晚清汉译《圣经》进献宫廷事件探微[J]. 近代史研究, 2023（3）.

[95] 武宏钧. 礼仪中国[M]. 太原：山西教育出版社, 2012.

[96] 武晔卿. 寒食节、上巳节与清明节合流考[J]. 时代文学（下半月）, 2008（10）.

[97] 夏志强. 礼仪常识全知道[M]. 北京：中国华侨出版社, 2011.

[98] 项婧. 西双版纳傣族人生礼仪之独具特色的结婚仪式[J]. 现代交际, 2013（8）.

[99] 谢茂松. 元宵节中蕴含的文明智慧[J]. 中国新闻发布（实务版）, 2022（2）.

[100] 谢月婷. 察布查尔县锡伯族的婚礼仪式[J]. 寻根, 2023（5）.

[101] 邢小丽. 现代社交礼仪教程[M]. 杭州：浙江大学出版社, 2017.

[102] 熊登海. 端午节蕴含的文化意义思考[J]. 理论与当代, 2018（8）.

[103] 许陈丹, 杨硕林. 智能手机时代新礼仪调查[J]. 青春岁月, 2018（9）.

[104] 闫秀荣, 杨秀丽. 现代社交礼仪[M]. 3版. 北京：人民邮电出版社, 2018.

[105] 晏红. 浅析电子商务人员的礼仪规范[J]. 电子商务, 2010（10）.

[106] 阳辉. 餐桌礼仪[J]. 湖南农机, 2009（12）.

[107] 杨朝明. 修身齐家治国平天下[N]. 光明日报, 2016-12-01（6）.

[108] 杨红,李志成. 漫谈"以茶待客"的礼仪[J]. 茶叶通讯,2014,41(3).

[109] 杨洁. 跨文化交际中的餐桌礼仪差异[J]. 文教资料,2011(4).

[110] 杨晓莉. 中国现代问候语之文化传统内涵和人文主义精神透视[J]. 韶关学院学报,2007(5).

[111] 叶婉. 中韩礼仪文化的差异与对策[J]. 边疆经济与文化,2016(11).

[112] 叶永青. 互动构建的时空延展和情感变迁:电子哀悼多模态语类特征[J]. 天津外国语大学学报,2020,27(1).

[113] 尹荣方. 月中桂索源[J]. 东南文化,1992(5).

[114] 于丽萍. 中国传统礼仪文化的当代价值及其实现机制研究[D]. 济南:山东大学,2016.

[115] 袁锦贵. 沟通与礼仪[M]. 北京:电子工业出版社. 2013.

[116] 张超. 秦汉时期的丧葬研究[D]. 济南:山东师范大学,2011.

[117] 张丑平. 上巳、寒食、清明节日民俗与文学研究[D]. 南京:南京师范大学,2006.

[118] 张帆. 社交礼仪课程"中西方礼仪文化差异性"比较研究[J]. 高教学刊,2015(11).

[119] 张桂华. 不可不知的电话礼仪[J]. 东北之窗,2006(6).

[120] 张桂华. 不可忽视的握手礼仪[J]. 东北之窗,2006(4).

[121] 张佳. 端午节的"屈原情结"与文化意义[J]. 文化学刊,2019(11).

[122] 张建宏. 秘书迎接礼仪浅谈[J]. 秘书之友,2007(9).

[123] 张江艳,邓景滨. 消解信函交流隔阂 规范两岸公函沟通:以一封争议公函为例[J]. 写作,2016(11).

[124] 张乐,胡作华. 习近平:简化公务礼仪,简陪同少迎接[N]. 新华每日电讯,2007-02-26(2).

[125] 张玲. 中西餐桌礼仪文化的差异[J]. 校园英语,2017(22).

[126] 张雅莉. 正确把握商务场合握手礼仪[J]. 才智,2014(4).

[127] 张亚珍,徐明玉. 中国日常交际礼仪研究[J]. 才智,2014(6).

[128] 张燕. 中西社交礼仪的差异[J]. 赤峰学院学报(汉文哲学社会科学版),2009,30(6).

［129］张宇琪．中西方社交礼仪差异及成因［J］．文化创新比较研究,2018（14）．

［130］张志平,陈惠春．握手的礼仪之道［J］．公关世界,2016（7）．

［131］赵莉．商务信函祝颂语使用的礼仪规范［J］．学理论,2011（27）．

［132］知晓．不可不知的职场礼仪［J］．现代交际,2005（4）．

［133］钟安妮．论中国菜名中的文化内涵［J］．探求,2006（1）．

［134］周霄,穆容．新编实用礼仪教程［M］．北京：清华大学出版社,2008．

［135］朱贺琴．维吾尔族人生礼俗与节日习俗中的文化生态［J］．西北民族研究,2011（3）．

［136］朱隽．树葬：为后人留下一片绿荫［N］．人民日报,2005-06-13．

［137］朱婷．岷江流域羌族婚嫁歌类别及音乐形态研究［J］．艺术研究,2023（4）．

［138］朱占玲．周代丧葬礼俗研究［D］．青岛：青岛大学,2016．

［139］佚名．自我介绍的礼仪及注意事项［J］．乡村科技,2010（2）．